邊萬里 著

通變大學

> 도서출판 資文閣은 1978년 8월 12일 제5-32호로 등록된 출판사로 변만리 선생님께서 설립하여 후학지도를 위한 교재출판만을 해왔습니다.
> 현재 변만리역리연구회가 판권을 소유하고 있으며 자문각 에서 출간하여 전국 대형서점에서만 판매합니다.

일러두기

통변대학은 丁巳年(1977년)에 초판을 낸 후 23년만에 개정판을 내게 되었다고 합니다. 그동안 수없이 복사를 해서 원판이 크게 훼손되었고 잘못된 오자도 많아 독자들에게 많은 불편이 있었다고 하는데 이 모든 것을 철저히 고치고 완벽한 개정판을 완성하는데 20여년이 걸렸으니 이정도 정성 드린 책이라면 그 내용을 설명하지 않아도 가히 짐작하실 것입니다. 변만리 선생님은 통변대학이야말로 사주의 핵심인 통변의 진리와 사주의 백과대전으로서 사주와 운세의 분석과 감정에 만능교사가 될 것이라 말씀 하셨습니다. 그러나 그동안 서점에서 판매하는 것보다는 연구서를 후학들에게 직접 가르치는데만 주로 사용하셨습니다. 선생님의 통변대학이 좋은 서적이라는 것은 자타가 인정하지만 손쉽게 구입 할 수 없었으므로 그동안 복사본이 난무했습니다. 심지어는 선생님의 저서를 인용해 동영상강의를 하는 사람들도 있다고 합니다. 그러나 저작권은 법적으로 보호받기 때문에 이제는 그런 불미스런 일이 없기를 바랍니다.

독자들의 편의를 위해 4/6배판을 신국판으로 제작하여 통변활용대학이라는 제호로 세상에 내어놓습니다.

통변활용대학이 사주를 공부하고 연구하는 학인들에게 불편없이 활용하시라는 뜻으로 전국대형서점에서 판매하게 되었습니다.

辛卯 季夏 東廟 如山書塾 己百齊에서

邊萬里易理硏究會長 金東煥 拜上

발간에 즈음하여

감개무량 합니다.

대선배님이신 邊萬里선생님의 저서를 출판하여 세상에 내어놓게 되어 매우 기쁩니다. 오래전부터 변만리선생님께서 저술하신 萬里天命과 新四柱通信講座를 접하고 마음 뭉클한 적이 한 두 번이 아니었으니까요?

세상일은 한치 앞도 모른다더니 변만리선생님의 유지를 받들어 변만리역리연구회 회장으로 일하게 되었으니 하는 말입니다. 변만리선생님을 흠모하고 존경은 해왔지만 짝사랑이었음을 저는 알았으니까요. 그런데 이상한 일이 일어났습니다. 몇 일전 꿈에 고인이 되신 변만리선생님께서 원고보따리로 보이는 천으로 된 보따리를 들고 제 앞에 나타나셔서 자네가 맡아주어야겠어! 하시고는 어디론가 사라지셨습니다. 참으로 이상한일이다 생각하고 잠에서 깨어나 일찍 출근해 집무실에 앉아마자 지인으로부터 전화가 걸려왔습니다. 무턱대고 만나자는 것이었습니다. 대화중에 변만리선생님의 저작권과 출판건에 대한 말이 오고갔는데 제 머리에 전광석화처럼 스쳐가는 것이 있었습니다. 그래 바로 이 말씀이셨어! 하고 다이얼을 돌려 자문각 오태정 사장님을(변만리님 처남)만나 그동안의 애로사항 말씀을 듣고 즉석에서 판권인수와 資文閣 인수에 대한 계약을 당장 체결했으니 고인이 되신 변만리선생님의 힘(神力)이 아니었다면 이렇게 쉽게 성사될 일이 아니었을 것입니다.

저는 약속했습니다. 30여년간 출판일을 천직으로 알고 해온 사람으로서 고 변만리선생님의 유지를 받들고 그 숭고한 학문을 선양하기위해 최선을 다한다 라는 약속과 아울러 변만리선생님의 저서는 고인이 생존시에 유별나게 아끼시던 資文閣 명의로 계속발행하며 선생님께서 타계하신 후 저서를 도용하거나 복사본이 난무하는 현실을 개탄하며 이러한 저작권침해사항들을 배격하는데 변만리역리연구회(저작권소유자)가 앞장선다. 등을 굳게 약속했습니다. 저의 자문각과 변만리역리연구회(회장 김동환 원명 김갑선)는 최선을 다하여 고인의 저서와 유작들을 간추리고 보정해서 양서로 계속출판 할 것을 독자제현께 약속드립니다.

辛卯季夏 東廟 如山書塾 己百齊에서
邊萬里易理硏究會長 金東煥 拜上

通變大學을 發刊하면서

　四柱는 通變을 위한 通變學이라 해도 과언은 아닐 것이다. 그만큼 通變은 四柱의 里程標이자 至上課題다.
　通變은 陰陽五行과 六神의 造化를 말한다. 陰과 陽의 離合集散에서 發生하는 吉凶禍福을 비롯해서 五行의 生剋制化에서 惹起되는 喜悲와 富貴貧賤 그리고 社會的 興亡盛衰를 관찰하고 六神의 旺衰强弱과 刑沖破害를 通한 時時刻刻의 運勢變化를 鑑定하는 것이 바로 通變의 理致다. 그 造化無雙한 通變을 올바로 철저히 工夫하기 위해선 正五行과 化五行그리고 納音五行등 三五行을 뚜렷이 알고 自由自在로 요리하는 솜씨를 길러야 한다.
　그 三五行의 眞理를 밝히고 三五行에서 發生하는 運命의 造化를 광범하게 종횡무진으로 極大化시켜서 아낌없이 解說하고 理解시킨 通變의 大講座가 바로 〈通變大學〉의 알맹이다.
　通變의 妙理는 正確한 관찰이다.
　예로부터 通變의 名文은 허다하게 전해저 왔지만 이를 바르고 쉽게 구체적으로 해석한 敎師는 드물다. 거의가 文字를 그대로 直譯을 하는 것이 고작이거나 그나마도 誤譯을 하는 것이 許多함으로서 무엇을 말한 것인지 전혀 종잡을 수 없는 것이 태반이다. 論語를 읽고도 論語를 모른다고 命理를 읽고도 四柱는 모르는 것이 殆半이다. 그러한 無味건조한 命理에 口味나 興味를 느낄수는 없다. 그러한 誤譯의 理由는 간단하다. 陰陽五行의 理致를 完全히 究明하지 않고 서뿔리 命理에 손을 내민 때문이다. 그러한 고충을 누구보다도 뼈저리게 느끼고 겪은 나로서는 오래전 부터 그 어렵기만한 通變의 大關嶺을 넘어서 通變의 광야를 속시원히 公開하고 싶은 一念이 간절했다. 그 通變의 大關嶺을 넘기 위해선 陰陽五行의 眞理를 터득하는 것이 必須的인 先行條件이었다. 그래서 나는 지난 10餘年間을 陰陽五行의 硏究에만 默默히 精進해 왔다.

基礎가 튼튼해야 上層建物을 마음놓고 세울수 있고 또 올라갈수 있는게 아닌가? 적어도 通變은 높디높은 하늘같은 高層에 숨겨져 있는 最高의 보물이다. 南山에 오르면 서울의 全景을 한눈으로 볼 수 있듯이 通變의 高地에 오르면 四柱는 한눈으로 관찰할 수 있다.

陰陽五行의 珍味를 깨달으면서 通變의 理致는 스스로 알 수 있었다. 거개가 外面했든 通變의 難解한 글귀를 뿌리채 터득할 수 있는 눈을 발견한 그 순간의 기쁨은 영원히 잊을 수가 없으리라 그것은 新四柱同門生을 위한 나의 獻身的인 作業이었지만 其實은 나의 陰陽學硏究에 決定的 轉機를 마련해준 劃期的 發展이기도 했다.

소중하고 귀한 것은 저마니 갖고 싶은 것이 人之常情이다. 하물며 오랜 연구끝에 땀으로 이뤄진 功든 塔에 있어서랴! 나라고 해서 獨占慾이 없을 수는 없다. 그러나 나는 모든 것을 송두리채 公開하고 나누어 갖기로 했다. 왜냐? 물은 흘러야만 새로운 물을 맞이할 수 있듯이 學問이란 公開하는데서마니 보다 새로운 眞理를 얻을수 있기 때문이다. 그것은 慾心이 없는 것이 아니고 보다 큰것을 얻기 위한 大慾이 아니겠는가? 正五行과 化五行은 여태껏 硏究하든 것인지라 무척 순탄했지만 納音五行의 眞理와 通變은 전혀 새로운 作業인지라 신기한 것이 많았다. 그러나 五行 그 自體는 共通的일 뿐더러 正五行의 旺衰强弱을 根本 바탕으로 하고 있다는 事實을 發見하고는 일사천리로 관찰할 수 있었다. 通變은 原則과 基本이 核心이요 生命이다. 枝葉的인 通變은 視野가 좁을 뿐더러 的中율도 적다. 과거의 格局 用神本位인 通變이나 神殺本位의 通變이 事實과는 전혀 빚나가는 망신을 당해야 했든 理由는 바로 여기에 있다.

그 原則과 基本을 위주로 해서 通變의 大綱을 天地陰陽의 理致로 부터 正五行 化五行, 納音五行別로 細密하고 多樣하게 풀이하고 펼쳐본 이 〈通變大學〉은 四柱의 眞味를 알 수 있는 동시에 鑑定의 金字塔을 發見하는 萬人의 燈불이 될 것을 期待하고 確信하는 바이다. 무엇보다도 一線現役들에겐 鑑定의 羅針盤으로서 眞價를 發揮할 것이다.

丁巳年 立秋

邊 萬 里 識

改訂版을 내면서

丁巳年(1977)에 초판을 낸 후 23년만에 개정판을 낸다.

그동안 수 없이 복사를 해서 원판이 크게 파손되었고 잘못된 오자도 많았으며 문맥이 어려운 점도 적지 않아서 독자에겐 많은 불편이 있었다.

이 모든 것을 철저히 고치고 정상화하는 개정을 하기 위해서 여러달 심혈을 기울인 결과 마침내 획기적인 완벽한 개정판이 완성되었다.

활자도 새 것으로 바뀌어서 선명하게 되었고 어감도 유창하게 새로 꾸며졌다. 책다운 책이 나왔다.

통변대학은 사주의 핵심인 통변의 진리와 백과 대전으로서 사주와 운세의 분석과 감정에 만능의 교사가 될 것이다.

사주상 가장 어려운 통변에 빛과 소금이 될 것을 확신한다.

己卯年 봄 저자 식

目　次

序　文 ……………………………………………………… 1

生剋刑沖合空亡通變篇 ………………………………… 7

五行通變篇 ……………………………………………… 43

火象論篇 ………………………………………………… 45

六神通變篇 ……………………………………………… 101

生旺死絶論篇 …………………………………………… 179

陰陽百方通變篇 ………………………………………… 215

納音五行通變篇 ………………………………………… 307

生剋刑沖合空亡通變篇

總 論 篇

下生上則 助氣主 一生亨其福
上生下則 盜氣主 一生供人之福

　支에서 干을 生해주는 것은 자식이 부모를 공경하듯이 뿌리에서 줄기에 生氣를 공급하는 것이니 나무는 平生 배부르고 살찌며 건전하고 무한정 발전할 수 있다. 가지가 무성하고 꽃이 만발하며 열매가 주렁주렁 달리니 언제나 가뭄을 타지않고 풍작을 이룰 수 있으니 의·식·주가 풍족하다.
　움지기지 않고도 스스로 생기와 정력이 샘솟듯 연달아서 공급되고 만족히 섭취하니 생기발랄하고 지칠줄을 모르고 정력이 비범하다. 만능의 샘을 타고 났으니 무엇을 하든 힘이 넘치고 자신있게 행동할 수 있다. 문제는 행동의 무대다. 힘과 능력은 충분하나 활동할 무대가 없으면 무용지물이기 때문이다. 식신 상관이 있고 財官이 있다면 文字 그대로 生生不息으로 百花가 만발하고 大事를 이룩할 수 있다 原動力이 無限하니 무엇이든 願하는 대로 달릴수 있고 만사가 亨通하니 壽와 福이 진진하고 綿綿하다. 甲子 丙寅, 丁卯 乙亥 庚辰 辛丑 壬申 癸酉는 그 대표적인 표본이다. 그와는 반대로 干에서 支를 生하는 것은 부모가 자식을 길르고 줄기에서 뿌리에 피를 공급하듯이 나무의 생기와 정력을 훑고 소모하는 것이니 나무가 온전하고 성장할 수가 없다. 앞은 그대로 생기와 피를 도둑맞고 일방적인 지출만을 강요당하니 천하장사도 오래 지탱할 수가 없고 마침내는 기진맥진하여 쓰러질수 밖에 없다. 평생 남을 위해서 자선을 희생하고 받는 것은 한푼도 없이 주는 것뿐이니 어쩌면 만인의 시종으로 태여놓는지도 모른다. 그만큼 박복하고 박절하며 안타깝다. 움지기면 손해요 출혈이니 허탈과 더부러 신경과민이 지나쳐서 신경쇠약 신경질이 생기고 성격이 모나지 않을수 없다. 성급하고 노하기 쉬우며 아량과 관용과 이해와 원만성이 갈수록 부족하다. 정력이 쇠퇴하니 의욕도 식고 용기가 시들하니 무엇하나 성사가 이뤄질수 없다. 만사가 용두사미요 有名無實하며 勞多功少요 百花一實이다 甲午 乙巳, 庚子 癸卯 丁丑 壬寅 등이 그 標本이다.

勿論 이는 干支의 구성상 관찰이요 절대적인 것은 아니다. 身旺者는 支生干을 싫어하고 干生支를 기뻐하며 身弱者는 支生干을 기뻐하고 干生支를 싫어하니 通變을 위주로 해야 한다. 때문에 天干에 印星이나 比劫이 있으면 干生支도 無妨하고 도리어 才能을 발휘하는 기회로서 기뻐해야 한다.

旺者는 洩剋을 기뻐하고 生扶를 싫어하며 衰者는 生扶를 기뻐하고 洩剋을 싫어한다는 旺衰와 生剋制化의 原理에 立脚한 通變마니 眞實하고 精通한 것이다.

上剋下則順 主有威勢而制人
下剋上則逆 主多沈滯而難發

干에서 支를 剋하는 것을 支配라고 한다. 하늘이 땅을 支配하고 부모가 자식을 다스리며 남성이 여성을 관리하는 것이니 順天이요 孝道요 從夫다.

主人이 從을 다스리니 體統이 서고 威嚴이 있으며 能히 萬人을 支配할 수 있다. 從을 거느리는 主人은 아량과 관용과 情理가 있으며 德과 恩惠를 베푼다. 仁慈하고 親切하며 道義와 責任을 존중하며 自由와 平和와 法과 秩序를 사랑한다. 교만하거나 과격하거나 간사하거나 냉혹하거나 성급함이 없듯이 간사하거나 냉혹하거나 성급함이 없으며 거짓과 꾸밈과 고집과 편견과 비굴을 모른다. 만사를 공명정대하고 정정당당하게 처리하니 만인이 기꺼이 순종하는 것이다.

그 主人이 有能하고 聰明하며 圓滿하고 誠實할 것은 自明之事다.
戊子 乙亥 丁酉 丙申 甲辰 乙未 庚寅 辛卯 壬午 癸巳 등은 그 좋은 標本이다. 이와는 反對로 支에서 干을 剋하는 것은 逆이라고 한다. 땅이 하늘을 찌르고 자식이 父母를 호령하며 아내가 남편을 다스리는 것이니 逆天이요 패륜이며 剋夫다.

부모의 덕이 크고 올바른 교육을 받았든들 그러한 불효와 역천을 할리는 없고 아량이 있고 관용과 이해성이 넓은들 그러한 하극상을 할 턱이 없다. 하늘과 부모와 남편과의 인연이 박하고 운명이 편탄하지 못한 때문에 윗사람에 대해서 불평 불만이 많고 남처럼 공경하고 섬길수가 없는 것이다. 만사에 성급하고 소견이 좁으며 편견과 아집에 치우치고 자기본위로 독선과 자유와 방종을 즐기는 반면에 지배와 간섭과 강제에 복종을 싫어하고 거부한다. 힘과 명성과 주도권을 장악한 윗사람과 인연이 없고 성격이 모나며 불화와 시비를 일삼으니 성사와 발전을 기대할 수 없다.

만사가 막히고 침체되며 기회를 얻을수 없으니 재능을 발휘하기 어렵다. 일주가 사절(死絕=甲申, 乙酉)되면 더욱 심하고 반대로 생왕(生旺=戊寅, 癸丑)되면 그렇게 심하지는 않다. 그렇다고 하극상은 일율적으로 불리한 것은 아니다. 통변상 일주를 극하는 것이 바람직한 경우엔 군왕이 원하는 바를 그대로 받드는 것이니 도리어 순천하고 효도를 다하는 현명하고 유능한 인재다.

甲申, 乙酉 丙子, 丁亥 戊寅 己卯 庚午 辛巳 壬戌 癸未 壬辰 癸丑등이 하극상하는 대표적 간지다.

陽人晝生爲本體 夜生作化體
陰人夜生爲本體 晝生作化體

陽은 밝고 뜨거운 태양이니 낮에 출생하는 것이 정도(正道)요 陰은 차가운 달이니 밤에 낳는 것이 정도다. 그래서 양일생은 낮에 출생하면 정오행(正五行)으로 행세하고 밤에 출생하면 화오행(化五行)으로 둔갑하듯이 음일생은 밤에 출생하면 정오행으로 행세하고 낮에 출생하면 화오행으로 행세한다.

가령 甲日生은 陽이니 낮에 출생하면 木으로 통하고 밤에 출생하면 甲己化土로서 土로 통용하며 乙日生은 陰이니 밤에 출생하면 木으로 행세하고 낮에 출생하면 乙庚化金으로 金으로 행세한다.

六神 또한 正五行과 化五行으로 분별해야 한다. 가령 낮에 출생한 甲木은 金을 관성으로 하고 土를 재성으로 삼는데 반하여 밤에 출생한 甲日生은 木을 관성으로 하고 水를 재성으로 삼듯이 밤에 출생한 乙木은 火를 식신상관으로 삼는데 반하여 낮에 출생

한 乙日生은 火를 官성으로 삼어야 한다. 정도를 지키는 오행은 정오행이 정체(正體)가 되는데 반하여 사도(邪道)를 걷는 오행은 그 자신이 칠살인 귀살(鬼殺)로 둔갑한다. 가령 낮에 낳은 甲日生은 木이 本體인데 반하여 밤에 낳은 甲木은 化土가 됨으로서 木이 鬼殺로 化하는 것이다.

　　　陽人犯鬼殺 倒食者 晝生則爲凶 夜生則化吉
　　　陰人犯鬼殺 倒食者 夜生則爲凶 晝生則化吉

鬼殺과 倒食은 가장 흉한 별이다. 陽日生이 낮에 출생하였으면 鬼殺과 倒食이 正統임으로 면할 수가 없으니 凶하지만 밤에 출생하였으면 化土가 됨으로 鬼殺과 倒食 또한 변질한다. 가령 甲日生이 낮에 출생하였으면 正木이니 庚이 殺이지만 夜生이면 化土(戊)가 됨으로서 庚은 식신이 되고 壬은 편재가 되니 도리어 기뻐하고 吉함이 있다. 乙木인 경우는 그 반대다. 夜生乙日主는 辛金을 보면 鬼殺이 되고 癸水와 丁火를 보면 倒食이 되어 凶하나 晝生이면 化金(辛)이 되어 辛은 비견이 되고 癸는 식신이 되니 두렵거나 해로울 것이 전혀없고 도리어 식신과 비견의 吉神 노릇을 한다.

　　　陰陽相停 成象則方吉貴
　　　三谷三偶則 主不吉

木은 陽이요 金은 陰이며 火는 양이요 水는 陰이다. 金木과 水

火는 상극이나 서로 대등하고 상(象)을 이루었으면 음양이 相等 相停하고 中和하여 도리어 吉하고 貴하다. 가령 二金二木 二火二金 二水 二火로 구성되었으면 相剋아닌 相停이니 吉한 形象이다. 이와는 달리 一甲三壬 一甲三己 一己三甲 一丁三壬 一乙三庚 一庚三乙 등은 三谷三偶라 해서 偏重되고 偏枯한 不和之象이니 만사가 어긋나고 침체되며 모가 생기고 불화가 심하여 평생 풍파가 많고 만사불성이다. 주위환경이 좋지않고 유혹과 파벌에 빠지기 쉬우며 갈등과 불안과 시비와 실패가 잇달아 발생한다.

　一甲三己 一己三甲은 모두가 한쪽은 不足하고 한쪽은 太過한 것이니 이렇듯이 日主가 太過 또는 不足하면 마치 수레의 두바퀴가 크고 작은 것처럼 전혀 전진할 수가 없고 그 자리에서 맴돌수 밖에 없으니 재물을 모을수가 없을 뿐더러 남보다 몇배 더 노력하고 허덕이어야 함으로서 평생 한가하거나 편안할 수가 없다. 三水一木 一水三木 一金三木 一木三金 一火三水 一水三火 一火三木 一木三火 등도 똑같이 太過하고 不足한 象이다. 五行이 이처럼 太過不足하면 처음부터 고생이 많고 한가지도 이룰수가 없으며 복을 누릴수가 없다. 본시 지나치면 기우는 것이 物理요 事理이듯이 太過하면 반듯이 기울기 마련이다.

　　　妬合 重剋則 爲凶
　　　見三妬 三剋則 尤凶

　一甲二己 一己二甲을 妬合이라 하고 一甲二庚 一乙二辛 一丁二癸를 重剋이라고 한다. 妬合은 一夫二妾 一妾二夫格이니 처음부

터 不和와 시기질투를 일삼고 가정이 어지러우니 파산을 면할 수가 없고 끝내 폐가 망신하니 가난하지 않으면 단명하다. 一甲二庚은 七殺이 겹치어서 자나깨나 호랑이에게 물리고 뜯기며 만신창이가 되니 어찌 돈을 벌수 있고 건강할 수 있겠는가? 평생 가난에 쫓기고 질병에 몸부림치니 가난하지 않으면 요절한다.

만일 一己三甲 一甲三己 一甲三庚 一乙三辛으로 투합과 칠살이 三重唱인 경우엔 그 풍파와 상처가 극대화함으로서 것잡을 수 없고 더욱 가난하지 않으면 요절한다.

丙辛水나 壬癸水가 戊戌土를 보면
戊土가 진흙이되고 刃傷으로 挫折한다.

丙辛化水나 壬癸水가 戊戌을 보면 물과 흙이 뒤범벅이 되어서 진흙덩어리가 된다.

戊土는 높고 넓은 메마른 신작로요 山野인데 진흙투성이의 수렁이 되면 수레가 빠지고 발이 묶인다. 壬癸水나 丙辛化水는 玄武로서 도둑과 병사를 상징한다. 싸우는 兵馬가 진흙길에 빠지면 꼼작달삭을 할 수 없고 추격하는 적군에 포위되어서 사면초가의 공격을 당하니 화살과 칼을 피할 수 없고 뜻하지 않은 함정과 기습으로 승리의 꿈은 산산조각으로 挫折되고 만다. 그와 같이 水가 戊戌土를 보면 넓고 좋은 신작로가 진흙구덩이로 돌변하고 갑자기 적군이 나타나서 기습을 당하듯이 뜻하지 않은 이변과 봉변을 당하고 강도 또는 戰亂이나 교통사고로 몸을 다치며 만사가 좌절된다.

壬子가 丙午를 보거나 丙午가 壬子를
보면 陰陽이 純粹하고 中和되니 非凡하다.

　壬子는 순수한 旺水요 丙午는 순수한 旺火다. 純陰과 純陽이 똑같은 旺氣를 띠었으면 성숙한 成男成女다. 아직 異性을 모르는 순수한 총각처녀가 부디치면 싸움아닌 애정이 발생하고 激情으로 昇華하여 마침내 한쌍의 夫婦로 인연을 맺는 동시에 旺盛한 陰陽의 協同과 精進으로 南北交易과 國際交流등 남의 도움없이 獨自的으로 크게 大成하고 非凡한 이름을 떨친다.

卯酉는 太陽의 出入處요
子午는 陰陽의 分岐點이다.

　해는 卯에서 뜨고 酉에서 진다. 卯는 日의 出處이니 陽氣의 出處요 酉는 日의 入處이니 陰氣의 出處다. 陽은 氣요 陰은 精이니 卯는 氣의 突出口요 酉는 精의 貯藏주머니다. 氣의 突出物은 腎(陰莖)이요 精의 藏낭亦腎(불알=藏精)이니 卯酉는 곧 성숙하고 旣婚한 有夫女와 有婦男이다.
　卯는 곧 男性의 得配處요 酉는 곧 女性의 得配處로서 成婚한 壯男壯女다. 陰陽이 接近하면 發情하니 壯男壯女가 부디치면 激情이 突發하여 걷잡을 수가 없다. 그래서 四時에 卯, 酉가 있으면 中年에 激情으로 異性問題가 惹起되고 男女가 다같이 有情 千里길을 줄다름치게 된다는 것이다.
　子는 一陽이 生하는 陽의 出處요 午는 一陰이 生하는 陰의 出

處다. 陽은 動하고 陰은 靜한다. 動하는 것은 男이요. 氣이며 進이요 漏인데 反하여 靜하는 것은 女性이요 體이며 退이자 藏이다.

　子는 五陰一陽이요 午는 五陽一陰이다. 陰이 極하면 陽이 生하고 陽이 極하면 陰이 生하듯이 子는 陰이 極盛한 가운데 一陽이 生出하고 午는 陽이 極盛한 가운데 一陰이 生出한 것이다. 五女가 一男을 다투는 것이 子요 五男이 一女를 다투는 것이 午인즉 子는 男兒天下요 午는 女性天下다. 五女가 一男을 서로 아끼고 사랑하며 충동하고 유혹하니 男은 動하여 五女와 交情하니 五女가 잉태한다. 子時는 캄캄한 밤이니 陰陽의 交合으로서는 가장 適合한 때다. 男女의 激情이 무르익으니 모든 子女는 이때에 잉태한다. 그래서 男女의 交合에서 태어난 아들딸을 子息이라고 한다. 午는 五男이 一女를 충동하고 유혹하니 女性의 코가 높아지고 방자한 반면에 五男은 女性앞에 무릎을 꿇고서 아첨하고 추종하기에 급급하다.

　午時는 대낮이니 陰陽의 交情으로서는 適合치 않다. 서로 情熱이 치솟을뿐 아무런 成事도 이를수 없다. 子는 中女요 午는 中男이다. 子午가 부디치면 老총각 老處女가 자리를 같이하는 것이니 어찌 가만히 있을수 있겠는가? 서로 사랑을 求하고 情을 나누기에 밤이 깊어가는 것도 모르고 해가 中央에 떠오를 때까지 激情을 식히지 않는다.

　밤과 낮을 가리지 않고 밤에는 女人의 집에서 낮에는 男子의 집에서 그동안 늙도록 애태웠든 春情을 나누기에 담뿍 빠져있다. 밤에는 女人이 유혹하고 낮에는 男性이 충동하여 염치를 모를만큼 사랑아닌 欲情에 불타는 것이다.

그것은 成男 成女의 몸부림인 卯酉의 交合과 비슷하다. 그래서 卯가 酉를 보거나 子가 午를 보면 한곳에 머무를 수 없이 東西南北을 정처없이 往來하고 奔走하는 동시에 주위의 유혹과 충동 때문에 마음을 바로 잡거나 安定될 수가 없이 언제나 초조하고 不安하며 가슴이 설레고 유혹과 欲情에 無防備狀態다. 東西를 交易하고 南北을 往來하면서 情을 나눈다.

巳亥는 兩極之地로서 天地를 斡旋한다.

巳는 純陽으로서 陽의 極地요 亥는 純陰으로서 陰의 極地다. 萬物은 陰과 陽의 配合에서 이뤄지는 造化이니 純陰 純陽에서는 아무런 造化도 부릴 수 없다. 그와 같이 무엇하나 이뤄질수가 없고 만사가 편중과 편견에 치우쳐서 유시무종하다.

그러나 巳가 亥를 보고 亥가 巳를 보면 純陽과 純陰이 配合한 것이니 생기가 발랄하고 情熱이 치솟으며 無窮한 氣와 精을 나눔으로서 造化가 無常하고 享樂에 脆弱하며 서로 유혹하고 물고 느러진다. 사랑에 굶주리고 造化에 굶주렸든 巳와 亥는 쌓이고 쌓인 회포를 마음껏 풀고 온갖 造化를 滿發하기에 餘念이 없다.

그와 같이 어느것 한가지를 고집하거나 專念할 수 없이 이것도 하고 저것도 건드리면서 죽은 듯이 고요하고 잠잠하기만 했든 순수한 바다위에 파란만장의 기염을 토하고 變化無常한 情花와 事綠을 만발시킨다. 作事를 즐기니 서둘지만 무엇이든 시종일관하지 않고 도중에 변화와 조화를 일삼으로서 有始無終이요 언제나 같은 짓을 똑같이 되푸리하는 물래방아 人生이다. 될듯하면 變化

가 오고 잠잠할 듯하면 風波가 휘모라친다. 워낙 순수한지라 造化 또한 단순하고 복잡하거나 지루한 것을 싫어한다.

감당하기가 어렵기 때문이다. 그래서 短期戰은 能하나 長期戰엔 不適當하다. 純陽인 巳는 天이요 純陰인 亥는 땅이다. 그러나 陽이 極하면 陰이되고 陰이 極하면 陽이되니 巳는 天이 變하여 地가 되고 亥는 地가 變하여 天이된다. 그와 같이 巳亥는 天이 地를 주선하고 地가 天을 주선하는 天地의 알선이요 陰陽의 交易으로서 언제나 造化가 無常하고 變化가 無窮하다. 陽은 剛이요 陰은 柔하니 剛柔가 兼全하면서 變化가 甚하듯이 마음의 變化 또한 無常할 수 밖에 없다.

寅申은 二停之方이니 郵遞가 往來한다.

寅은 三陽三陰으로서 陰陽이 中和를 이루었듯이 申은 三陰三陽으로서 똑같이 음양의 中和를 이루고 있다. 그러나 寅은 陽火의 長生地로서 陽氣가 無窮하고 申은 陰水의 長生地로서 精力이 無窮하다.

陽은 男이요 陰은 女이며 長生은 少時이니 寅은 少年이요 申은 少女에 해당한다.

少年과 少女가 만나면 봄날의 아지랑이처럼 사랑이 움트고 꿈과 희망이 부푼다. 그러나 아직 미숙한 未成年인지라 자기의 뜻과 마음을 그대로 대담하게 직선적으로 표현할 수는 없다. 은근히 속삭이고 三者를 통해서 애타는 가슴속을 전달한다.

직접으로 만나서 사랑을 불태우는 것이 아니고 편지로서 애타는 사연을 보내고 또 보내면서 글로서 사랑을 속삭이는 것이다. 사랑의 편지를 보냈으면 답장이 오기 마련이다. 그 편지와 답장을 전해주고 또 전해주는 우편배달부 만을 일각여 삼추로 기다린다. 우편물은 길을 통해서 온다.

　그래서 늘 길에 나가고 우편부를 애타게 기다린다. 길이 험하면 우편의 전달이 늦어지고 길이 좋으면 그만큼 우편도 빨라진다. 그러기에 언제나 길을 닦고 넓히는데 온갖 정성을 다한다. 길에서 기다리는 것은 우편마니 아니다. 사랑하는 임도 길을 따라 찾아온다. 그래서 더욱 길에 신경을 쓰고 지름길을 개척하기에 정성을 다한다.

　자나깨나 기다려지는 임의 소식! 편지와 임을 기다리다 못해서 신작로로 뛰처나가 애타게 고대하는 少年과 少女의 달콤한 첫사랑! 그래서 寅이 申을 보면 평생 애정을 그리는 春心이 가시질 않고 언제나 마음만은 젊디젊은 靑春에 가득차있다. 그 기다리는 신작로에 임이 나타나면 마냥 기뻐서 이리뛰고 저리뛰면서 임과 부둥켜앉고 사랑을 즐긴다.

　　　　丑未와 辰戌이 있으면 고집불통이다.

　辰戌丑未는 墓庫로서 무덤에 깊숙히 도사리고 있는 노쇠한 인생이다. 그에겐 富貴榮華가 모두 흘러간 과거요 그림의 떡이다. 이제 남은 餘生을 平安히 보내는 것마니 유일한 과제다. 늙고 병들었으니 生産能力은 없고 그동안 벌어놓은 것으로 살아갈수 밖에 없다. 하루를 살면 하루치의 쌀이 줄어든다. 몸은 늙었어도 오래오래 살고 싶은 것이 人之常情이다.
 그 살여는 욕망이 물욕을 충동하나 다시는 生産할 수가 없다. 그래서 있는 것을 아끼고 한푼이라도 저축해서 더많이 살여는 것이 老人生의 몸부림이다. 生氣가 없고 能力이 不足하니 마음의 창문도 밀폐상태다. 무엇이든 自己本位로 고집을 부리고 융통성이 없다. 더퍼놓고 웅켜쥘뿐 베풀거나 양보하는 것이 없다. 한알을 주면 하루의 생명이 감소된다는 강박관념에 사로 잡힌 탓일까? 그러나 身이 有力하다면 근면하고 절약하며 검소하니 도리어 大業을 이룩 할 수 있다.

沖은 月日보다 年對時沖을 두려워 한다.

 年은 뿌리요 時는 열매이며 月은 싹이요 日은 꽃이다. 뿌리에서 열매를 흔들면 一生동안 애서서 농사진 열매가 하루아침에 우수수 떨어지니 晩年이 허무하다. 그러기에 年對時沖은 少年과 老年의 風波로서 가장 不幸한 것이다.
 月은 싹이요 日은 꽃이다. 싹은 最强하니 沖이 無色하고 日은 主君이니 嚴히 침범할 수가 없다.
 그래서 日月의 沖은 비록 바람은 타나 變故는 없다. 그러나 歲運에서 月支를 沖하면 싹이 피곤하니 風波를 겪는다.

日時의 干이 太歲와 干合하면 晦氣한다.

 日時와 太歲가 干合하면 君臣이 相會하니 歲君을 가까이 모시고 對話할 수 있는 기회를 갖는다.

　智와 德을 겸한 大人은 그동안 培養한 才能과 實力을 아낌없이 발휘하고 忠誠됨과 有能함을 인정받음으로서 크게 出世하는 절호의 기회가 되는데 反하여 常人은 歲君의 총애를 빙자하여 버릇없이 輕擧妄動하고 分守를 지킬줄 모르니 마침내 歲君의 노여움을 크게 사서 罰을 당하고 損財와 亡身을 한다. 이는 한눈을 팔다가 어리석은 잘못을 저지르는 것이다.

　　　　　　日時의 干支와 流年干支가 같으면 轉趾한다.

　日時는 命의 主君이요 流年은 運의 主君이다. 命主는 小我인데 反하여 運主는 大我와 같다.

　日時의 干支는 主君의 姓名이요 雅號이며 流年의 干支는 大君의 姓名이요 大權의 國號다. 君은 皇帝에 맞서거나 거역할 수가 없다.

　干支가 같은 것은 君이 皇帝를 모방하고 對立하는 것이다. 어찌 皇帝가 大怒하지 않겠는가? 帝는 당장에 그들 不敬不純者로서 다스리니 그 禍가 적지 않다. 大運이 좋고 歲君의 信任이 重하다면 堂上에서 멀리 쫓겨 보내는 左遷으로서 一段落하되 大運이 凶하고 歲君이 미워하는 者라면 당장파직하고 재산을 몰수하며 멀리 귀향을 보내니 破財하고 破家하며 멀리 떠나야 한다. 이는 무모한 對決과 作事로서 크게 損財亡身하고 現業을 淸算하여 轉業 또는 轉職轉地하는 것이다. 마치 길위에서 强者를 만나고 버티다가 크게 달히고 발길을 돌리는 것이 같다해서 轉趾殺이라 한다.

生月을 運元이라하니 歲運에서 冲하면 禍가 生한다.

運의 넝쿨인 大運은 月支에서 發生한다. 月支는 命의 싹이요 運의 대공이니 이를 運元이라고 한다. 가령 호박넝쿨이 大運이라면 그 넝쿨을 뻗게 하는 박의 대공이 바로 月支요 運元인 것이다.
넝쿨은 대공에 의함으로서 대공을 冲하여 傷處를 입히면 넝쿨전체가 병들고 시들어 버리듯 반듯이 異變이 발생한다. 그러기에 大運이나 歲君이 運元을 冲하는 것을 가장 두려워 한다.

月支官星을 祿元이라 하고 冲을 두려워한다.

月支에 官星이 있으면 이를 官祿의 根元이라 해서 祿元이라고 한다. 가령 丁日主가 亥月生이면 亥中壬水가 官星이니 곧 祿元이 된다. 祿元은 冲을 두려워하니 만일 年支나 時支에 巳가 있으면 亥를 冲하듯이 祿元이 冲으로 무너지는 것이다.
月支는 得令해서 冲을 두려워하지 않지만 本是胎兒로서 처음부터 冲하면 싹이 자라나기 힘들고 傷處깊은 넝쿨은 큰 열매를 맺기 어렵듯이 官祿이 不實하다.

天干이 破敗되면 技藝에 能하다.

天干의 財官이 剋傷되어 破敗되거나 官殺이 重重하여 日君이 剋傷되면 벼슬하고 出世하기는 어렵다. 임이 官과 財의 命脈이 끊어짓으면 작은 才能으로서 生計를 유지할 수 밖에 없으니 技術이나 藝能을 택할 수 밖에 없다.

天命이 그러하니 技藝에는 天賦的인 素質이 뛰어나고 多才多能하여 出世는 하나 常人으로서 두각을 나타내기는 어렵다.

沖官하고 無合이면 漂流之徒다.

官은 生業이요 護財者다. 官이 沖되면 빨리 沖者를 合을 해야 解沖이 되고 官이 온전하다. 만일 沖을 合하지 못하면 官이 無力해짐으로서 生業을 求할수도 지탱할 수도 없이 항상 無職상태요 財物 또한 無防備상태로서 破財되니 한곳에 定着할 수가 없고 平生 정처없이 流浪生活을 해야한다.

財가 空亡이면 落魄之輩가 된다.

財는 命의 根源이며 動作의 唯一한 지표다. 財를 벌기위해서 움지기고 보다 더 벌기 위해서 千辛萬苦를 한다. 그 財가 空亡이면 財가 無力하고 無根하니 아무리 돈을 빌려고 발버둥처도 돈을 벌수가 없다. 그와 같이 萬事가 뜻대로 되는 것이 없고 하나같이 실패하니 가난을 벗어날 수 없는 동시에 의기가 침체되어 전혀 無氣力하다.

月令이 沖되면 過房하거나 離祖한다.

月令은 命의 싹이요 대공이다. 조상의 피를 이어받는 血統이자 보금자리로서 命脈처럼 가장 소중한 곳이다. 月令이 沖을 당하면 血統과 苗木이 傷하고 斷折된 것이니 祖上의 피를 이어 받기가 어려울 뿐더러 命主 또한 血脈이 온전하지 못함으로서 血統을 이어 나가기가 어렵다. 그래서 나자신 直系 아닌 庶族이거나 入養한 身分의 경우가 많고 아들이 귀해서 조카로 양자를 삼는 過房을 면하기가 어려우며 일즉히 古基를 떠난다.

　　　　　　日時가 沖하면 妻子가 온전하지 못하다.

　日支는 妻宮이요 時支는 子宮이다. 日時가 沖되면 妻子의 집이 무너지고 만신창이가 되니 어찌 妻子가 온전하겠는가 中年에 傷妻損子하여 애처러운 눈물을 흘리게 되며 妻子가 無力하고 損傷됨에 따라서 晩年이 고독하고 無氣力하다.

　　　　　刑多者는 不義하고 合多者는 皆 親하고 晦하다.

　刑은 힘이 지나쳐서 是非를 즐기고 冷酷한 것이니 强者앞에는 卑怯하리만큼 弱한 反面에 弱者에겐 이리처럼 虛威를 떨치고 殘虐한 性品이 있으며 힘은 두려워하나 義는 지키지 않는다. 합은 主體性이 없이 野合하는 것이니 누구와도 多情하게 親할 수 있는 원만한 性格과 더부러 人情과 애정에 얽히고 빠지기 쉬우며 事理와 앞을 분별하는 슬기가 부족하고 어리석어서 因人損失이 많고 發展性이 적다.

歲月이 相扶하면 祖力으로 發身하고
日時가 相冲하면 妻子가 無功하다.

年月은 父母와 祖位다. 이곳에 喜神이 있고 主君을 生扶해주면 父母와 祖上의 恩功이 크고 그 때문에 成功하고 出世한다. 日時는 妻子宮이다. 이곳에 冲이 있으면 無能無力하니 妻와 子가 無氣力하고 아무리 정성을 들여도 功이 없을 뿐더러 妻子로 因해서 괴로움이 많다.

六合地에 祿이었으면 반듯이 妻榮하고
財鄕에서 合을 얻으면 妻로 因해서 出世한다.

六合은 天地陰陽의 造化다. 日主와 干合하는 것은 正配遇者의 별이다. 그 合神이 建祿이나 官星을 타고 있으면 妻가 영화롭다. 가령 甲日主가 己未나 己酉와 干合하면 己士가 得祿하고 坐官한 것이니 妻가 有力하고 榮貴하다. 그와 같이 財運에서 干合하면 妻力으로 立身出世한다.
가령 庚日主가 乙卯運을 만나면 財地에서 干合하는 것이다.

陽干日生이 上下로 合多하면 妻가 많이 바뀐다.

合은 陰陽의 造化이니 合多하면 男女가 多情하고 變化가 많다. 陽日生이 四柱에 干合 支合이 많으면 多情多感할 뿐더러 東西에서 陰陽이 配合되고 유혹이 허다한 동시에 主君이 無骨好人이요

主見이 없음으로서 情에 쉽게 얽히고 얽매여서 해로 하기가 어려운 동시에 平生에 妻宮이 혼란하여 여러번 바뀐다.

> 合神에서 生氣하면 妻, 妾이 賢良하고
> 四柱가 相扶相親하면 기쁜 慶事가 많다.

男命의 合神은 財神이다. 財星이 長生이거나 日主의 印星을 타고 있으면 財가 誠實하고 日主를 生扶하니 妻妾이 모두 賢明하고 善良하다.

가령 甲日生이 己酉나 己亥와 合하면 己士가 酉에서 長生하고 甲이 亥에서 長生하니 妻妾이 賢明하고 有力하다. 四柱가 相生하고 有情하면 一家가 和睦하고 團合하니 平生 吉慶함이 許多하고 續出한다.

> 魁강이 沖多하면 刑獄을 당하고
> 建祿者가 無財하면 奴婢다.

魁강은 壬辰 戊戌 庚辰 庚戌를 말한다. 性情이 强烈해서 沖多하면 暴戾 殺生하니 刑獄을 免하기 어렵다. 그러나 事實은 性情이 溫和하니 沖多하면 奔走할 뿐 刑厄이 꼭 있는 것은 아니다. 建祿者는 成熟한 壯丁이니 財가 없다면 無識無爲者로서 卑賤한 奴僕노릇을 할 수 밖에 없다.

制殺有害하면 姻親으로 散失하고
다시 逢戰하면 疾病으로 苦生한다.

　殺은 有能하나 橫暴함으로서 고삐로 묶듯이 制殺해야 한다. 食傷으로 制殺할 경우 財를 보면 거꾸로 財生殺하여 殺이 肥大해진다. 財는 妻星이니 妻의 姻戚으로 因해서 財를 散失하고 養虎爲患을 겪는다. 만일 다시 官殺을 보면 百虎가 亂舞하고 사면초가이며 기진맥진하여 지쳐쓰러지고 疾病으로 꼼작을 못한다.

干刑支合하면 樂이 變하여 근심이되고
干合支刑하면 喜中不美하다.

　干刑은 剋沖을 말한다. 干이 剋沖되었는데 支가 合이면 아래서는 和平하고 有情한데 위에서는 是非가 분분한 것이니 有情이 無情으로 變하듯이 樂中에 근심이 발생하고 反對로 干合하고 支刑하면 위에서는 和樂한데 아래서는 시기질투하고 不和한 것이니 喜中에 不美로운 사대가 발생한다.
　和睦할듯하면 風波가 생기어서 근심이 태산같고 즐거울듯하면 시기질투하는 방해자가 나타나서 초상집을 만드러 놓으니 집안에 조용히 살수가 없고 夫婦가 해로할 도리가 없다. 견디다 못해 術士등 九流業으로 떠돌지 않으면 入山하여 僧道를 닦는다.
　따라서 夫婦의 不和와 風波는 가실날이 없으니 必然코 해로하지 못하고 再婚 또는 三婚을 하게된다.

正官이 被合되면 平生名利가 皆虛하고
　　　　　殺이 被合되면 處世가 도리어 能하다.

　官은 名利다. 官이 日君아닌 三者와 合을 하면 日君이 外面한다. 그와 같이 世上이 나를 外面하거나 또한 外道에 빠지고 한눈을 파니 平生하는 짓마다 名利가 虛無하다. 七殺은 萬人이 싫어하는 暴君이다. 그가 被合되면 殺氣가 解消되고 調和되니 凶이 變하여 吉이되듯이 處世가 能하고 名利가 있다.

　　　　　化面不化 之因은 聚而不聚之機요
　　　　　合而不合者 秀而不秀之實이다.

　化는 造化요 造化는 同化作用이며 同化는 德의 感化作用이다. 德이 있는 곳에 衆人이 몽으고 大事를 이룩할 수 있다. 化格이 깨지면 不化이니 德이 허무러진 것이다.
　德은 萬有를 몽을(聚)수 있는 好機인데 德이 무너졌으니 도리어 흩어지는 散機로 變質한다.
　그와 같이 萬事가 될듯하다가는 力不足으로 깨지고 失敗한다.
　合은 陰陽의 結合이니 情과 精이 치솟고 才能의 꽃이 만발하며 훌륭한 열매를 맺는다. 그러나 六合을 깨는 妨害者가 있으면 合은 이뤄질 수 없으니 情과 精이 나타날 수 없듯이 才能의 꽃이 필 수 없고 피와 땀의 結實도 기대할 수 없다.
　男女가 配合하고도 和合치 못하고 서로 시기하고 질투하는 不和對立을 일삼고 있으니 合心아닌 變心만 무르익듯이 만사가 어굿나고 異變의 禍를 당하며 한가지도 成事될 수가 없다.

化而不化則 損貴하고 緊而不緊則 損財하며
合而不合則 損官하고 秀而不秀則 損福한다.

化는 德이요 貴이니 化가 不成하면 德과 貴를 잃는다. 出世하고 名聲을 날리기가 어렵다.

萬人을 聚하는 것은 財와 利이니 聚가 不成이면 財와 利를 잃는다. 장사를 하려도 사람이 뭉이질 않으면 기회를 얻지 못하고 거래가 어렵듯이 아무리 有能해도 才能을 발휘할 수 있는 기회가 없고 돈을 벌도리가 없다.

合은 男女와 上下가 結合하는 法度요 禮儀와 信義와 誠實이다. 合이 깨지면 法과 禮를 잃고 無信義 無誠實하니 얼굴을 들수가 없고 出世할 길이 없다. 그와 같이 生業과 社會에서 信任을 받을 수 없고 出世할 수도 없다.

秀는 才와 能이다. 才能은 精氣에서 피는 꽃이니 秀가 깨지면 精力과 才能이 낭비되고 無氣無能해짐으로서 結實을 맺을 수가 없다. 그와 같이 모든 것이 알맹이 없는 껍질이요 有名無實한 虛名虛利로서 成事가 어렵다.

不化而化之因은 不聚而聚之機요
不合而合之理는 不秀而秀之用이다.

化가 깨어진것은 妬合이나 剋傷때문이다.

그 妨化者를 除去하는 制化가 있으면 化가 成立된다. 不化者를 成化시킨 것은 마치 흩어진 장군을 다시 뭉으게 만든 機智와 같다. 이는 이미 땅에 떨어진 신망을 다시 회복하고 만인을 감화 시키듯이 처음부터 化成된 自然的인 造化보다도 몇배나 어렵고 힘이 드는 것이니 그 主人公이 얼마나 非凡하고 造化力이 위대한가를 能히 짐작할 수 있다.

그것은 우연히 뭉여드는 장군의 集合과는 달리 임이 흩어진 장군들을 다시 뭉으는 非常한 才能이나 威力과 같다. 그러한 非凡한 德望者인 才能이나 威力과 같다. 그러한 非凡한 德望者인 人化者가 天下에 이름을 떨치는 權座에서 大貴를 누릴것은 自明之事 이듯이 이미 흩어진 장군을 보다 더 푸짐하게 뭉을수 있는 人聚者가 東西에서 財物을 뭉으고 天下의 巨富로서 豊盛한 大財를 이룩할 것은 不問可知다. 그것은 合이 깨진것을 다시 結合시키고 시들은 나무열매를 다시 열개하는 경우도 똑같다. 禮와 法과 信義가 허무러진 無法과 不信의 땅에서 禮와 法과 信義를 회복시키고 和平盛世를 만들기란 여간한 슬기와 信望이 아니고는 不可能하다. 그와 같이 꽃피고 열매를 맺다가 시들어버린 나무에 열매를 맺게 하는 것은 非凡한 精力과 才能의 造化이니 그 人物이 卓越함을 알 수 있다.

그러한 和平과 結實의 天才的 人材는 그 造化를 이루는 運에서 必然的으로 榮轉하고 祿高名振한다.

가령 甲己化土格이 妬合이나 失令으로 깨진경우엔 妬合을 解除하는 甲이나 己의 歲運에서 또는 化土가 得地하는 土運에서 造化가 成立되고 功이 滿發하며 權高大貴할 수 있고 常人이나 經商者

는 得財致富하며 干合支合이 깨진경우도 妬合이나 剋沖이 昇進榮轉等 出世를 하고 常人과 經商者는 돈을 벌고 成財를 할 수 있다.

　　　　　三辛이 丙을 보면 錢財를 破散하고
　　　　　二壬이 丁을 보면 家道가 興隆하다.

三辛一丙이면 一夫三妻로서 財多身弱이니 女色으로 因해서 散財하고 亡身한다.

反對로 二壬一丁이면 一妻二夫이니 두남편이 벌고 한여인이 살림하니 家財가 늘고 家運이 興盛한다.

三辛一丙은 버는 사람은 하나요 쓰는 사람은 셋이니 一入三出하고 二壬一丁은 二入一出하니 前者는 散財하고 後者는 成財하는 것이다.

　　　　　五行이 本鄉에 이르면 貴하지 않으면
　　　　　富하고 命이 破地에 臨하면 賤하지 않으면 貧하다.

五行의 旺地를 本鄉이라 하고 刑沖破害하는 곳을 破地라고 한다. 喜神의 五行이 旺地에 이르면 出世하고 所願成就하니 貴하지 않으면 富한다.

四柱가 忌神의 旺地에 이르면 破局을 면하기 어렵고 파란이 萬丈하니 만사가 뒤집히고 무너진다.

運이 大破하니 賤하지 않으면 貧하다.

身이 學堂에 居하면 文藝가 淸高하고
　　　　　命이 鬼地에 이르면 徒流 또는 盜賊之人이다.

　學堂은 長生地를 말한다. 丙戊는 寅이 丁己는 酉가 長生이듯이 學堂이다. 長生은 生氣이자 秀氣이니 學堂이라고 한다. 學堂에 身坐하면 好學好文하니 文藝가 能하고 長生은 淸純하니 文藝가 淸高하다. 日主가 鬼殺의 旺地나 合局에 臨하면 暴惡者에 依해서 모든 것을 빼앗기고 쫓기어나가며 심하면 賊黨에게 이끌리어서 盜賊으로 轉落한다.

　　　　　三合과 六合이 歲運에서 이뤄지면
　　　　　必榮하고 財庫와 官庫는 明沖해야 發福한다.

　三合은 社會的 進出이요 六合은 多情한 伴侶다. 日支의 三合이나 六合이 歲運에서 이뤄지면 多情한 伴侶나 社會的 進出의 기회를 얻으니 반듯이 才能을 발휘하고 榮昌한다. 財와 官은 庫藏에 묶어 놓는 것을 싫어한다. 流通과 出世가 不可能한 때문이다. 그러기에 歲運에서 沖庫하기를 기뻐하고 開庫할 때 名利를 얻는다.

　　　　　羊刃이 다시 三合하면 千里를 徒流하고
　　　　　財를 쓰는데 劫財를 보면 一生 가난하다.

　羊刃은 兵器다. 羊刃이 三合하면 天下兵器와 劫奪者가 集團을 形成한 것이니 가만히 있을 수가 없다. 그러나 指揮官인 七殺이 없으니 無將之卒처럼 부질없이 떠도라 다니거나 無謀한 反逆을 도모하다가 千里길 귀향살이를 한다. 財를 기뻐하는 命은 劫財를 두려워 한다. 이미 財에 依持하고 있는데 劫財가 있으면 平生 도둑과 노름때문에 가난을 벗어나기 어렵다.

   隨合은 影隨形과 같고 恩人이면서 도리어
   원수가 되는 異變을 生한다.

 합이란 그림자가 몸을 따르는 것과 같다. 나를 따른다는 것은 마치 나의 뒤를 보살펴 주는 恩人과도 같지만 도적이 뒤를 밟는 경우도 있다.
 恩人이라 생각하고 태연히 걷는데 난데없이 뒷통수를 치는 것이 도적이니 믿었든 도끼에 발찍히는 것과 같다. 가령 丙午日生이 辛未를 보면 辛은 아내의 별이니 반겨하고 태산같이 믿을수 밖에 없다. 그러나 그 女人이 變心할 경우 아내는 妖魔이자 악마로 變해서 남편의 재산을 훔치고 목숨까지도 빼앗는다. 그 女人이 훌륭하다면 도리어 알뜰한 內助를 얻어서 크게 出世한다. 그와 같이 貴命은 貴人을 만나서 도리어 發身하는데 反하여 常人의 命은 恩功을 원수로 갚는 變心과 背信에 의해서 모든 것을 빼앗기고 자칫하면 목숨까지도 잃는다.

   遙合하면 스스로 한가지를 못하고
   天干은 生剋制化를 地支는 刑沖破害를 專論한다.

 支장干의 神氣가 서로 얽히는 것을 遙合이라고 한다. 가령 卯

申이면 卯中乙과 申中庚이 氣合하는 것이다. 合을 하면 有情하고 서로 往來하니 조용하고 한가로히 쉴수가 없다.

干은 生剋制化를 가지고 吉凶과 旺弱을 따지고 支는 刑冲破害로서 喜忌와 强弱을 論하는 것이 命理의 原則이다.

辛酉가 乙卯地에 이르면 氣散하니 敵이요
凶甚하고 土를 보면 得氣하여 吉하다.

辛酉가 乙卯地에 이르면 天地冲이니 氣를 있는대로 發散하고 失氣한다. 氣를 잃고 絶地에 이르니 旺木을 감당할 수 없으며 乙卯가 도리어 辛酉를 制壓하니 財가 아닌 鬼殺이 된다. 病든 患者가 得妻하여 脫氣하고 妻의 號令에 기지사경인 것과 같다. 그 凶이란 말할 수 없다. 多幸히 土를 보면 生氣를 회복하고 木氣를 分散하니 한숨을 돌릴수 있다.

三合과 六合은 精神이 通하는 氣合이다.

氣가 뭉치면 物이되고 氣가 分散되면 物이 化氣한다. 氣가 뭉치면 旺하고 旺한 則 造化를 크게 부릴수 있다. 그 氣의 集合을 六合 또는 三合이라고 한다. 六合은 陰陽의 氣合이니 有情하고 三合은 東西南北의 氣合이니 氣盛하고 造化가 無窮하다. 氣는 곧 心이요 精神이니 合은 곧 精神의 統一이요 啓發의 기회다. 그래서 六合이나 三合에선 반듯이 精神이 四通八達하고 마음에 흐뭇한 變化가 이뤄진다.

　　　　　我生我剋者는 自然 退散하고
　　　　　生我剋我者는 皆爲氣入한다.

　我生者인 食傷은 才能을 발휘하는 기회를 미끼로서 我氣설기하고 我剋者인 財는 衣食住를 공급하는 기쁨의 代價로서 我氣를 分散시키니 生氣를 自然 衰退 分散시킨다.
　反對로 生我者인 印星은 生氣를 供給하고 剋我者인 官殺은 精神을 緊張시키고 氣를 高潮시킴으로서 我氣를 造成하고 助長시키는 吉神이다.

　　　　　刑沖破害는 支의 交戰으로서 乖塞하고 天干의
　　　　　土木, 水火相剋은 干의 交戰으로서 傷殘한다.

　刑沖破害는 生産手段인 地支가 서로 싸우는 戰爭으로서 生産아닌 낭비와 소모를 일삼으니 만사가 어그러지고 막힌다. 이는 生産資金을 헛되이 낭비하고 엉뚱한데 소비함으로서 애당초 설계한 지표와 뜻을 이루지 못하는 것과 같다. 干에서 相剋하는 것은 힘對힘의 交戰으로서 서로가 피를 흘리고 상처투성이가 되니 피로와 위축이 겹쳐서 意慾을 상실하고 침체한다.

　　　　　一生一剋하고 一和一制하면 變化가 通達하고
　　　　　生則 不息하고 無絶하며 剋則堤防이
　　　　　疏通하고 造物을 다스린다.

　生하는데 剋이 있거나 化合하는데 沖이 있으면 一得一失하고

一喜一悲하여 得失과 喜悲가 相半하고 中和하니 轉禍爲福하고 마침내 通達한다. 生하면 不息不絶하여 永生하고 剋하면 장벽을 뚫고 氣가 疏通하여 造化를 이루고 萬物을 다스린다.

　　　　上生下하면 脫氣하고 子旺母衰하며
　　　　歲가 生月하고 月이 生日하면 亦上生下다.

干에서 支를 生하거나 年에서 月을 生하면 上生下가 된다. 上生下는 上氣를 설기하여 下氣를 살찌움으로서 上氣는 完全히 脫氣되고 無力하다. 干은 手足이요 頭腦이니 手足과 頭腦가 脫氣되면 마비되고 失神하여 無能無力하고 한가지도 成事되는 것이 없이 막히고 좌절된다.

　　　　丁巳가 辛亥를 보면 巳中丙과 辛이
　　　　亥中壬과 丁이 서로 貴官이되듯
　　　　庚寅見己卯亦 서로 貴官을 交換한다.

丁巳가 辛亥를 보면 巳中丙火는 辛의 官貴가 되고 亥中壬水는 丁의 貴官이 됨으로서 서로 官을 交換 俱備한 것과 같다. 이는 庚寅이 己卯를 보는 경우도 같다. 寅中甲木은 己土의 官이 되듯이 庚金은 卯中乙木의 官이된다. 이와같이 官을 서로 교환하고 貴氣가 往來하면 有情하고 合心하니 轉禍爲福이요 意外의 貴人을 만난다.

空亡은 陷沒之神으로서 無用한 廢物이다.
만약 沖을 만나 解空되면 必然코 再起奔發하니 有用하다.

空亡은 땅속이 텅비어 있는 함정으로서 한번 빠지면 꼼작할 수 없으니 無用한 廢物이요 산송장과 같다. 그래서 空亡에 자리 잡거나 부디친 神은 아무런 作用도 못하는 허수아비와 같다.
그러나 沖을 하여 함정을 메꾸면 함정에 빠진 六神이 救出됨으로서 마땅히 再起하고 奔發하여 有用한 人材가 될 수 있다.

貴氣가 支沖되면 不安하고 다시 또
沖되면 我家無地다. 만약 無救하면
象不立物不成하니 非禍則夭다.

財官의 貴氣는 生活의 基幹이다. 財官의 支柱가 刑沖되면 뿌리가 상하고 썩는 것이니 그에 依支하는 財官은 不安하여 평온할 수가 없다. 歲와 運에서 거듭 沖한다면 支柱가 뿌러지고 무너지니 財官이 설 땅이 없다. 땅에 주저 앉은 財官을 다시 일으키는 救濟의 解沖이 없다면 命象이 成立될 수 없듯이 萬物이 不成이니 禍가 연달아서 發生하지 않으면 非命으로 短命하다.

甲見二壬則 重呑이요 甲見二庚이면 雙剋이니
모두 禍를 이룬다. 沖刑破害亦重見하면 不祥하다.

甲이 二壬을 보면 過食하여 배탈이 발생하듯 甲이 二庚을 보면

過重傷으로 만신창이가 되니 결코 온전할 수 없이 災難을 겪는다.
　地支의 刑冲破害 亦是 重見하면 파란이 겹치고 동요가 격심한 것이니 반듯이 상스럽지 못하며 가정과 사업의 기틀이 혼들리고 不安과 異變을 암시한다.

　　　一馬는 不喜冲하고 冲하면 動하며
　　　馬가 天乙貴人을 타고 있으면 吉하고 有用하다.

　財가 하나이면 冲을 싫어한다. 財를 冲하면 物이 動하고 心이 奔하니 物欲으로 東奔西走하나 財가 이미 損傷되었으니 成事하기 어렵다. 天乙貴人은 지팡이와 같은 支援者다. 財가 貴人을 타고 있으면 財物이 貴하고 객을 만난 것이니 가치가 높아지고 쓸모가 많아진다. 가령 丁丑人이 辛亥를 보면 辛은 財요 亥는 天乙貴人이니 貴處有馬로서 有用하다.

　　　馬帶凶殺 空亡者는 惡하고 馬支刑冲則
　　　轉轉其馬하니 어찌 安休하겠는가?

　財馬가 七殺이나 劫財같은 凶殺이나 空亡과 같이 있으면 金庫에 도둑이 들고 하는 事業이 허공에 뜬것처럼 破産한다.
　財의 支가 冲刑되면 車馬가 채찍에 놀라 날뛰는 形局이니 萬事가 變轉無常하고 東奔西走한다. 어찌 하루인들 平安하게 쉬고 安定된 生活을 누릴수 있겠는가?

官星이 得祿無破하면 吉하고 必福하며
有妬有奪하거나 化來不得하면 物이 不成하다.

正官이 得令하거나 建祿이면 크게 發舊하니 破害刑沖이 없으면 반듯이 立身成名한다.
妬合이 되거나 劫奪者가 있거나 化合이 이뤄지지 않으면 만사가 不和와 질투 또는 妨害와 爭奪등 한가지도 成事될 수 없는 동시에 有名無實하여 成物成財가 不可能하다.

用神과 日干이 作合하면 有情有氣하고
得侶하나 一妬一爭하면 그림의 떡이요
有情이 無情으로 바뀐다.

用神이 日主와 六合하면 忠臣이 君主와 一體가 된것이니 有能한 伴侶를 얻는 것이요 有情하고 有力하다. 그러나 比肩이 있어서 妬合하거나 爭財하면 用神이 허공에 뜨고 忠臣이 變心하니 好事多魔요 有名無實하며 그림의 떡이다. 萬事가 될 듯하다가는 깨지고 有情할 듯하면서 無情하니 초조할 따름이다.

干合이 偏多하면 偏枯倒亂으로서 化得成
象亦全美할 수 없고 李換桃人格이다.

六合이 一乙三庚 二庚一乙처럼 中和를 잃고 偏多하면 偏重되고 偏枯한 妬合이요 爭奪과 亂雜을 免할 수 없다. 安定과 平和의 美

를 기대할 수 없다.
　마치 三姓이나 兩姓이 同居하고 朝夕으로 相對가 바뀌는 亂雜한 人生이다.

　　　　財坐空亡則 外方出入이 多하고 外方財緣을
　　　　多獲하거나 異路의 財帛을 多獲한다.

　財星이 空亡이면 金庫가 텅비어 있으니 돈을 벌기위해선 어차피 外出을 해야 하고 外地에서 돈과 벼슬을 求해야 한다. 타고난 財物이 虛無하니 平生 外地로 奔走하고 外地에서 돈과 벼슬을 힘써 벌어 들이거나 特異한 技術이나 方法으로서 財物을 뭉으게 된다.

　　　　空亡에 官星이 臨하고 衰敗하면 招入陋名하고
　　　　日時에 卯酉가 있으면 粧飾과 改門戶를 즐긴다.

　官星이 空亡이고 衰敗하면 名聲이 無力하니 사람을 招請한 자리에서 惡名이나 陋名을 남기기 쉽고 平生 이름을 떨칠 수 없다.
　日時에 卯酉의 桃花가 있으면 집과 亭子를 장식하고 門을 고치거나 옮기기를 즐긴다.
　만일에 驛馬를 띠었으면 驛馬와 더불어 平生 이사를 많이 하게 된다.

年柱의 空亡이 日에 있고 休廢하면
妻家가 無根하고 白虎가 日主를 剋竊하면
血光으로 橫死한다.

年柱의 空亡이 年君의 妻宮인 日柱에 있고 日主가 衰敗하면 妻星이 無氣力하니 妻家의 根基가 一片도 없으며 妻德이 없다.
十二運星의 胎를 白虎라 한다. 白虎의 胎星이 日柱를 剋하거나 漏氣하면 白虎의 難을 피할 수 없으니 血光등 血疾로서 橫死한다.

時에 三合이 形成되면 謂之奇寶라 하고
官星이 時上에 있고 無破無忌하면 世代가
不絶하여 芳名勳業을 떨치는 絶世名人이다.

時柱에 三合이 있으면 所謂奇寶라 한다. 時上에 官星이 있고 冲剋이 없는 동시에 喜神인 경우엔 子宮과 晩年에 영화의 꽃이 화려하니 代를 이어서 富貴를 누리고 千秋에 이름을 남기는 絶世名人이다.

年月日時에 空亡, 刑冲, 死敗가 있으면
運에서 發身한다 해도 오래가지 못한다.
發源이 隱實住處해야 能耐患難하고
能亨富貴하며 悠遠하다.

四柱의 四支에 空亡이나 刑冲, 死敗등이 있어서 無氣力하고 風

浪이 不絶하면 설사 行運에서 故地를 만나서 發福한다 해도 오래 지탱할 수 없이 一場春夢이다. 財官의 貴根이 沖空없이 暗장되어 있으면 아무리 어려운 逆境과 受難도 能히 이겨낼 수 있듯이 富貴를 能히 감당하여 오래오래 지탱할 수 있다.

> 六合이 有功하면 權尊六部요 三刑이
> 得用되면 威震三遷이며 刑神得用者는
> 富貴聰明하고 無用者는 孤貧凶夭하다.

刑은 勇猛하게 無禮 하나 本是 나쁜 것은 아니다. 身旺者는 能히 用刑하니 猛虎처럼 權威를 天下에 떨치고 富貴聰明하며 身弱無氣한 者는 刑者를 敢히 다스리지 못하고 도리어 刑厄에 쫓김으로서 어리석고 孤貧하며 凶多夭折한다. 萬苦 年月에 凶神(刑)이 있고 이를 六合善用하면 六曹의 長官이 될 수 있고 日時의 刑을 合用하면 次貴하다.

> 歲日이 月과 爭合하면 月支는 陷溺하다.
> 欲出而不可得則謂賊地요 다시 歲月에
> 自刑則無暇하다.

歲와 日이 月과 爭合하면 月柱는 左右에서 다리를 잡힌격이니 月支는 함정에 빠진 생쥐처럼 꼼짝을 할 수가 없다. 빠져나갈 수 없는 陷地는 敵의 賊地와 같으니 坐不安席이다. 더욱이 歲月에 自刑이 있으면 平生 뛰어다니듯 東奔西走하고 한시도 겨를이 없다. 自刑은 틈이 없는 無暇者이기 때문이다.

> 時支對月支合則 謂之賊地요 行運에서
> 去賊則 安泰하나 再見 賊亂則 凶하며
> 月支妬合則 月支爲 陷溺이요 謂之賊地다.

癸亥年 甲寅月 己亥日 乙亥時命처럼 時支와 月支가 合하거나 年日에서 妬合되면 陷溺 또는 賊地라 한다. 마치 도적이 左右에서 서로 훔치려 싸우는 格이니 함정에 빠진 寶石이요 賊地에 뛰어든 꼴이다.

歲運에서 妬合을 沖解하면 도적에서 풀린것이니 安泰하나 만약 또 妬合이 되면 賊群이 亂을 일으킴으로서 크게 凶하다.

> 魁강者는 心高하니 爲禍요 六合者는
> 性順하니 爲祥하며 刑戰者는 愚頑하고
> 靜安者는 賢俊하다.

庚戌, 庚辰 戊戌等 魁강은 心高하고 性品이 過激함으로서 禍를 自招하고 六合者는 有情하고 溫順함으로서 祥瑞로움이 많다. 刑沖戰剋은 生産보다도 我執과 是非로 財와 精力을 浪費하니 어리석고 頑固하며 刑沖被害와 剋戰이 없는 安靜된 四柱는 오직 生産的 活動만 함으로서 賢明하고 英俊하다.

五行通變篇

水盛木流則終爲外鬼

木이 無根하고 허약한데 水多하여 범람하면 弱木은 浮木이 되고 물결에 휩쓸리어서 겉잡을 수 없이 떠내려간다. 물결이 치는 대로 바람이 부는대로 東奔西走하니 정처가 있을 수 없고 강물따라 마침내 바다로 흘러간다. 창해바다에서 표류하고 파도에 밀리고 또 밀리다보면 바다건너 멀리 외국땅에 맴돌고 끝내는 돌아올 수 없는 이국땅에서 객사를 한다.

水土不嫌死絕

水와 土는 천지간에 가득차있다. 지구는 바다와 육지로 구성되어 있듯이 땅을 파면 어데서나 물이 나오고 물은 흙을 바탕으로 존재함으로서 바다밑은 흙으로 꽉차있다. 이처럼 흙과 물은 동서남북과 춘하추동을 막론하고 생생불식하나니 死絕이 있을 수 없다. 그래서 金木火는 사절(死絕)을 크게 두려워하지만 水와 土는 死絕을 아랑곳없이 본분을 다한다.

火藏於木 宿於土

丁火는 木의 꽃이니 나무속에서 싹트고 자라나며 木이 성숙하는 날 밖으로 모습을 드러낸다. 木의 精力이 滿發한 精華이니 꽃은 아름다운 동시에 그 모체인 木의 精氣요, 원동력으로서 열과 광을 발생한다. 낮에는 태양과 더부러 약동하고 밤에는 땅에서 잠을 잔다. 뜨거운 태양열이 地熱로 바뀜으로서 熱을 보존하는 동시에 만물을 따듯하게 보살피는 것이다.

  우주의 만물은 태양과 더불어 눈을 뜨고 활동하며 열과 광을 먹고 살 듯이 火는 생명의 심장 역할을 하고 있다. 심장은 피를 회전시키고 열을 발생하며 머리의 등불인 정신을 정상적으로 운전한다. 불꽃이 지나치게 치열하면 만물이 타버리듯이 불기운이 너무 허약하면 심장이 멎고 만물이 죽음에 이른다. 심장은 일정한 고동을 해야만 건전하고 정상적이니 지나치게 왕성함을 싫어하듯이 사절됨을 극히 두려워 한다.

化象論篇

金水象不可見土

秋生水는 바위속에서 솟는 맑은물로서 生生不息이다. 金水가 相停하면 하나의 形局을 이룬 것이니 깨끗하게 이름난 自然溫泉과 같다. 깊은 바위에서 四時상창 치솟는 뜨거운 溫水는 千金의 소중한 藥水로서 만인이 즐기고 문전성시를 이루니 地上의 낙원이요, 玉堂과도 같다. 만일 여기에 흙사태가 난다면 玉水는 탁수가 되고 淸金은 진흙에 묻히니 天下의 玉泉은 無用之物이 되고 만다. 그래서 大運이나 歲運에서 土를 보는 것을 두려워한다. 흙과 어울리면 玉水가 흙탕물로 변하여 廢水로 변질하듯이 여태껏 애써온 功든탑이 무너지고 만사가 수포로 도라간다. 그 원인은 맑은 정신이 물욕에 어지러워지고 무리한 탐욕에 빠지는 동시에 사리를 그릇 판단하고 성급히 서둘음으로서 함정에 빠진 것이다. 만일 겨울이나 봄 여름의 경우라면 金水가 왕성한 것이 불리하니 土로써 제압하는 것이 도리어 바람직하다. 가령 〈癸亥 辛酉 癸亥 辛酉〉라면 秋月玉水이니 金白水淸으로서 그 이름이 天下에 고루 떨치듯이 만승천자가 될 수 있는 貴命이지만 〈癸酉 癸亥 庚子 辛巳〉라면 冬月寒金이 물바다에 빠진 格이니 水厄을 면할도리가 없는 동시에 한평생 햇빛을 볼 수가 없으니 빨리 土로서 水를 메꾸고 金을 구출해야 한다. 春月이나 夏月의 金水亦똑같다. 그것은 바위에서 나오는 玉水가 아니고 흙위에 넘치는 濁水이기 때문이다.

土金象不可見木

　　土는 金을 生한다. 土가 厚하고 金이 있으면 닭이 알을 낳듯이 金을 生生不息하니 萬金의 富을 이룬다. 이는 産母가 아기를 낳는 것과 같다. 한참 生金하는 土는 허약하고 과로한 상태다. 그 고단한 産母앞에 남편(木)이 나타나면 기진맥진할뿐더러 解産이 어려움으로서 流産되기 쉽다.

　　그와같이 木이 나타나서 土를 剋하는 것을 크게 두려워 한다. 이는 새끼를 낳으려고 조용히 휴식하고 있는 産室에 숫것을 집어 넣은 格이다. 土金으로 하나의 象을 이루고 있는 것은 바로 그 産室과 같으니 産室을 어지럽히는 것은 곧 공든탑을 무너트리는 것이다. 알은 산모가 튼튼할수록 많이 낳을 수 있다. 産母는 허약한데 胎兒가 過大하면 해산이 어렵듯이 土는 厚하고 金은 박한것이라야 그 福이 진진하고 厚實하며 반대로 金은 무거운데 土는 가볍다면 산모보다 아기가 큰 것이니 福을 누리기가 어려울뿐더러 도리어 禍를 당하기 쉽다.

金火象不可見水

　　火가 용광로를 이루고 金이 덩어리를 이루고 있다면 멀지않아 큰 그릇이 될 수 있는 製鍊形局이다. 한참 신나게 鍊金하고 있는 터에 水가 침범한다면 불은 꺼지고 그릇은 못쓰게 되니 두가지를 모두 잃는 것이요, 十年공부 나무아미타불이다. 火는 旺하고 金이 虛하다면 그릇은 쉽게되나 알차지 못하듯이 출세는 빠르나 쉽게 물러서고 수명 또한 길수가 없으며 반대로 金은 重하고 火가 가볍다면 그릇이 되기는 무척 오랜시일이 걸리지만 대기만성으로서 마침내 큰 그릇이 되는 동시에 평생 태평하고 장수한다. 夏月金이 많거나 秋月火가 왕성하다면 (三合火局) 金火象의 眞格이다. 만일 夏月金이 허약하고 火가 태과하다면 이는 불속에 뛰어든 나비로서 水土를 만나야하고 秋月火가 너무 허약한데 金이 왕성하다면 木를 쓰거나 차라리 水를 써서 설기하는 것이 현명하다.

金木象不可宜見火

미숙한 春夏의 活木은 金을 두려워하나 성숙한 秋冬의 死木은 金을 만나야 대들보다 기둥이다. 成材가 됨으로서 기뻐한다.

秋木이 울창하면 金이 旺하니 모두 戈採하고 製材함으로서 일약 거부가 되고 벼슬도 높이 할 수 있다. 그러나 金은 旺한데 木이 貧弱하면 도끼로 닭잡는 격이니 木이 크게 상하듯이 骨이 傷하고 아프며 반대로 金은 허약한데 木이 重하다면 巨木을 낫으로 베는 格이니 시간과 정력과 경비만 낭비하고 지나치게 애만 쓰고 허덕이다보니 肺가 과로하여 숨이차고 痰과 천식이 생긴다. 秋木이 무성하거나 冬月金木이 相停하다면 巨木을 一品의 도끼로 伐하고 다듬는 것이니 대들보같은 큰 出世를 할 수 있다. 秋月木이 빈약하거나 冬月에 木重金輕하다면 모두가 徒勞일 뿐 成事는 기대할 수 없다. 活木은 金을 두려워하는 만큼 火를 만나야 꽃도 피고 金의 침공을 막을 수도 있다. 一石二鳥랄까.

水木象清秀而파見卯巳

　水는 江湖요, 木은 林森이다. 山林은 무성한데 한줄기 江이 흐르고 숲속엔 아름다운 湖沼가 있으니 나무는 더욱 울창하고 靑山을 이룬다. 숲이 욱어지면 물이 생기고 말르지 않으니 江湖는 山林을 길르고 山林은 江湖를 길름으로서 靑山流水를 이룬다. 萬一 물이 말르면 山林 또한 시들고 나무가 죽으면 水源도 메말르니 서로 위태롭다. 水는 卯에서 死하고 巳에서 絶하니 卯巳를 만나면 水가 死絶하는 동시에 木 또한 물잃은 고기처럼 死絶한다. 水는 死하면 흐름을 멈추고 絶하면 징발되어 구름으로 變한다. 구름은 다시 비로 변해서 水로 환원하니 이를 絶處逢生이라고 한다. 江물은 언제나 흐르기를 원하고 또 흐르는데서마니 江노릇을 할 수 있음으로 흐름이 멈추는 卯나 구름으로 昇華하는 巳에서는 아무것도 할 수 없고 기진맥진하는 동시에 원점으로 되도라 가는 身上異變이 발생한다. 다시 또 시작을 해야 하는 것이다.

木火象豊秀而 不可見金

　春木이 火盛하고 冬木이 火多하면 木火象의 眞格으로서 人品이 秀麗하고 財豊하다. 春木은 꽃이 피어야 春氣가 그윽하고 나비가 찾아들며 열매가 푸짐하듯이 冬木은 불꽃이 만발해야만 천하의 人材가 몰여들고 成市한다. 火는 春木의 꽃이요 冬木의 불꽃이다. 春木은 무성하고 왕성하니 꽃이 만발할수록 아름답고 人氣가 있으며 市場을 이루고 푸짐한 結實을 얻는다. 天地가 꽃으로 화창하니 到處春風이요, 觀光하는 貴賓이 구름처럼 몰려드니 金玉이 滿堂이다. 그와같이 冬木이 모닥불을 피우면 火氣가 沖天하니 東西에서 장사꾼이 몰려들고 市場을 이룬다. 황무지가 明堂으로 바뀌니 벼락부자요, 벼락출세를 한다. 만일 金을 만나면 木을 찍어서 死木으로 만들고 火光이 沖天하니 순식간에 焚木이 되고 잿더미로 變한다. 마치 생선처럼 싱싱한 나무가지에 도끼를 내리친 것과 똑같이 뜻밖의 재난과 파산과 망신을 당한다.

水火象最妙 不可見土

　夏月水가 旺하거나 冬月火가 旺盛하면 陰陽이 고르고 中和됨으로서 서로 의지하고 서로 이름을 떨친다. 夏火는 더워서 뭇사람이 싫어하는데 물이 풍만하면 여름의 海水浴으로서 萬人이 觀光하고 金玉이 쏟아진다. 海水浴이나 물노리는 더워야 하고 또 물이 흐뭇해야 한다. 冬水는 차가워서 모두가 外面하고 싫어한다. 그러나 불이 왕성하면 뜨거운 溫泉이나 浴湯으로 變하니 東西에서 資客이 雲集하고 돈꾸러미가 쏟아진다. 浴湯은 추위가 심할수록 아쉽고 뜨거울수록 값이 나간다. 여름의 물이 뜨거운 暴陽을 값지게 만들 듯이 겨울의 불은 차가운 물을 값지게 만든다. 더위를 물로 식히고 추위를 불로 녹히니 水火가 서로 구제되고 有用化한다. 이를 旣濟라 한다. 만일 水火가 相停하고 中和되지 않으면 狀況은 달라진다. 火多하면 성품이 조급하고 水多하면 火光이 크게 傷하니 眼疾을 자주 앓는다. 火는 꺼지는 것을 가장 싫어하니 死을 두려워하고 水는 넘치는 것을 싫어하니 沐浴을 두려워한다. 火는 酉에서 死하고 水는 酉에서 沐浴하니 酉는 水火의 함정이요, 禁斷의 忌地다. 火는 死하면 滅하고 水는 敗하면 亡하니 酉地에 이르면 온갖 고난을 겪고 몸부림치다가 끝내는 기진맥진하여 죽음에 이른다. 세운이나 대운에서 酉를 만나면 반드시 풍파가 일어나고 위험한 시련을 겪으며 중병 또는 죽음을 당한다.

水土之象은 火를 싫어한다.

土가 旺하고 水가 盛하면 둑으로 江을 막고 湖水를 이룬 것이니 하나의 집을 形成한 것과 같다. 巨大한 둑으로 江을 가로막고 數百里 湖를 만들면 山水가 調和되어 한폭의 그림처럼 아름다운 觀光地가 된다. 東西에서 貴賓이 雲集하고 돈주머니가 쏟아지니 耕作이나 水産에 비할 것이 아니다. 安定된 生活舞臺에서 貴人과 社交하고 不勞所得으로 巨富가 되니 타고난 富命이 아닌가?

水가 旺하고 土가 盛하는限 富貴는 子孫萬代에 이르기까지 永久的이다. 그러나 火를 만나면 水가 마르고 水火相爭이 生하니 평지풍파를 일으킨다. 湖는 水가 主體이니 土重하고 水輕하면 湖畔은 넓은데 물이 적은 形局이니 볼품이 없다. 머리를 쓰고 東奔西走하니 슬기는 비범하다. 성사가 어려우니 부실(不實)하고 功이 없다. 반대로 水重土盛하면 湖水가 滿山이니 天下一品으로서 四海名振한다. 그러나 水가 지나치면 土가 무너지니 萬事가 뿌리채 무너진다.

火土之象은 水를 싫어한다.

　火가 盛하고 土가 旺하면 질그릇을 굽는 도요와 같다. 질그릇을 굽는 솟을 제대로 갖춘 火土之象은 하나의 完成된 집으로서 언제나 불길이 旺하고 沖天해야 한다. 무서운 熱과 焦土化된 火土의 집은 도업이 本業이니 水는 금물이다. 도요는 火熱이 生命이니 火가 虛하고 土重하면 질그릇이 만들어질 수 없듯이 한가지도 成事될 수가 없다. 더욱이 壬癸水가 時上에 나타나서 火를 沖하고 土를 潤하면 火는 꺼지고 질그릇 솟은 무너진다. 도공이 솟을 잃고 불이 꺼졌으니 무엇을 하겠는가.
　平生 才能을 발휘하지 못하고 虛送歲月해야하고 무엇을 해도 막히고 실패하니 가난과 고난을 벗어날 수 없고 동분서주하나 일터를 잡을 수가 없다. 水旺地에 가면 洪水에 가마솟이 떠나려가듯 모든 것을 잃고만다.

火見土則 暗하고 土見火則 虛하다.

　火는 熱光이요, 土는 땅덩이다. 땅덩이는 熱光을 먹고사는 火의 화신으로서 모든 熱光을 흡수攝藏하니 火氣는 스스로 소화되고 熱光은 흐려진다. 木을 보면 다시 생기하고 생열하지만 목이 없으면 모든 빛과 熱氣를 土에 빼앗김으로서 마침내 불이 꺼지고 빛을 잃는다. 어둠을 더듬는 장님처럼 불안하고 초조하며 의심이 많고 속단하며 어리석고 고집이 강하며 만사에 그릇된 오판과 편견을 가짐으로서 실패한다. 흙은 불과 물로서 생활한다. 물이 없으면 무너지고 흩어지며 불이 없으면 생기를 잃고 굳어버린다. 그러나 지나치면 병이 되듯이 물이 많으면 불을 끄고 흙을 씻어 파헤치니 허하고 반대로 火가 지나치면 수기가 고갈되고 건조함으로서 피가 없는 나무 껍질처럼 허약하다.

火가 없으면 기가 塞하니 숨통이 막히고 水가 없으면 혈이 滯하니 사지가 굳어버린다. 氣와 血은 남아도 탈이요, 부족해도 탈이니 정량을 보전하는데서마니 정상적이다.

土輕한데 火重하면 燥하다.

土는 적은데 火가 태과하면 土中의 水氣를 모두 징발시킴으로서 건조한 초토로 변질한다.

戊戌年丁己月 戊戌日丁己時生이나 己卯日丙寅時生등은 그 좋은예다. 땅에 물기가 없으니 쟁기로 갈기가 어려울뿐더러 씨를 뿌려도 싹이 트지않으니 만사가 헛수고다. 하면 실패하고 시간과 정력과 돈을 낭비하니 가난이 휩쓸고 성급하게 서두르나 결과가 없으니 기진맥진하여 허탈상태다.

金水가 많으면 淸하다.

金이 旺하고 水盛하며 土가 없으면 바위에서 솟구쳐 나오는 玉水로서 맑고 힘차며 生生不息이다. 體血이 淸하면 건강하고 氣 또한 건전하니 뜻이 크고 행동이 바르며 총명함이 과인이나 모두가 純陰인지라 몸이 냉하듯이 성품도 차가웁고 물질면에 치우치는 경향이 있다.

土金이 많으면 厚하다.

土는 만금을 生하니 의식주가 풍부하다. 살이 찌고 마음도 너그러우며 인심도 후하다. 닭이 알을 낳는 격이니 만사가 순탄하고 안정되며 태평하다. 그러나 金이 重하고 土가 輕하면 설기가 심하여 좌불안석이니 불안하고 초조하며 인색하고 박복하다.
土가 厚하고 金이 重해야 비로소 태산에서 金玉이 쏟아지듯이 한평생 여유있는 인생을 즐길 수 있다.

火金이 많으면 剛하다.

金은 본시 강한 것인데 火를 만나면 鍊金이 됨으로서 그릇이 되고 더욱 강해진다. 자기 의지를 굽히지 않고 끝까지 관철하며 올바른 일과 의리를 위해선 무엇이든 아낌없이 과감하게 행동한다. 공업과 예술 그리고 司正과 기강직능에 적합하며 큰 공을 세운다. 만일 火多金少하거나 金重火輕하면 만사가 유명무실하니 도리어 인색하고 야비하다.

金木이 많으면 바르다.

木은 曲直이 自在하다. 강자가 앞을 막으면 굽고 약자에 대해선 지나치게 강한척하고 직선으로 전진한다. 강자에겐 비굴하고 약자에겐 거만한 것이 木의 본성이다. 그러나 金을 만나면 自己 뜻이 통하지 않는다. 金이 하라는대로 순종할 수밖에 없다. 金은 강하고 바른 것이 천성이다. 그 金으로부터 엄격한 교육을 받은 木은 金과 똑같이 의리에 강하고 바른 행동을 한다. 그러나 金多木少하거나 木重金輕하면 바르지 못하다.

火土가 多則 毒하다.

火가 치열한데 土가 적으면 土의 혈기인 수분이 고갈하고 焦土로 변한다. 焦土는 돌처럼 굳고 단단하며 생산능력이 없다. 뜨거운 烈火에 달달볶기고 의식주가 메말르니 신경이 날카롭고 악독한 마음이 도사려진다.

만의 하나도 되는 것이 없고 한시도 마음이 편할 날이 없이 동서에서 쫓기고 고통을 받으며 경제적 타격이 가혹하니 흙덩이가 쇠덩이로 변질했듯이 냉혹한 성격을 간직한다.

木火가 많으면 聰明하다.

木이 旺하고 火가 盛하면 百花가 만발한 것이니 자기 재능을 아낌없이 송두리채 발휘한다. 온갖 재능이 만발하고 극대화하니 천재적인 비범한 슬기를 가지고 있다. 사리에 밝고 공정하며 처사가 원만하고 유능하니 어디서나 환영을 받고 출세가 빠르다. 그러나 木多火少하면 어리석고 늦게 발복하거나 평생 출세하기 어렵고 火多木少하면 신경과민으로 머리는 비범하나 덕이 없고 인색하며 단명하다.

　　　　木多火少하면 애매하고 火多金少하면 맵다.

火는 神氣요, 水는 정력이다. 水多하고 火少하면 정력은 태과한데 신기는 허약하다. 만사를 정력과 본능위주로 물욕에만 치우치고 사리를 외면하니 언행이 어리석고 애매하며 분명한 것이 없다. 火多한데 金이 적으면 火氣가 치열하여 金이 녹는다. 金이 滅하고 火만 충천하니 성품이 폭렬하고 고추처럼 맵다.

　　　　木火는 文彩가 있고 水木은 淸奇하다.

木은 나무요, 火는 꽃이다. 나무에서 아름다운 꽃이 피니 마치 화려한 문채와 같다. 문채는 머리에서 짜낸 슬기의 작품이나 문학적이고 예술적이며 창조적이고 기교적이다. 창작과 예술에 능하고 문장과 기교가 비범하다. 火는 밝은 광명이니 어둠을 밝혀주고 미개한 것을 개화시키는 등불과 같다. 모든 것을 스스로 깨우치고 달관하여 세상이치에 밝고 이해성이 넓으니 막히는 것이 없다. 이를 木火通明이라고 한다. 水는 기름이요, 木은 생물이다. 木은 영양질인 水를 먹고산다. 水는 항상 흐름으로서 티가 없고 맑디 맑다. 그 물속에서 물을 먹고사는 물고기 또한 싱싱하고 깨끗하며 온갖 색채를 자랑한다.
　그와같이 水木之象은 성품이 맑고 신기한 사색과 작품을 즐기고 과시한다. 발명과 개발에 능하고 호기심과 연구성이 비범하다.

金木은 方直하고 木土는 害毒하다.

金은 강직하고 木은 곡직(曲直)하다. 약자앞엔 호랑이 노릇을 하면서도 강자앞엔 꼼짝을 못하는 것이 木의 천성이다.

그 木이 金앞에서 고양이을 본 생쥐처럼 떨 것은 불문가지다. 그러나 金은 木을 더퍼놓고 지배하는 것이 아니고 木을 재목으로서 가다듬는다. 톱으로 쓸고 도끼로 다듬고 대패로 밀어서 반듯하고 품위있는 그릇을 만든다. 그와같이 金을 본 木은 귀인의 인도와 후견에 의해서 홀륭한 인재로 출세하고 정직과 성실로서 초지일관 한다. 木은 土로서 살이 찌고 土는 木으로서 숨통이 열린다. 그러나 水가 없는 乾 土는 木을 길르기는커녕 도리어 말라 죽이고 木 또한 土를 경작하는 것이 아니고 土의 혈기인 水氣를 빼앗고 고갈시킴으로서 황토화 시키니 서로 살찌우고 소통시키는 대신 서로 말라 죽이고 무너트리는 해독작용을 한다. 만일 물이 풍족하다면 木土는 서로 의지하고 살찌고 발전할 수 있다.

水火는 슬기롭고 金水는 秀麗하다.

水는 육신이요, 火는 정신이다. 육신이 건전하면 정신도 건전하니 水火가 고르고 유력하면 튼튼한 신체와 뛰어난 슬기로서 문명을 개척하고 문화세계를 창조한다. 그러나 水火가 고르지 못하거나 무력하다면 슬기롭지 못하고 어리석으며 건전하지 못하고 허약하며 너그럽지 못하고 인색하고 성급하다.

金은 샘이요 水는 흐르는 물이다. 샘은 깊은 바위와 같으니 언제나 맑은 물을 치솟는다. 물은 고이면 넘치고 넘치면 흘르니 썩거나 탁할 겨를이 없다. 그와같이 金水之象은 언제나 머리에서 새로운 것을 쉬지않고 발견하고 개척하며 다듬고 발전시킴으로서 항상 새롭고 신기하며 뛰어나고 아름답다. 마치 玉水가 급류로 변하여 폭포를 이루고 강호를 꾸미듯이 천성이 성급하고 진취적이며 능동적이고 적극적이다. 앞을 다투는 물줄기처럼 앞만 보고 뛸뿐 뒤를 도라보거나 주저하지 않는다.

水木은 智仁하고 水土는 重濁하다.

木이 조갈한데 水를 만나면 부처님보다도 인자하고 감사하다. 그 고마운 水의 은공으로 자라난 木은 모두가 부처님처럼 보이고 기뻐한다. 착한 어머니가 착한 자식을 길러내듯이 아쉽고 꿀같은 水에 의존하는 木은 언제나 즐겁고 생기가 발랄하며 천진난만하고 착하고 어질며 덕이 크고 베풀기를 즐긴다. 부처님의 젖을 먹고 자라낫으니 부처님의 기질과 체질로 변한 것이다. 만일 水旺절에 木이 무력하다면 水로 인해서 木이 도리어 부목이 되고 떠내려가니 그 해득이 크듯이 성질 또한 착할 수가 없다. 水는 흐르는 물이요, 土는 흙덩이다. 水는 盛한데 土가 경하면 土가 무너지고 흙탕물을 일으키니 머리가 어지럽고 만사가 그릇친다. 만일 土重하고 水輕하다면 도리어 池湖를 이루고 맑고 잔잔하니 그럴 염려는 없다. 土는 뚝이요 水는 강물이니 水盛土輕하면 뚝이 무너지고 홍수가 터진 격이니 과격하고 버릇이 없으며 한가지도 성사될 수가 없다.

濁水는 得堤함으로서 도리어 淸하다.

 水가 病들고 土를 보면 흐르지 못하고 흙과 몸부림침으로서 濁水가 된다. 그러나 土가 아니면 둑을 쌓을 수 없듯이 흐르는 물을 멈출수가 없다. 물은 흐르는 동안은 흙과 씨름하고 흙과 부디치며 흙을 씻어 냄으로서 濁流가 되기쉽지만 일단 둑에 의해서 흐름을 멈추면 도리어 물속의 흙기운이 차분히 가라앉음으로서 濁水가 깨끗한 淸水로 變한다. 물이 맑으면 총명하고 슬기로우며 평화롭고 안정되니 만사가 순조로히 형통한다.

水多하고 無土하면 氾濫하고 水極하면 生木한다.

 물이 동서에서 몰아드는데 둑이 없으면 홍수로 변하여 대지를 휩쓴다.
 山사태가 나고 들판이 씻겨무너지니 온통 濁流로 變한다. 그와 같이 무엇이든 지나치고 制伏함이 없으면 濁으로 變하고 혼란과 재난을 초래한다. 물이 탁하면 變質하고 부패하니 반드시 疾病과 異變이 발생한다.
 따라서 水가 大地위에 충만하고 極盛하면 바다를 이루니 濁은 없어지고 깊은 淸水로 化하였으나 바람을 일으키고 파도가 치솟으니 하루도 편할날이 없다. 누구랴 바다의 풍파와 창랑을 막을 수 있겠는가?
 물이 깊고 넓으면 고기가 생하고 海草가 욱어진다. 고기와 풀은 木의 주체이니 이를 水生木이라고 한다. 極하면 變하고 窮하면 通한다고 모든 것은 종국에 가서는 살길이 트이는 것이다.

五行은 變化를 기뻐하나 기쁨은 無常하니
숨은자는 貴하고 나타난자는 貴하지 못하다.

　五行은 萬有의 根本이다. 萬有는 무엇인가 바꿔지기를 기다리고 새로움을 기뻐하지만 기쁨이란 잠시일뿐 오래갈 수가 없다. 영광의 기쁨은 다시 변해서 패배의 슬픔으로 둔갑한다. 변화는 또 변화를 불러일으킴으로서 흥망성쇠가 무상하듯이 슬픔도 잠간이요, 기쁨도 잠시인 때문이다. 그러기에 지장간에 숨은자는 변함이 없듯이 貴함도 不變이요, 천간에 나타난자는 변함이 무상하듯이 貴함도 잠시오, 賤으로 바꿔진다.
　마치 꽃이 피면 시들고 달이 차면 기울 듯이 貴함이 세상에 나타나면 서로 시기하고 질투하며 빼앗기 때문에 오래 갈수가 없다. 때문에 현명한자는 숨어서 그 모습을 드러내지 않고 오직 덕과 학문을 닦으니 더욱 貴해지고 어리석은 자는 나타나서 자신을 과시하고 욕심을 부리니 마침내 중상모략과 사면초가 속에 貴와 富를 잃는다.

火多金少하면 聚散이 無常하고 成形이 어렵다.

　金은 火를 만나야 鍊金이 되고 그릇이 될 수 있다. 그러나 火가 지나치게 강하고 金이 지나치게 허약하면 쉽게 鍊金이 되고 成器가 되나 熱이 지나쳐서 다시 녹아버리니 그릇이 될듯하면 무너지고 무너지면 다시 그릇이 되었다가 녹아버리니 끝내 成物이 될 수 없다. 그와같이 머리가 비범하고 성급하여 무엇이든 재치있고 빠르게 작사하고 성사하나 완성단계에서는 지나치게 서둘른 남어지 와해가 되니 速成速敗가 되풀리 될따름이다. 될듯하다가는 깨지고 깨지면 다시 이뤄지다간 또 무너지니 초조하고 불안하며 좌불안석으로 동분서주하나 어느 것 하나 순조로히 성사되거나 뜻대로 이뤄지는 것이 없으며 모든 것이 시작은 있고 끝이 없는 도중하차다.

이는 재치는 있으나 무개가 없고 덕이 없으며 실력과 분수에 넘치는 과욕을 부리다가 力不足으로 敗하는 것이니 신중하게 힘을 길르고 경거망동을 삼가는 것이 성공의 길이요 열쇠다.

火少金多하면 소삭이 不能이다.

火는 金을 만나야 쓸모가 있고 출세를 한다. 그러나 金이 지나치게 많고 火力이 허약하다면 태산같은 金덩이를 등잔불로 녹히는 것처럼 애는 쓰되 녹힐수가 없다. 金은 金대로 답답하고 초조하며 지루하고 염증이 생기며 숨이 통하지 않고 소화가 불능이니 몸부림치고 발버둥칠 따름이다. 머리를 짜내고 꾀를 다하여 동분서주해도 녹힐 수가 없으니 만사가 허사다. 세상 사람이 그를 무능무력자로 비웃으니 울화가 치밀고 얼굴을 쳐들 수가 없다. 콧구멍이 맥히고 말이 통하지 않는다. 어리석고 우물안의 개구리처럼 아집이 강하며 융통성이 없고 아량과 이해성이 없으며 대화가 통하지 않는다. 그와같이 그는 세상에 어둡고 사리에 어두며

우매하고 미련하고 옹고집이다. 어느것 하나 능한 것이 없듯이 성사되는 것이 없다. 만사가 막히고 침체하듯이 소화가 안되고 체증이 있으며 간이 약하고 심장이 허약하여 기혈이 막히고 만사가 완만치가 못하다.

看命은 먼저 五行의 體面과 局勢를 보고
然後에 喜忌好惡과 旺相休囚를 살핀다.

命을 관찰하는데는 먼저 五行의 體와 面과 形局과 大勢를 분석한다. 體는 下體인 地支를 말하고 面은 얼굴인 天干上體를 말한다. 가령 庚申하면 庚은 面이요, 申은 體에 해당한다. 庚辛은 金의 面이요, 申酉는 金의 體이며 壬癸는 水의 面이요 亥子는 水의 體이며 丙丁은 火의 面이요, 巳午는 火의 體이며 甲乙은 木의 面이요, 寅卯는 木의 體이며 戊己는 土의 面이요, 辰戌丑未는 土의 體다. 體를 가진 面은 뿌리있는 싹으로서 힘차게 자라나고 꽃이 피며 푸짐한 열매를 맺듯이 面을 가진 體는 싹이 튼 뿌리요, 얼굴을 가진 肉身으로서 體力이 旺盛하게 치솟고 보람있는 공을 세우는데 반항여 體가 없는 面은 뿌리없는 나무요, 下體를 잃은 얼굴처럼 초라하고 無氣力하며 꽃피고 열매맺기란 하늘의 별따기듯이 面없는 體는 싹없는 뿌리요, 얼굴이 없는 몸둥이처럼 才能은 있으나 나타낼 기회를 얻지못해서 平生 발버둥친다. 그야말로 體面을 세울 수가 없다.

무엇을 해도 體面이 서질 않는다. 體와 面을 갖추었으면 사회적 활동의 기회는 충분히 얻을 수가 있으나 얼마만큼의 能力을 가졌느냐?가 문제다. 득령을 한 것은 대권을 잡은 것이니 가장 왕성하고 三合이나 方合으로 局을 이루었으면 천하대세를 잡았으니 득령보다도 우세하다. 만일 때를 잃은 실령자(失令者)이거나 형충파해 또는 칠살의 극해를 입은자는 무기력하고 병든 노약자로서 아무런 작용도 하기 어렵다. 體와 面이 반듯하고 건전하며 형국과 세력이 완전한자는 왕성하고 강대한 유능자로 판단하고 體와 面이 불실하고 형국과 대세가 어지러운자는 쇠퇴하고 허약한 무능자로 판단을 해야한다. 그와같이 旺衰强弱은 體面과 局勢를 바탕으로서 종합적으로 결론을 내려야 한다.

金旺하고 無水無火하면 頑金이다.

金이 旺盛한데 설기하는 水나 녹히는 火가 없으면 쓸모없는 무쇠덩이로서 아무런 조화도 부리지 못한다. 인간이 움직이고 돈을 벌고 먹고사는 것은 모두가 조화의 형상이다. 조화를 부리지 못하는 金은 활동할 기회와 재능이 없듯이 생활이 불가능하다. 오장육부의 기능 또한 온전할 수가 없으니 소화나 기혈의 순환 또한 온전할 수가 없다. 숨이 통하지 않는 꽉맥힌 사람이니 세상물정이나 사리가 통할 리가 없다. 어리석고 우물안의 개구리같은 봉건적이고 봉쇄적인 유아 독존의 아집에 사로잡힌채 무엇하나 통하고 능한 것이 없다. 답답하고 미련하고 본능적이며 욕심만 부리고 인정사정이 없다. 일직히 주색을 탐하고 본능적인 향락에 빠지며 마침내는 과색으로 허로하여 지치고 병들어 오래도록 고생하다가 죽는다. 그러나 戊寅日生이나 戊寅時生이면 絶處逢生으로서 도리어 富하고 장수할 수 있다.

　　　　　木人은 得土根培하고 得水枝暢하며 得金成材한다.

　木日生은 土로서 뿌리를 栽培하고 水로서 枝葉이 伸長하며 金으로서 전지하여 成材成器한다. 土를 얻으면 뿌리가 튼튼하니 기반을 잡고 長壽하며 定着할 수 있고 水를 얻으면 가지와 잎이 무성하니 兄弟姉妹가 번창하고 子女또한 昌榮하며 金을 얻으면 교양과 율법을 갖춤으로서 언행이 단정하고 유능한 인재로 출세한다.

　　　　　木은 寅卯를 기뻐하고 三合한즉 仁壽하다.

　木은 寅卯에서 성숙하니 춘생과 寅卯를 기뻐하고 만일 三合木局을 이루었다면 春生이 아니더라도 身旺하니 仁多하고 壽長한다.
　木人은 火多하면 焚木이 되고 金多하면 損身損壽하며 土虛하면 栽培가 不能이고 水乏하면 潤하지 못하니 몸이 온전할 수 없는 동시에 만사가 虛名虛利로 끝나고 有始無終하다. 그러나 春生木이나 寅卯 또는 三合을 얻으면 이미 성숙하였으니 그 被害는 減少된다.

　　　　　水는 亥子에 根源하고 寅卯辰巳에서 納平한다.

　水는 亥子를 源泉으로하니 亥子가 있으면 生生不息이다. 寅卯

辰東方과 巳에서는 木火가 水를 收納하니 氣를 잃는다. 北方水地에서는 水氣가 旺盛하고 氾濫하여 波란이 萬丈하고 起伏이 無常할데 반하여 東方木地에서는 水氣가 衰退함으로서 風浪이 잠들고 平和를 누린다. 亥子月生은 木氾波高하니 土多함을 기뻐하고 東方運에서는 水氣는 衰退하였다하나 亦是土가 약간 있는 것이 木을 기르는데 有益하다.

그러나 土多하면 土가 水氣를 모두 흡수하고 木을 成育할 수 없음으로서 크게 끄린다. 水는 申酉西方에서 生하고 亥子北方에서 旺하니 申酉亥子時生으로서 亥子를 또 얻으면 문학에 非凡하다. 水는 슬기로서 水旺則智盛하기 때문이다.

水旺한데 納音水를 보면 太過하다.

水旺者가 壬癸亥子水를 보면 범람하여 넘치고 洪水를 이룬다. 水는 만물을 길르고 厚生하지만 洪水는 만물을 휩쓸고 크게 해친다. 이는 비단 正五行의 水뿐 아니라 납음五行의 水를 만내도 亦是 洪水로 변하여 큰 水害를 일으킨다. 命에 土가 있으면 뚝으로서 防水하니 水害를 미연에 방지할 수 있지만 만일 土가 없으면 洪水를 막을 수 없고 水害가 必然的이니 만사가 水泡로 도라간다. 물은 항상 흐르고 떠돌아다니니 정착하기가 어렵고 가정을 이루기가 어렵다. 방랑하는 버릇이 있고 동서를 유랑하니 처자의 인연이 박하다. 방랑하면서 세상물정을 익히니 박학다식할 뿐아니라 천부적인 총명과 재치로서 예능에 능하니 예술인으로서 크게 이름을 떨칠 수 있다.

春水는 乾渴하나 潤하고 夏水는 潤하면서 乏하다.

春은 木旺節이니 木多하여 건조하고 만물이 渴症을 느낀다. 이 때에 水를 얻으면 解渴하고 生氣를 윤택케 한다. 비록 만물이 풍족하게 生育하기에는 不足하지만 누구에게나 生命水를 베푸니 어데가나 기쁨과 즐거움이 넘치나 木旺水困하니 欲多反敗하고 저축이 不可能하며 낭비하는 버릇과 인색함이 심하다. 작은 물로 큰 나무를 길르니 선무공덕이요, 만사가 시작은 있으나 열매를 맺기가 어렵다. 만일 金이 있어서 生水하고 斷枝하면 크게 功을 이룰 수 있다. 여름은 火旺하고 水絶하니 물이 흐를 수가 없고 흙에 얽이어서 진흙을 만들고 흙탕물을 이룬다. 물인지 흙인지를 분간못하는 애매한 상태에서 本然의 자세인 流水를 못하니 만사가 어지럽고 막히며 침체한다. 머리가 혼탁하니 판단이 흐리고 흐르지 못하니 고집과 편견이 심하며 만사에 보수적이고 우유부단한다.

火坐寅卯 또는 逢春하면
木秀火明하고 富貴榮華롭다.

火는 불꽃이요, 木은 심지다. 火가 寅卯의 심지를 얻거나 寅卯月生이면 심지가 튼튼하니 平生 火光이 밝고 건실하다. 木은 生物이요, 火는 꽃이다. 꽃나무에 꽃이 피니 나무는 才能을 발휘하여 총명하고 청수하며 火光은 四海를 照明하여 光明을 베푸니 온 천하에 이름을 떨친다. 총명하고 착하며 인자하고 후덕하며 사리가 밝고 관찰력이 비범하다. 만사에 능소능대하니 큰 뜻을 이룰 수 있고 부와 귀를 누릴 수 있는 동시에 평생 영화를 즐긴다. 木은 심지요 水는 기름이니 木旺하면 火를 자생하나 水根을 얻어야 木이 長壽하고 火光을 오래 보존할 수 있다. 때문에 木旺者는 金水를 겸해야만 永生하고 다시 木地를 만내는 것을 꺼리며 金을 얻어야만 春火는 才能과 뜻을 발휘할 수 있다. 金이 없는 火는 舞台없는 배우처럼 多才無用이다.

夏火는 太炎하니 有水則 早貴하고 無水則早夭한다.

여름은 火의 고장이니 火氣가 沖天하고 烈光이 치열하여 天地가 炎烈하다. 만물은 火로서 生育하고 성장하나 火氣가 지나치면 건조하여 숨이 막히고 枯渴하니 短命하고 빈곤하다. 만일 비가 내리고 땅이 윤택하면 만물이 生氣를 얻고 뜨거운 태양아래 日就月將成長하고 早熟하니 少年登科하고 大貴를 누린다. 水火는 木의 補佐官으로서 水火 그 자체보다도 木을 위주로 吉凶을 분별한다.

秋火는 金盛火死하고 藏光內照한다.

가을은 金이 왕성한데 반하여 火는 死地로서 威力이 없다. 金盛火衰하니 火光은 나타나지 못하고 金에 묻히어서 어둠속을 고요히 照明할 뿐이다. 비록 熱光은 약하나 어둠을 빛이는 불꽃은 유난히 밝다. 그 빛은 어둘수록 더욱 밝어지니 秋火는 밤을 밝히는 등불이요 달빛과 같다. 日時에 火의 旺氣를 얻는다면 더욱 찬란히 빛날 수 있으니 쓸모가 있고 이름을 얻는다.

冬火는 得油함으로서 山河를 따사롭게 한다.

겨울은 水旺하고 火滅하니 독자적으로는 火가 움지길수 없다. 같은 火를 여러개 만나거나 기름덩이인 木을 얻거나 火根인 寅午戌巳未를 支에서 많이 얻음으로서마니 火熱를 내뿜고 눈서리를 녹히며 천지를 따뜻하게 품어줄 수 있다. 火를 도와주는 火夫가 많으면 천하의 중생이 부모보다도 더 따르고 우러러봄으로서 크게 출세하는데 반하여 火夫가 無力하면 無用之火니 평생 無能하고 빈곤하다.

土는 四庫가 全함을 上貴로 한다. 納音土 亦과 같다.

土는 만유를 生하고 길르고 보살피는 母體이니 根氣가 튼튼해야 한다. 地支에 辰戌丑未가 있거나 納音土가 있으면 바탕이 충만하고 왕성하니 능히 만물을 生하고 먹이고 입히고 가꾸고 길를 수 있다. 寅은 艮爲山으로서 泰土이니 土와 똑같이 貴하고 資生할 수 있다. 그러나 于支가 모두 土星이거나 地支에 水氣가 없다면 荒蕪地와 같으니 도리어 쓸모가 없다. 다만 地支에 土盛함을 기뻐할 뿐이다.

木이 失時하면 衰死한다.

木이 때를 잃으면 成長할 수 없이 衰退하고 衰가 極하면 死한다. 木은 물로서 生長하니 水가 虛하면 木은 衰하고 水가 渴하면

木은 死한다.

　水가 虛하고 木이 渴하면 피가 마르는 나무처럼 윤기가 없고 껍질이 말라서 병들고 굳어버린다. (梗介) 生氣가 不足하니 의욕이 없고 만사를 감당할 수 없으니 기회를 얻을 수 없고 항상 질병이 떠나지 않으니 빈하고 천하다. 水氣가 탈진하면 木은 완전히 시들고 고목(枯木)이 된다. 죽은 것이다. 물이 하나도 없으니 기진맥진하여 마침내 말라서 죽은 것이다. 生氣가 탈기되었고 피가 통하지 않으니 산송장과 다를바 없다. 신혈이 부족하여 오장육부가 마비상태이고 기능이 정지상태이니 삶을 이어갈 수가 없다. 어려서부터 사지오체가 온전하지 못하고 일즉히 요절한다.

　　　　金이 太過하면 多凶하고 火熾者는 衰地에서
　　　　發身하며 水가 太旺하면 土를 기뻐한다.

　金이 旺盛하고 太過하면 自制力을 잃고 횡포를 서슴치 않으니 움직였다 하면 쇠망치로 휘드르듯 殺傷이 심하고 피해가 많으며 재난의 꼬리를 문다. 火旺地에 이르거나 水를 얻으면 制泄하여 中和를 얻으니 전화위복한다. 火가 치열하면 만물을 불살리니 그로인한 재난이 충천한다. 水旺地에 이르면 自制하고 예를 지키며 총명한 재능을 떳떳이 시험하니 벼슬하고 출세한다. 만일에 金水地가 아닌 木火鄕에 이르면 불길이 치솟아서 마침내 自焚하고 自滅한다. 불길이 지나치면 갑자기 꺼지듯 성급함이 지나쳐서 급사하는 것이다. 水가 범람하여 도도히 파도를 치면 土를 만내서 빨리 治水를 해야 한다. 둑을 쌓고 成湖를 하면 파도가 잠들고 평화로운 漁場이나 觀光地로서 크게 번창할 수 있지만 만일 土를 얻지 못하면 물로써 天下를 휩쓸 듯 스스로 물에 빠져죽는 自滅의 길을 걷게 한다.

火가 盛하면 焚烈하고 害物이 심하다.

火는 南方에서 熱氣를 뿜는다. 火가 極盛하면 萬物이 火傷을 입게되니 害物함이 극심하다. 무엇을 하든 과격해서 일을 그릇치니 自身도 亡하고 남도 害친다. 불은 西北方에서 死絶하고 休息하니 酉(死)와 亥(絶)地에 이르면 熱이 식고 따사로운 溫度로서 萬物을 훈훈하게 보살피니 도리어 有益한 불로서 愛用되고 出世한다.

水盛하면 寒冷하고 殺物한다.

水는 北方에서 寒氣로 變한다. 寒氣가 극성하면 엄동설한의 냉기가 극심하니 만물이 얼어죽는 殺物로 둔갑하고 그 피해가 격심하다. 東南方으로 向하면 어름이 녹고 溫水로 變하여 萬物이 自生하니 萬金의 가치가 있다. 卯地에선 水가 死하니 어름도 풀리고 巳에서는 水가 絶하듯 冷氣가 熱氣로 바꿔지니 추위를 다스리고 生命水로서 復活한다. 이와같이 極盛者는 旺地에서 敗하고 死絶地에서 전화위복한다.

　　　　土는 逢火하면서 점차 利命하고 水는 得金하면서 年年優長한다.

　　土는 大地로서 太陽의 熱光을 받음으로서 따듯하고 밝으며 중생이 생기를 얻어 꽃을 피우고 열매를 걷우니 점차로 무성하고 풍요해간다. 기혈이 순환하니 무병하고 장수하며 광명이 四海를 밝히니 文明이 개발되고 이름을 크게 떨칠 수 있다. 그러나 중생은 태양의 열광만으로는 살 수 없다. 물이 있어야 육신이 살고 살이 찌며 정력을 저축하고 자식을 낳을 수 있다. 만일 불만이 있고 물이 없으면 가뭄에 지쳐서 목이 타고 피가 말라 죽는다.
　　水는 陰의 精으로서 중생의 피와 살을 만든다. 水는 만물의 영양으로서 얼마든지 필요하고 당장에 소비된다. 金은 水의 원천인 샘으로서 水를 生하고 보호하니 生生不息한다. 중생의 꿀과 젖이 무궁하게 샘솟고 온지상을 기름지고 윤택케하니 세세년년 풍작과 성장을 거듭하여 뛰어나게 장족의 발전을 이룩한다.

　　　　木重한데 得金하면 曲直이 自在하고 用任한다.

　　木이 成長하고 무성하면 金으로서 가지를 치고 멋있게 굽히고 바로 잡는등 아담하게 가다듬어야 비로소 모양있고 품위있는 훌륭한 나무로 만들 수 있듯이 인생은 성장하면서 권위있는 귀인에 의하여 인격을 도야하고 품위를 향상해야만 비로소 사회에 쓸모있는 일꾼으로서 높이 기용되고 크게 출세할 수 있다.

五行이 有力하면 相剋해도 有福하고
五行이 無力하면 相生해도 有災하다.

　五行이 저마다 有力하고 쓸모가 있으면 合心協力함으로서 설사 相剋이 있다해도 무난히 물리치고 소원을 성취할 수 있으니 平生福을 누릴 수 있다. 반대로 五行이 無氣力하고 쓸모가 없다면 산송장을 묶어 놓은것과 같으니 설사 相生을 해준다해도 無能하니 아무런 소용이 없고 부담과 장애만 되니 平生 재난이 끊어질 수가 없다.

金多하면 夭하고 木旺해도 夭하며
水盛하면 표류하고 土多하면 痴매하며
火多하면 愚頑한다.

　金多하면 水塞하고 木困하니 氣血이 허하고 塞滯하여 短命하고 木旺하면 水困하고 氣塞하니 亦是 氣血이 不足하여 短命하다. 水가 盛하면 生命의 主體인 木이 浮流하니 물결따라 平生 떠돌아 다니는 流浪生活을 해야하고 土多하면 化虛하고 水困하니 정신이 몽롱하고 어리석으며 고지식하고 인색하며 우물안의 개구리처럼 융통성이 없고 현실에 어두우며 바보천치와 다를바없다. 말이 통하지 않고 事理를 분별치못하며 소견이 좁고 고집불통이다. 火多하면 木困하고 水虛하니 기름없는 등잔불꽃과 같다. 기름이 떨어지면 불꽃이 빨갛고 빛이 없으며 熱도 식어서 차갑다. 겉으로는 심지가 타는 듯 아는척하지만 배운 것이 없고 든 것이 없듯이 현실과 사리에 어둡고 매사에 우둔하며 완고하고 인색하고 무기력하고 시기질투가 심하다.

五行이 失地하고 剋을 만나면 災難을 막을 수 없다.

　五行이 失令하고 死絶되면 枯木처럼 生氣를 잃고 動作할 能力이 없으니 만일 鬼殺을 만나면 꼼짝없이 災難을 당하고 피하거나 克服할 도리가 없다. 金은 子寅에서 根絶하고 火는 酉亥에서 沒落하며 木은 午申에서 無形하고 水는 卯巳에서 無位한다. 根絶된 金이나 沒落한 太陽이나 無形의 木이나 無位한 水는 이미 死滅되어 전혀 無能無力함으로서 어떠한 作用도 할 수 없듯이 어떠한 災難에도 無防備狀態다.

潤下者는 文學으로 貴顯하고
稼穡者는 經商으로 富貴하다.

　潤下格者는 水盛하니 따듯하고 밝은 太陽을 얻어야만 어둡고 춘水體를 萬天下에 밝히고 活用할 수 있다. 火는 文明이요, 文化이니 文學과 文章書芸로서 크게 名聲을 떨치 出世한다. 稼穡格者는 土盛하니 水木을 專用한다. 水는 商財요 木은 經綸이니 商業과 經營管理에 非凡한 才能과 頭角을 나타내고 富貴를 이룩한다.

春生木者는 懷仁心德하고 夏生火者는
胸中에 明辯之才를 간직하고 있다.

　木者는 未成熟한 少年小女의 春花이나 純眞하고 純潔하며 착하고 어질다. 人情이 많고 베풀기를 좋아하며 感情이 豊富하고 측

은한 溫情과 눈물이 많다. 특히 春生木은 그러한 仁德이 充滿하여 周圍에 春風을 불러 일으킨다.

火者는 成長한 靑年이요 烈火같은 太陽으로서 精神力이 旺盛하니 事理가 分明하고 觀察力이 뛰어나며 是非와 黑白이 一目瞭然하다. 特히 火氣가 旺盛한 夏生火는 무르익은 滿月같은 光明으로서 총명하고 英俊하며 性急하고 민첩하며 自家發電처럼 豫感이 빠르고 觀察과 判斷力이 非凡하여 每事에 公明正大하고 事理와 處理가 分明하다.

秋金은 性多剛毅하고 冬水는 智와 權謀에 能하다.

金은 成熟한 中年이요, 五穀百果이니 內部가 充實하고 堅固하다. 春木처럼 氣分이나 感情에 動하지 않고 實利와 義理에 투철하며 一旦 뜻을 세우면 끝까지 自信있게 관철하며 어떠한 難關에도 不屈한채 克服한다. 特히 金氣가 旺盛한 秋金은 무르익은 人生과 實力과 信念과 意志와 勇氣로서 무엇을 하든 確固한 設計와 豊富한 資力으로서 始作하고 초지일관함으로서 期必成事한다. 水는 流水처럼 항상 신진대사하고 맑고 깨끗하여 슬기가 총명하며 東西南北의 물방울이 한데 모여서 한줄기를 만들고 보다 큰 물결을 이룩하듯이 周圍의 萬有를 占有하고 支配하는 權謀가 非凡하여 작전과 陰謀와 智略과 權謀術數가 卓越하다. 特히 水氣가 得勢한 冬水는 大勢를 糾合하고 集約하는 智謀가 非常하여 外春內冬의 둔갑에 能하다.

木盛하고 無金하면 비록 仁慈하나 造化가 어렵다.

木은 資材요 金은 工具이며 資材는 果樹요, 工具는 百果다. 材木은 豊盛하고 果樹는 茂盛해야 한다. 그러나 아무리 材木이 울창하고 豊作이라해도 工手를 만나지 못하면 無用之物이니 아무런 造化도 부릴 수 없고 한푼의 가치도 없듯이 아무리 果樹가 茂盛해도 열매가 없으면 有名無實이니 外華內貧이다. 木은 仁慈하니 天性은 溫厚하고 仁慈하나 機會를 얻지 못한다.

火旺하고 木衰하면 勉學해도 貴顯하기 어렵다.

火는 꽃이요, 木은 樹枝다. 꽃은 樹木의 精華요, 秀才이니 木이 花를 보면 自己 才能을 開發하고 學問을 즐긴다. 그러나 木根이 虛하면 花가 結實하기 어려우니 이것저것 배우는 것은 많고 熱心이나 열매를 맺기가 어렵듯이 健康이 不全하고 根氣가 허약해서 成事하고 功名을 얻기는 힘들며 虛名虛利로 끝난다.

水多하고 逢土하면 成堤之功이 있고
木盛逢金하면 作棟之美가 있다.

水盛하면 범람하고 범람하면 自由奔流하고 流土破物하니 其害가 不少하다. 이때에 土를 만나면 成堤하고 成江成湖하니 水才가 滿發하고 秀氣가 充滿하다. 木이 茂盛하고 工手를 만나면 棟梁之材로 開發되고 木의 秀氣와 才能이 滿發하니 天下大材로서 名振

四海한다.

　　　　水火가 相停이면 旣濟하고 土體가
　　　　木旺하면 稼穡하다.

　水는 物이요, 火는 氣다. 物과 氣가 均衡이면 身心이 健全하니 相扶相助하고 萬事亨通하여 氣旺物盛하여 富貴를 兼全한다. 土는 母요, 木은 父이니 母性이 父性을 만나면 비로소 生氣가 발랄하고 陰陽이 有情하며 子女를 분만하듯이 沃土는 쟁기를 만나야 비로소 耕作하고 五穀百果를 生産할 수 있다.

　　　　火金이 均等하면 成器하고 刑害와
　　　　孤鸞殺이 있으면 骨肉이 分離된다.

　火는 용광로요, 金은 鑛物이다. 火가 盛하고 金이 衰하면 鑛이 녹아 없어지고 金盛하고 火衰하면 鑛이 녹혀지지 않는다. 火金이 旺盛하면 용광로가 旺하고 金이 盛함으로서 비로소 훌륭한 그릇을 만들 수 있고 有用之物이다. 刑害는 不和不睦하고 孤鸞殺은 獨善的이니 肉親과 不和不睦하여 서로 分離할 수 밖에 없다.

　　　　五行의 造化는 모두 鬼殺로서 成功한다.

　萬有는 動이 있음으로서 變이었고 變이 있음으로서 造化가 이뤄진다. 動은 여러 가지가 있다. 食神傷官처럼 主體를 順理的으로 動하게하는 것이 있고 財처럼 유혹을 해서 動하게 하는 것이 있고 官처럼 命令으로 動하게 하는 것이 있고 殺처럼 强制로 動하게 하는 것이 있다. 順理나 유혹으로 動하는 것은 任意이고 命令으로 動하는 것은 拒否할 수도 있지만 强制로 動하는 것은 꼼짝없이 움직여야 한다. 움직이면 變化가 있고 變化는 곧 造化이니 萬有의 造化는 七殺에서 極盛한다. 비록 他意的이고 衝激的이고 强制的이지만 七殺앞에서는 죽느냐 사느냐의 막다른 死生決斷이니만큼 있는 力量을 最大限 발휘할 수 밖에 없으니 無力者는 亡하고 有力者는 飛躍的인 造化를 이룬다. 그래서 六神中 最大의 造化는 七殺에서 이뤄진다.

木이 敗하면 不仁하고 妄動하며
金이 衰하면 義가 적고 背恩한다.

木은 仁慈하지만 沐浴이나 死絶者는 철부지거나 虛弱한 者로서 仁慈하지 못할뿐더러 分數를 지키지 않고 輕擧妄動하여 物議를 일으키고 災難을 自招한다. 그와같이 金은 義롭지만 老衰하거나 幼弱하면 간사하고 어리석고 인색하여 義를 저버리는 동시에 지나친 打算으로 背恩忘德을 한다.

火가 滅하면 無禮하고 水가 濁하면 無智하다.

火는 文明이요, 禮로서 火旺하면 총명하고 好禮한다. 그러나 火가 衰하고 絶하면 빛을 잃으니 마음과 정신이 어둡고 어리석듯이 버릇이 없고 無禮하다. 水는 맑은 슬기로서 水旺하고 淸하면 지모가 뛰어나다. 그러나 土와 混沌되어서 土水가 相剋하면 흙탕물이 되고 물빛이 濁하여 물속을 헤아릴 수 없듯이 머리가 탁하고 어리석으며 무지몽매하다.

土가 木을 보고 지나치게 剋土하면 말에
믿음이 없고 水盛하면 多淫한다.

土는 언제나 그대로 분수를 지키고 약속을 고수한다. 그러나 木盛하면 剋土가 심하여 土가 그 現狀을 지킬 수 없듯이 언제나 말과 약속을 지킬 수 없고 거짓을 잘한다. 水는 精力이요, 精力은 淫의 本이다. 精力이 旺盛하면 好色하듯이 水盛하면 淫亂하고 過色하다.

水命이 土旺하면 相殘하고 終無하다.

水日生이 土旺하면 土水가 混濁하니 진흙덩어리로서 水體가 온전하지 못하다. 아무리 몸부림치고 흐르려해도 막히고 분산되어서 만신창이가 되니 육신이 不全하고 끝내 成事할 수가 없다. 눈만 뜨면 흙과 싸우고 흙탕물이 되니 항상 不和爭 하고 萬事多滯하며 앞을 보는 눈이 흐리고 어둡듯이 어리석고 인색하며 고지식하고 답답하다.

火炎하고 水고하면 平生市井에서 求財한다.

火盛하고 水고하면 熱沙에서 農作하듯 되는 것이 없으니 固定

된 生産을 갖기는 어렵고 東西南北에서 물을 求하듯이 東西市井에서 財를 벌어야 한다. 火가 盛하니 설사 물을 求한다해도 금새 말라버리듯 市場을 통해서 돈을 애써 벌기는 하지만 쓸일이 많아서 좀채로 가난을 벗어나기가 힘들고 平生 東奔西走한다.

東方의 金과 西方의 木은 從化하지
못하는 동시에 一世가 虛名하다.

從이나 化는 大勢로서 大衆을 포섭하고 同化시키는 力學作用이니 힘이 無力하면 不可能하다. 春金이나 秋木은 絶地에 있고 無力함으로서 大勢를 잡을 수 없는 동시에 쓸모가 적음으로서 造化를 부릴 수가 없다. 그와 같이 그의 一生은 무엇을 하든 有始無終하고 萬事가 虛名虛利로 끝난다.

木火는 申酉地에서 災病으로 呻吟하고
衰金은 火旺地에서 苦形되고 悲歎한다.

木火는 陽氣로서 旺盛해야만 造化를 부릴 수 있다. 萬一 申酉의 死絶地에 임하면 氣虛體損하여 疾病과 災難으로 크게 呻吟한다.

金은 好火하되 老衰한 金은 火를 감당치 못한다. 萬一 火旺地에 이르면 불속의 나비처럼 정신을 못차리는 동시에 金이 녹아 形이 이그러지고 만신창이가 되듯이 만사가 水泡로 돌아감으로서 悲歎에 빠진다.

甲辰 甲戌人이 寅亥에 이르면
金帛이 滿屋하고 丁卯丁亥가 酉亥에
이르면 珍寶가 盈室한다.

　甲辰, 甲戌은 財盛身弱하니 祿地인 寅이나 長生地인 亥地에 이르면 財와 身이 相停함으로서 크게 生財하여 금백이 창고에 가득하다. 丁卯 丁亥生은 卯中乙木과 亥中甲木의 印星이 生旺해서 火光이 有力하고 悠遠하다. 丁火는 밤일수록 빛이 뚜렷하고 功이 크니 해가지는 酉地와 深夜인 亥地에 이르면 功成하여 珍貴한 寶物이 山처럼 쌓이고 방안에 가득하다. 本是 丁火는 별이다. 별은 酉時에서 나타나 亥時에 全盛을 이룬다. 밤이 되면 온하늘에 별이 반짝이고 빛이 찬란하다. 그 반짝이는 무수한 별은 마치 珍貴한 保釋과 같고 온하늘에 가득찬 것은 창고와 집안에 보물이 가득차 있는 것과 같다.
　그와 같이 丁火는 酉地와 亥地에서 가장 큰 功을 세우고 富와 貴를 이룩한다.

甲木이 庚辛을 多見하면 災厄이 많고
丙火가 亥子에 居하고 無制水하면 貧儒하다.

　甲木이 庚辛官殺을 重逢하면 非生産的인 낭비와 享樂에만 치우치고 生産을 外面하니 災難과 身厄을 막을 길이 없다. 丙火가 死絶되면 無氣力하니 水厄을 막을 길이없다. 빨리 制水하지 않으면 水殺에 쫓기고 無能無力하며 束手無策이니 헛되이 精力과 財를 낭비함으로서 가난하고 어리석은 선비에 지나지 않는다.

土는 東鄕에서 病들고 金은 北鄕에서 沈한다.

東은 木鄕이요, 春季다. 土는 木으로서 耕作하고 소통하되 건전한 土마니 木을 쓸 수 있고 기뻐한다. 春土는 病들고 虛하다. 病土를 耕作하는 것은 病者를 酷使하는 것과 똑같다. 어찌 견딜 수 있고 온전하겠는가? 萬事가 徒勞요 無理요 虛名虛利하다. 金은 水旺北地에서 沈沒한다. 萬金도 水沈하면 無用이니 움직일 도리가 없다. 모든 것이 沈滯상태요, 콱막히고 功이 나타나지 않는다.

金이 殺重하면 刀刑傷을 당하고 水가
殺重하면 江河에서 覆溺하며 木이
殺重하면 懸梁에 自縊하거나 虎咬龍瞋한다.

金日生이 火多하면 칼로 傷하거나 刑을 받는다. 火盛하면 金이 發作하니 金은 本是兵器다. 水日生이 土多하면 水가 發作하고 波도가 萬丈이니 江河에서 배가 뒤집히고 물에 빠져 죽는다. 木日生이 金多하면 木이 發作하니 대들보에 목을 매달아 죽거나 白虎(金)에 물려 죽거나 독사(龍)에 물려 죽는다.

火主가 殺重하면 夜眠壓倒하거나 焚死蛇傷하고
土主가 殺重하면 稽堆土陷으로 죽는다.

火는 精神이다. 水多하면 火가 發作하니 잠을 들 수가 없고 밤이면 머리를 짓누르고 강압한다. 火가 發作하면 萬物이 타죽듯 불에 타죽거나 불처럼 성급한 毒蛇에 물리기도 한다.

土는 城벽이요, 담장이요, 大地다. 木多하면 흙이 發作하여 무너지니 담이나 城이 무너져서 깔려 죽거나 땅이 무너지거나 地震 등으로 흙에 묻혀 죽는다.

> 水가 不勝火則奔波流湯하고 火가
> 不勝金이면 困苦하고 서황하다.

水主가 火多하면 물이 끓는다. 火의 熱氣에 感動하여 寒水가 뜨거운 湯水로 變質하였듯이 酒色에 放蕩하여 散財하고 衣食 때문에 平生奔波한다. 그와같이 火主가 金多하면 아무리 金덩이를 녹이려해도 애만 쓸뿐 녹힐수가 없듯이 무엇을 해도 力不足으로 成事를 할 수 없다. 밑천만 날리고 좌절하니 평생 가난하고 몸부림치다가 지쳐 스려진다.

> 甲木이 從革之方에 있으면 風災로 困苦하고
> 金主가 潤下之局을 이루면 他鄕에서 放浪한다.

甲日主가 命에 三合金局을 이루거나 申酉西方에 이르면 木이 剋傷되니 肝이 虛하고 氣血이 不純塞滯함으로서 中風으로 크게 苦生하며 金日主가 三合水局을 이루면 물결에 휩쓸려서 멀리 떠나려가거나 바다속에 가라앉듯이 定着할 수 없이 他鄕에 放浪하고 어디가나 뿌리를 박지 못한다.

> 戊己土가 辰巳位를 얻으면 三台의 貴에
> 오르고 壬癸水가 亥子位를 얻으면
> 一品의 官에 오른다.

戊己土는 辰巳에서 得旺하니 木의 官星을 기뻐하고 水의 財星을 즐긴다. 財官을 기뻐하고 能히 감당하니 官鄕에 이르면 三公의 벼슬에 오를 수 있다. 그와같이 壬癸水는 亥子에서 得權하니 土의 官星과 火의 財星을 기뻐하며 火土運에 이르면 天下一品의 大貴를 누릴 수 있다.

> 癸水가 庚申을 보면 右職에 오르고
> 辛金이 戊子를 보면 科甲으로 出世한다.

癸는 申에서 死하고 庚에서 得泉한다. 死는 學者의 별이요, 印은 信任의 별이니 癸水가 庚申을 보면 學問에 通達하고 마침내 高官大爵으로 出世한다. 辛金은 子에서 長生하고 戊에서 得力한다. 長生은 體力과 智力을 기르고 印星은 德과 信望을 기르니 有能한 人材로서 登科及第하고 文官으로서 크게 出世한다.

> 癸水가 失地하고 有食傷하면 憎道之命이요,
> 丙火가 無根한데 逢水하면 凶徒다.

癸는 天生水로서 地에서 生扶할 수 없다. 이미 失令하여 虛弱

한데 甲乙木을 만나면 아침이슬처럼 햇빛에 사라지고 形體조차 유지하기 어려우니 한가지도 이룰 수가 없고 孤貧하다. 四顧無親이니 부처님에 의지할 수밖에 없다. 丙火는 天生火로서 地不生扶한다. 元來失令하고 無氣한데 壬癸水를 보면 殺氣로 變質하고 心毒하며 無禮하고 橫暴함으로서 定作凶徒之命이다.

   金到火鄕하면 財多聚散하고 旺水가
   入南하면 家道가 盈昌한다.

 金은 火를 얻어야 그릇이 되고 商品으로서 돈을 번다. 金이 南方火運에 이르면 萬金이 눈깜짝사이에 그릇이 되어 千金을 버는 反面에 火力이 너무 치열하여 成器가 한꺼번에 녹아 없어지듯 쉽게 散財함으로서 成敗가 無常하다. 水旺者는 목이 타는 南方火運에서 最高의 人氣와 橫財를 함으로서 南鄕에 이르면 家道가 大發하고 財物이 金庫에 盈昌한다.

   財에 建祿이 있고 月刃者는 世事에 어둡고
   金神은 水鄕에서 屍體를 찾을 수 없다.

 月에 羊刃이 있으면 體力은 旺盛하나 智謀가 不足이고 本能的이면서 과격하다. 時에 建祿이 또 있으면 身이 太過하여 消化不良이듯이 事理에 어둡고 世事에도 밝지 못하다. 미련하고 고집이 강하며 융통성과 기지가 不足하다. 金神은 强하나 水鄕에서 沈沒함으로서 水深하고 金重하면 水厄으로 橫死하며 屍體가 물에 떠내려 감으로서 찾을길이 없다.

>木多則 木氣黨盛하고 黨盛하면 爲重하며
>重한즉 太過하고 太過한즉 傾倒 하며
>不及則 무너진다.

무엇이든 많으면 당을 이루고 당이 되면 大勢가 重하고 太過하며 太過하면 기울고 풍파를 일으킨다. 너무 太弱해도 形體는 감당을 할 수 없이 무너진다. 太過할 경우 木은 뿌려지고 水는 넘쳐서 기울여 土는 사태로 무너지고 火는 폭발하여 꺼지며 金은 뿌려지고 손상된다.

>土가 酉寅에 居하고 火가 丑申에 臨하며
>木이 子巳에 居하고 水가 卯戌에 臨하며
>金이 辰亥에 居하면 氣虛하니 確固할 수가 없다.

五行은 沐浴과 死墓地를 가장 두려워한다. 沐洛은 낭비로 탕진하고 死는 無氣力하며 墓는 인색하고 욕심이 많다. 氣가 虛하면 造化가 塞滯할뿐더러 自體의 보존도 어렵다. 그래서 確固한 기반을 구축할 수 없이 언제나 흔들리고 起伏이 무상하다.

가령 戊土는 酉에서 己土는 寅에서 死하니 無力하고 甲木은 子에서 乙木은 巳에서 沐浴이니 낭비로 탕진하여 壬水는 卯에서 死하고 癸는 戌에서 衰하니 기진맥진하고 丁火는 申에서 沐浴하고 丑에서 墓가 되며 丙火는 申에서 病이 되니 氣虛하며 辛金은 亥

에서 沐浴하고 辰에서 墓이며 庚金은 亥에서 病이 되니 無力하다. 生旺者는 體力이 왕성하니 造化가 多能하지만 死絶者는 無力함으로서 무너지고 滅하기 쉽다.

木은 本象이든 化象이든 淸明가까이서
氣가 深하고 雨水에서 氣가 淺하며
金鄕에선 氣가 輕하다.

甲乙木이나 丁壬化木은 春分과 淸明사이에서 氣가 가장 깊이 뿌리박고 雨水에선 氣의 뿌리가 얇으며 가을 金旺節엔 氣가 輕하여 無力하다. 木은 春分과 淸明사이에선 추위에서 겨우 풀리듯이 氣가 서서히 움트는 始發점이요, 秋金旺節엔 死絶하여 기진맥진하니 氣가 가장 虛하다.

木象은 寅卯에서 氣重하고 死絶地에서
氣薄하며 墓庫長生에서 氣厚하다.

甲乙木이나 丁壬木은 寅卯에서 旺盛하니 氣가 重(旺)하고 申酉의 死絶地에선 脫氣하여 기진맥진하며 氣를 저장하고 있는 墓와 長生에선 氣가 소모되지 않고 그대로 보존되고 있음으로서 氣가 오래도록 지탱하고 두터워진다. 이는 得令한 것과 별차이가 없다.

木이 枯하거나 火가 散하거나 金이 寒濕하거나
水가 冷凍하거나 土가 凍結되면 氣가 寒하다.

木多無水하면 木枯하고 火少土多하면 火散하며 金多冬節이면 金寒하고 水旺金多하면 水冷하며 土少水旺하면 土凍한다. 木枯하면 木氣가 枯渴되어 熱氣가 없으니 寒氣가 서리듯이 火散하고 金寒水冷하며 土凍하면 氣의 流通이 閉塞되어 熱氣가 없어지고 寒氣가 서리어서 貧寒하다.

合하고 生扶하며 祿旺하고 休廢死絶이
없으면 氣和하고 有氣滿盛하고 無依하면
오래지 않아서 기울어진다.

合하여 有情하거나 生하고 扶하며 祿旺하고 衰病死絶이 없이 旺相하면 氣가 건전하고 和合한 形象이니 萬事亨通이다. 氣가 旺盛하다해도 財官이 없으면 의지가지가 없고 無用之物이니 쓸모가 없고 무엇을 하든 막히고 不成이며 설사 이뤄진다해도 오래지 않아서 무너지고 敗한다.

木火는 相停할 수 없다. 木重火輕하고
大運에서 干火支水할 때 眞象을 이룬다.

木火가 비슷하면 木은 설기되고 火는 生扶됨으로서 균형이 잡힌 相停이 될 수 없다. 木은 虛하고 火는 重한 것이다. 때문에 命 自體가 木은 重하고 火는 輕해야 하며 大運에서 干火支水(丙子,

丁亥)를 만날 때 비로소 木은 水가 生하고 火는 木이 生해주니 木火가 生生不息하고 中和된 相停을 이룰 수 있다.

水木土가 晝生하고 金火가 夜生하면 名利가 特達한다.

水는 陰이니 陽을 기뻐하고 木은 火로서 才發하니 好陽하며 土는 陰이니 喜陽한다. 그래서 陽火가 主管하고 氣盛한 晝生의 水木土는 中和를 얻어서 名利가 大發한다. 反對로 火는 陽이니 好陰하고 金은 水로서 才發하니 喜陰한다. 그래서 陰이 旺盛한 夜生의 金火는 中和를 얻어서 名利가 自然的으로 大發한다.

木到亥子則 受養得培하고 金到亥子則 氣泄하고
竭하며 旺神이 落空亡하면 旺해도 無地다.

木은 亥子水鄕에서 生氣를 얻어서 養育되고 栽培되니 크게 成長 發展하며 金은 亥子水地에서 生氣를 잃는 동시에 있는대로 모든 것을 잃고 지쳐 쓰려진다. 때문에 亥子宮에서 木은 發身하고 金은 衰滅한다. 비록 旺神이라 해도 空亡에 떨어지면 千里馬가 함정에 빠진 것이니 氣가 旺盛하다해도 설땅이 없고 아무런 作用도 못한다.

丑月生壬水는 水氣가 殘廢한 것이니 木象으로서
引水化木하면 功成退處에서 化生木하여 歸尊한다.

壬水는 丑에서 功成退陣하니 水氣가 無力하고 마치 쓰레기처럼

廢水와 다를바 없다. 힘도 없거니와 嚴冬의 凍水이니 廢物된 殘骸와 다를바 없다. 그러나 木을 만나거나 木象을 이루면 水氣가 크게 需要되고 廢水가 活水로서 引用되니 마치 功을 이루고 退役하는 老將이 다시 宰相으로 起用되듯 退水가 木으로 化生하여 다시 꽃을 피우고 貴한 열매를 맺는다.

> 金火는 旺한즉 入空하는 것이 도리어 좋다.
> 旺相者는 精神이 旺盛하니 뜻과 去就가
> 分明하고 권세로서 能히 福을 끌어몰을 수 있다.

金은 속이 텅비어야 소리가 울리고 火는 空間이라야 火炎을 치솟듯이 金火는 空亡을 두려워하지 않는다. 더욱이 身旺하면 精神이 旺盛하여 설사 空地에 빠진다해도 뜻과 去就의 法度를 어기지 않고 분명히 할 수 있으며 得權한 旺氣로서 能히 福과 富貴를 한 몸으로 이끌고 大成할 수 있다.

> 甲木은 辰月에서 退藏을 바란다.
> 退藏者는 오직 墓絶地를 기뻐하니
> 만약 生旺之節을 만나면 도리어 禍를 당한다.

甲木은 辰에서 氣를 過用한 나머지 功成退陣한다. 이미 과로하고 氣盡하여 廢物로서 退陣하는 退藏者에겐 무덤처럼 고요한 休息處인 墓絶이 가장 適合하다. 몸이 老朽하여 쓸모가 없고 虛弱한지라 움직이는 것은 禁物이다. 萬一 身旺地를 만난다면 廢車가 기름을 얻어서 달리는 格이니 큰 事故를 일으킬 것은 自明之事다.

> 甲木은 祿後一辰인 丑에서 進氣하고
> 乙木은 祿後一辰인 寅에서 進氣한다.
> 進者는 生旺地에서 福과 기쁨을 이룬다.

五行은 祿後一辰에서 進氣하니 甲木은 丑에서 乙木은 寅에서 進氣한다. 功成者는 退하고 將來者는 進하는 것이 原則이니 欲進하는 進氣者는 氣盛한 長生地와 氣旺한 旺地에서 造化가 無雙하다. 萬事가 亨通하고 能小能大하듯이 欲進者는 生旺進에서 萬事를 뜻대로 이룩하고 福을 누리며 기쁨에 넘친다.

> 丁未가 夏生하면 旺神이다. 丑을 보고
> 丑中辛癸가 透出하여 用者라면 丁未의
> 福氣는 薄하고 禍亦輕한다.

丁未가 巳午月生이면 得令해서 旺하다. 萬一 丑과 刑冲이 되고 丑中癸辛이 透出되어 主君의 用臣이 되었다면 丁未는 旺할 뿐 쓸모가 없으니 無用之物이 되어서 福氣가 박절하다. 그러나 元來가 旺神이기에 冲이 되고 버림을 받는다해도 감당할 능력이 充分함으로서 禍는 極히 가볍다.

> 金神이 旺相하고 無制하면 得勢한 것이요,
> 金氣는 至極히 暴剛하니 凶이 特히 甚하다.

金은 成熟된 五行이요, 武器이니 旺相하고 無傷하다면 이미 大勢를 잡고 得勢한 것이다. 武力이 得勢하면그 橫暴가 天下無比하니 만일 金神이 吉神이라면 天下를 能히 다스리고 執權할 수 있는데 反하여 凶神이라면 殺傷이 極甚하니 其災禍가 말할 수 없다.

   金者는 殺害物이다. 命中에 金氣가 滿局이고
   凶殺과 刑剋을 띠엇으면 반드시 남을 殺害하지
   않으면 도리어 殺害를 당한다.

金은 武器로서 殺傷에 能하다. 吉神이면 利器로서 護身護財하고 凶神이면 凶器로서 殺生殺我한다. 四柱에 庚辛申酉가 가득하면 武器가 滿庫인 것인데 만일 凶殺이나 刑沖被害가 있다면 凶惡한 徒黨이 잠입한 것이니 나도 凶惡하다. 칼을 즐겨쓰니 他人을 殺傷하지 않으면 도리어 내가 他人에게 殺害당한다.

   火者는 焚炎한다. 極盛한 火炎을 많이 보면
   火災가 發生하고 歲運에서 水를 보면
   水火旣濟하니 旣濟한다.

火氣는 萬物을 불태우는 火炎을 내뿜는다. 火가 極盛하고 많으면 火炎이 沖天하고 萬物을 불사르는 火災가 發生하고 火로 因해서 突發的 破産을 당한다. 歲運에서 水를 보면 火氣가 抑制되고 水火가 中和를 이루니 性急한 氣質도 緩和되고 火災로 因한 災禍도 自然解消된다.

> 木은 土가 아니면 栽養할 수 없고
> 土는 木이 아니면 疏通될 수 없다.

木은 大地에서 成長하며 번창하고 발전한다. 그 大地가 生物에 依해서 耕作되고 開拓됨은 勿論이다. 땅이 아니면 生物이 살 수 없듯이 生物이 아니면 땅은 不毛의 荒蕪地로서 永遠한 죽음의 무덤과 다를바 없다. 萬一 木氣나 土氣가 不足한데 歲運에서 生扶해 준다면 더욱더 活氣있게 成長開拓되고 潤澤해진다.

> 木이 剋土하면 木勝土敗하고 土木이 相停하면
> 勝負가 未分하다. 生扶生助하면 轉養之氣가
> 되고 전투 沖爭하면 무너지고 氣盡한다.

木이 剋土하면 木이 强하고 土는 弱化된다. 그러나 土木의 氣가 균등하면 强弱이 뚜렷하지 못하다. 五行은 生扶生助하면 體가 回轉하고 氣를 養育하며 刑沖破害하면 體는 무너지고 氣는 흩어져서 기진맥진한다. 그러기에 五行은 生扶를 기뻐하고 刑沖破害를 두려워한다.

> 火生土하면 土意가 最良最實하고 氣象이
> 固聚하며 敦厚하고 務本利名하며 建功立業한다.

土日生이 得火하면 土意가 豊滿하고 堅實하며 氣象이 스스로 集結固定된다. 人品이 敦厚하고 利名을 위해서 힘써 분발하니 萬

事亨通하고 處身이 優游悠長하며 크게 功을 세우고 大業을 이룩한다.

木遇學堂하고 火臨生地하면 文才가 精華하고
木火炎上之氣則 不顧細節하고 不能屈下하며
傲驕하다.

甲은 亥에서 乙은 午에서 長生이다. 長生은 父母의 加護아래 工夫하는 時期이니 學堂이라고 한다. 火는 文化의 精萃요 才能의 꽃이다.

火가 木을 보면 木의 精이 꽃으로 滿發한다.

그래서 學堂과 火見木하면 文才가 뛰어난다. 木이 火를 보면 木火通明이요 火가 盛하면 꽃이 滿發하고 秀氣가 뛰어난 것이니 聰明하고 唯我獨尊格이다. 爲人이 거만하고 不屈의 기백이 强해서 누구에게도 겸손하지 못한 동시에 細節을 外面한다.

水火는 人間의 動因이니 水火가 竝出하면
是非가 많고 말이 많으며 시끄러운
市井에서 立身한다.

水火는 人間을 動하게 하는 物이요 口舌이니 水火가 竝出하면 항상 是是非非를 즐기고 말이 수다하며 말로서 生計를 영위하니 말이 많고 수단으로 돈을 버는 시끄러운 市井에서 두각을 나타내고 立身出世한다.

> 金木이 無偏倚하고 中和되면 必務本實我하고
> 發財하며 反對로 金木이 交錯하면
> 不義之財를 貪한다.

金은 財요 義이며 木은 人이요 仁이다. 金財는 主人을 만나야 값이 있듯이 人木은 財金을 만나야 禮와 義를 지킬 수 있다. 金木이 中和되고 陰陽이 相配되면 本分을 다하고 內實을 기하며 禮와 義로서 成財한다. 萬一 金木이 偏倚하거나 相剋交戰하면 人과 財가 싸우는 格이니 客이 主人을 凌蔑하고 不義를 서슴치 않으며 不義한 財物을 貪하니 억울한 일을 많이 할뿐더러 억울한 일도 많이 당한다.

> 甲乙木은 寅卯에서 靑龍이요 丙丁은
> 巳午에서 朱雀이며 壬癸水는 亥子에서 玄武요
> 戊己土는 辰戌丑未에서 勾陳이다.
> 이를 四面이라 하니 四面이 旺相하면
> 內廷에서 食祿을 누린다.

木이 得時하면 靑龍이요 火가 得旺하면 朱雀이며 水가 得令하면 玄武요 士가 得權하면 勾陳이라 한다. 이 四者를 四面이라 하니 四面의 干祿地元이 旺相하면 朝廷에서 厚한 食祿을 누리고 名

聲을 떨친다.

　　　　金水二象이 氣淸無濁하면 文華가 拔萃하고
　　　　文采가 英華로우며 出衆之格이다.

　金은 壯年의 果實이요 水는 身老心熟한 老年의 智謀다. 金水가 中和되고 淸秀하며 火土의 剋傷이 없으면 金石에서 치솟는 玉水로서 生生不息하듯 圓熟한 文才가 넘쳐 흐른다. 文質이 彬彬하고 文采가 卓越하여 文章이 出衆하여 他의 追從을 不許하는 巨星이다.

　　　　土金이 相生하고 不偏하며 中和되면 마치
　　　　萬物이 漸長하여 生意가 益高한 것이니
　　　　當作富貴之格이다.

　土金이 旺相하고 木火의 剋傷이 없으며 偏枯아닌 中和를 얻어서 相生하면 마치 萬物이 生生不息으로 日就月將하여 漸次成長하고 生意가 넘치어서 더욱 發伸하는 形象이니 반드시 歲歲年年成長發展해서 富貴를 이룬다.

　　　　木火는 煥發에서 變한다. 生意가 있거나
　　　　歲運에서 生扶하면 영요하다.

　木火는 食傷에서 開花하고 造化를 이룬다. 命에 生氣하는 根基

가 있고 歲運에서 生扶하면 百花가 滿發하듯 榮華롭다. 根氣인 印星이나 比肩이 元命에 있으면 그것이 곧 發展할 根源이니 그 發源이 없으면 아무리 歲運에서 木火가 透出해도 꽃이 滿發하고 榮達할 수 없다.

絶胎養生 浴冠地는 20代이니 建祿帝旺運을
기뻐하고 3, 40代는 陽氣가 强盛하니
衰病死墓地運을 기뻐하며 5, 60代는
天癸枯竭하니 死絶衰鄕을 기뻐한다.

衰病死는 老氣요, 絶胎養長生 沐浴冠帶는 少年의 旺氣다. 少年은 빨리 成熟하기를 願하니 年少한 絶胎養等은 建祿帝旺運을 기뻐하고 3, 40代의 血氣旺盛한 靑年은 과격하고 脫線하기 쉬우니 老鍊한 衰病死養地를 기뻐하며 5, 60代의 壯老期는 肉身이 老衰하였으니 휴식하는 死絶地를 기뻐한다.

中年少壯者는 財官을 滿發시켜야 하고 老者는
死絶地로 가야하며 凶運엔 沈滯하는게 좋다.

生氣는 生意하고 生意는 福과 成實의 根源이다. 生氣 旺盛한 少壯時代엔 타고난 財官을 能히 감당할 수 있으니 最大限 奮發해야 하고 老年엔 쉬어가는 死絶地로 行하는 것이 順坦하다. 그와 같이 運이 막힌 凶運에선 무엇이든 失敗하니 차라리 沈滯狀態로서 發動않는 것이 바람직하다.

　　　　　金水가 遇於淸寒하고 不逢和暖之鄕이면
　　　　　(如庚辛生於亥日 柱中純水而 運亦西北鄕)
　　　　　平生獨食孤眠하고 생애정막하며 사유처량하다.

　　亥子月生庚辛金이 滿盤金水이면 寒冷이 極甚하여 凍氷한다. 萬一 運또한 西北鄕으로 行하고 東南地를 얻지 못하면 酷寒으로 衆生과 六親이 凍死하고 四顧無親이니 平生 孤獨하고 剋妻剋子하며 정막속에 처량한 生涯를 걷는다.

　　　　　木者는 以水爲父母하니 若被損剋水則
　　　　　不得其所生하다. 如甲乙日生於亥子年月하고
　　　　　逢季土則 傷父母하니 有父而反孤하다.

　　甲乙生은 水를 父母로 삼으니 水가 被損되면 父母의 德과 祿이 薄하다. 가령 甲乙日人이 亥子年이나 亥子月에 出生하였을 경우 辰戌丑未의 季土를 보면 土剋水하여 水氣가 剋傷되니 틀림없이 母緣과 生離死別하고 片父下에 孤獨하다.

　　　　　春木은 命에 설사 死絶이 있다해도
　　　　　生旺之鄕에선 氣旺體盛하니 죽지않으며
　　　　　秋木은 설사 柱에 生旺이 있다해도
　　　　　衰絶鄕에선 끝내 回生할 수 없다.

　　春木은 得令하여 旺盛하니 설사 四柱에 死絶이 있다해도 生旺

運에 가면 다시 生旺하여 發身하는데 反하여 秋木은 失令하여 無氣力하니 四柱에 生旺이 있다해도 衰絶地에 이르면 完全히 枯竭하여 蘇生할 수 없다.

　　　　木逢金爲成器棟梁이요, 金被傷則不能斷木이며
　　　　木弱金盛則朽요, 木金雙强相停則 貴命이다.

木은 金鄕에서 成熟하고 金에 依해서 대들보같은 有能한 良材良器가 될 수 있다. 萬一 火가 있어서 金을 傷害하면 良工이 無能하니 材木으로 만들 수 없어 無用한 物이 되고 木은 虛弱한데 金마니 旺盛하면 木이 成長할 수 없이 썩어버리듯 疾病투성이요, 金木이 다같이 强하고 比等하면 서로 쓸모가 있고 成材成器하니 貴를 얻는다.

　　　　甲逢庚辛則 疲困하다. 再行申酉地則凶基하다.
　　　　亥子印地나 巳午食傷地에 가면 制化되니 佳하다.

甲이 庚辛의 官殺을 만나며 一臣이 二君을 섬기는 格이니 기진맥진이다. 다시 또 申酉官殺地로 行運하면 百君千君을 섬기는 形局이니 어찌 감당할 수 있겠는가?

臣이 君을 잘못 섬기면 重刑을 免하기 어려우니 壽命이 온전하기 어렵다. 다행히 亥子水地나 巳午火地에 이르면 殺印相生하고 食神制殺하니 能히 감당하고 높이 表彰되니 크게 功名을 떨칠 수 있다.

土月生土人 日時坐土而柱有木火亦
下成從化者多患目疾若歲月得扶氣亦
不行西北地 而木火太旺地行則喪明

　土月生土人이 日時에 土氣가 重重하고 설사 四柱에 木火가 있다해도 從格이 되지 않는다면 火光이 온전할 수 없듯이 眼疾이 끊이지 않는다. 年月에 金氣가 있으면 光明의 根本인 癸水가 發生하여 保光이 될 것같지만 行運이 東南으로 向하고 木火가 太過炎熱하다면 腎水가 渴됨으로서 失明하게 된다.

火者文明之象 生於九夏 三合火局則
火愈發揮少用木資其勢則 樂道無憂하다.

　火는 光明이니 文明의 根本이요, 主體이며 眞象이다. 火盛한 三夏之生이거나 火局을 가졌으면 火光이 萬里에 빛난다. 만일 少木이 生火한다면 火光이 生生不息하고 得勢하니 有樂無憂하다. 水가 나타나서 火를 공격하면 火光이 冲天하니 平地風波를 일으키고 火가 盛한데 다시 火旺地에 이르고 木을 만나면 極盛之敗로서 夭貧한다.

水多浮木하고 無土한데 死絶鄕에 이르고
冲殺이 겹치면 필추애락수 橫害毒亡 多不美하다.

　水多하여 浮木한데 寸無土하면 의지가 없이 물결에 떠내려갈 수밖에 없다. 더욱이 死絶地에 이르러 無氣力한터에 沖과 七殺이 겹쳐서 上下에서 치고 받으면 急流에 휩슬려서 높은 벼랑에 떨어지고 깊은 물속에 곤두박질하듯 언덕에서 떨어지거나 물에 빠져 죽는등 非命橫死를 당하고 內心毒氣를 품게 된다.

   火多土燥하면 萬物이 不生하고 初年에
   南方火地로 行運하면 廢而無用之物이요,
   비록 財官鄕을 만나도 不能爲用이요, 無家之命이다.

火盛하고 無水하면 土가 焦土化하여 아무것도 生하지도 存하지도 못한다. 더욱이 初年運이 火旺地로 行하면 完全히 岩石化하여 萬物이 廢되고 無用之物이 된다. 이미 枯死된 萬物은 설사 西北運을 만난다해도 回生할 수 없이 뜨거운 砂土를 東奔西走하고 平生을 집없이 定處없이 몸부림치며 孤貧을 免할 수 없다.

六神通變篇

傷官見官則早死
殺見財則 夭亡
財逢劫則 盡死

官은 父요 法이요 貴人이다. 傷官이 旺盛하여 이를 剋하면 早失父하고 孤兒가 되며 배우지 못하고 버릇이 없으며 法을 어기고 上司에 거역하여 마침내는 君王에 反逆하니 刑罰을 면할 수 없고 四顧無親이요 四面초歌이니 몸이 편할날이 없고 가난이 심하며 만신창이로 左衝右突하니 어찌 수명이 온전할 수 있겠는가? 刑傷으로 早死하지 않으면 貧賤으로 연명한다. 七殺은 사나운 疾病이요 鬼敵으로서 감당하기가 어렵다. 자나깨나 攻身하니 몸이 상처투성이라 그 맹호가 財를 보면 살이 찌고 힘이 용솟음치며 기고만장한다. 병들고 허약한 몸이 앞으로는 호랑이와 싸우고 등에는 천근의 무거운 짐을 업으니 어찌 몸을 지탱하고 호랑이의 밥을 면할 수가 있겠는가? 가난과 질병에서 몸부림치니 요절 단명할 수 밖에 없다. 재물은 생명을 보전하는 유일한 근원이다. 그래서 사람은 누구나 재물을 구하기에 혈안이고 그 때문에 살인강도도 서슴치 않는다.

劫財는 바로 그 재물을 劫奪하는 생명의 적이다. 재물이 劫財를 보면 송두리채 빼앗기니 당장에 젖줄이 끊어질뿐더러 劫財의 횡포에 만신창이가 되니 죽음을 면할 수가 없다. 굶어죽지 않으면 도적의 凶惡에 비명횡사를 당한다. 만일 재물이 없다면 도적이 뛰어들 念慮가 없으니 비록 가난하고 천하지만 수명은 보전할 수가 있다. 그 고생이 얼마나 심한 것인가?는 짐작하고도 남음이 있다. 문자 그대로 죽기보다는 더욱 고통스럽고 몸부림을 치는 것이다.

食神逢梟則 死於牢獄

식신은 식록의 별이요 소원성취하는 希望의 별이다. 서모격인 편인을 만나면 음식이 상하듯 변질한다. 상한 음식은 먹을 수가 없고 먹으면 죽는다. 그건 사약(死藥)과 똑같다. 사약은 형벌로서 내리는 사형집행이니 옥사(獄死)를 뜻한다. 식신이 虛弱하고 효신이 旺盛할 경우엔 음식의 부패와 변질이 極盛함으로써 음식과 약으로 인한 중독내지 죽음을 면하기가 어렵다. 먹지 않고는 살 수 없는 인간이 음식을 먹을 수 없고 고작 사약이나 사자밥밖에 먹을 수 없으니 죽음을 면할 수는 없지 않는가? 그러나 식신이 旺盛하고 편인이 허약하다면 음식과 약으로 크게 고생을 하거나 위장병으로 대수술을 하거나 옥고(獄苦)를 치르는 것으로 마무리를 질 수 있다. 빵을 생산하는 직장이나 사업이 크게 파손됨으로서 먹이가 줄고 거칠어지는 수도 있다.

重劫見財則死

劫財는 재를 貪하고 劫奪을 일삼는다. 財가 없으면 탈도 없지만 재만 있으면 문제가 발생한다. 그 劫財가 하나도 아닌 여러개가 있으면 어찌되겠는가? 그들은 劫奪할 재물을 찾기에 血眼이요 호시탐탐하지 않을 수 없다. 그런 강도집단앞에 재물이 나타나면 어찌되겠는가? 그들은 서로 재물을 獨占하고 강탈하기 위해서 주먹과 칼을 휘두르고 살생을 서슴치 않으니 마침내 피살되지 않으면 살인자로서 심판을 받아야 한다. 살인자는 죽이는 것이 原則이니 어찌 살아남을 수 있겠는가? 그러나 재물이 旺盛하다면 劫財가 서로 힘을 합쳐야만 함으로 그러한 살인극은 면할 수 있고 도리어 護財者로서 벼슬과 녹을 먹을 수 있다.

財星見刃則 散財人亡

財는 온순한 백성이요 刃은 칼을 찬 천하영웅이다. 백성은 법(正官)으로 다스리면 순응하지만 칼로 다스리면 원한을 품고 반역을 도모한다. 천하장사가 칼을 휘두르며 백성을 위협하니 모두 도망칠 수밖에 없다. 백성을 잃은 지배자는 물을 잃은 물고기와 같다. 나라의 창고는 텅비고 민란으로 劫奪이 횡행하니 재물이 온전할 수가 없다. 칼로서 백성을 위협하고 재물을 겁탈하니 만백성이 적으로 변하고 칼을 들고 대항한다. 어찌 혼자서 만인을 무찌르며 사면초가에 쫓기는 영웅이 목숨을 부지할 수 있는가? 칼로 興한 자는 칼로 亡한다고 끝내는 칼로 亡하는 것이다.

羊刃逢印多則 惡死

羊刃은 칼처럼 사납고 맹호처럼 겁이 없는 무법자다. 힘이 치솟고 넘치는 천하장사다. 역발산의 힘을 가진 사람은 태산같은 큰 일을 능히 감당할 수 있다. 그러나 할 일이 없으면 힘을 남용하고 무법을 자행한다. 닥치는 대로 무찌르고 부수며 횡포를 일삼는다. 그 안하무인의 장사에게 힘을 공급하는 인수가 많고 무한정 힘을 증강시킨다면 어찌될 것인가? 술이 지나치면 사람을 삼키듯이 힘도 지나치면 사람을 삼킨다. 슬기와 법도를 떠나서 무엇이든 주먹으로 즉결 처분한다. 칼은 칼을 부르듯이 주먹은 주먹을 부르고 악한은 악한을 부른다. 주먹과 횡포가 극심하면 살생한다. 살인은 살인을 불러 일으킴으로서 마침내 비명횡사를 면할 수가 없다. 재관이 旺盛하면 그러한 위험부담은 없다.

殺有根而旺則定凶終

七殺은 主君을 蔑視하고 反抗하는 亂暴한 無法者다. 地支에 뿌리가 있고 또 旺盛하다면 眼下無人으로 橫暴을 일삼고 殺傷을 두려워하지 않으니 어찌 平和로운 一生을 거를수 있겠는가? 四方에 敵이 많고 對立과 투쟁을 日課로 삼으니 호랑이 소굴에서 사는 것과 같다. 젊어서는 힘이 旺盛하니 그런대로 감당할 수 있지만 늙어서는 無力하니 敵手의 주먹과 칼에 傷하고 끝내 非命橫死를 免하기 어렵다.

刃星四重則死於正財之下

羊刃은 正財를 사정없이 겁탈하고 유린한다. 그 羊刃이 四柱에

네 개가 있으면 東西南北에 칼과 창을 든 겁탈자가 무리를 지어서 正財를 찾기에 血眼인 形局이다. 그들은 서로 唯我獨尊을 자랑하는 眼下無人의 冷酷한 無法者로서 正財를 보면 서로 獨占하려고 칼을 휘두르고 殺傷을 자행하니 서로 찌르고 죽고 쓰러진다. 財를 탐하고 財로 인한 是非로 橫死하는 것이다.

官星淺則 終於羊刃

官星은 法이요 護財者다. 官이 無力하면 法이 無力함으로서 生命과 財産을 지킬 수가 없고 도적을 당하고 억울한 피해를 당해도 속수무책이다. 羊刃은 천하장사다. 財를 보면 비호처럼 겁탈하고 겁탈에 反抗하는 物主를 殺傷한다. 無財者는 그런 봉변을 당할리 없지만 有財者는 모면하기 어렵다. 法이 有名無實하고 경호원이 無力하니 羊刃을 만나면 財産과 더불어 生命을 부지할 수가 없다.

傷官滿盤則自死難免

상관은 꽃이자 설기다. 才能을 피우기 위해서 머리를 짜고 힘을 방출하는 것이다.

傷官이 四柱에 滿發하면 나무에 꽃이 滿發하는 것과 같다. 인수가 있고 生氣가 旺盛하다면 그에 더 영광스러운 일이 없지만 인수가 없고 水分의 공급이 어려우면 꽃과 더불어 원기를 湯盡한 것이니 어찌 더 지탱할 수 있는가? 出血이 극심한 患者처럼 그대로 기진해서 시들고 죽을 수밖에 없다.

殺逢三合則太過而必傾

　七殺은 暴惡한 英雄이다. 칼을 휘두르고 살상을 식은밥 먹듯하는 七殺이 무리를 만들어서 동서남북에서 날뛰고 主君을 공격하니 어찌할 바를 모른다. 그만큼 主君이 敵이 많고 德이 없고 모가 나며 성급하고 아량이 없는 때문이니 누구를 怨望하겠느냐? 七殺이 四方을 포위하고 공격하는 목적은 생명과 재산을 내놓으라는 것이니 크게 파산하고 亡身한다.

生扶太過而逢印旺則終命

　印수와 비견이 지나치게 많으면 過食하고 過飮하니 消化不良이요 만사가 沈滯하고 막힌다. 숨을 들이킬뿐 내뿜지를 못하니 가슴이 답답하고 숨통이 막힌다. 여기에 또 印수가 旺盛한 대운을 만나면 어찌되겠는가? 乙木이 壬癸水가 많고 比肩이 겹치면 水多木浮하는데 다시 北方水運으로 가면 江물에 휩쓸리어 물鬼神이 되듯이 갑자기 목숨을 잃는다. 마치 불이 너무 강하게 치솟으면 파란불빛으로 변하면서 갑자기 꺼지듯이

　　命은 鬼殺을 가장 두려워하고 財가
　　生殺하는 鬼가 가장 해독스럽다.

　일주를 극해하는 七殺을 만나면 주인의 재산을 겁탈할뿐더러 자칫하면 생명까지도 위험하다. 그래서 운명은 七殺을 보는 것을

호랑이처럼 두려워하고 한번 부딪치면 무엇인가 탈이 생기고 잃는 것이 있다. 그 七殺을 생해주는 재운을 만나면 호랑이가 무장을 하고 떼를 지어 천지를 주름잡으니 그 해독은 極惡무도하고 생명과 재산이 온전할 수 없다. 백가지 재난이 난무하다.

〈丙子見庚子〉

墓中鬼가 있거나 空亡中에 鬼가
있으면 身主를 해친다.

壬水는 辰이 墓가 되고 辰中戊士는 七殺이 된다. 이를 墓中鬼라고 한다.. 甲戌日生은 申酉가 空亡인데 申中庚金은 七殺이 된다. 이를 空亡中의 鬼라고 한다. 墓와 空亡은 自由를 잃은 몸의 무덤과 함정이다. 여기서 鬼殺을 만나면 꼼짝없이 당하고 피할길이 없으니 어찌할 도리가 없다. 평생 자유롭지 못할뿐더러 재난을 당하면 절벽 강산으로 어찌할 바를 모른다.

禦鬼를 얻으면 도리어 權威가 있고
助鬼를 만나면 가장 큰 해를 당한다.

甲木은 庚金을 七殺이라 한다. 만일 丙丁火가 있으면 庚金이 꼼짝을 못하고 主君에 순종하니 호랑이같은 권위를 떨친다.
丙丁火는 甲의 鬼殺을 방어하는 방패이니 이를 禦鬼라고 한다. 반대로 戊己 土를 만나면 庚金을 生扶해주니 鬼殺이 旺盛하고 身主를 극도로 극해한다. 무거운 짐을 싣고 호랑이에 쫓기니 어찌 살아 남을 수 없겠는가? 만신창이로 재물과 생명을 잃게 된다.

이와같이 禦鬼의 방패를 얻으면 호랑이 같은 무서운 시련을 끝까지 극복하는 동시에 기어이 뜻을 이루고 정상에 올라갈 수 있는 영광의 입신출세를 하는 동시에 호랑이를 호령하는 권위와 이름을 떨친다. 반대로 助鬼를 만나면 산넘어 山이오 강건너 강처럼 시련이 첩첩싸이는 동시에 사고무친이요 골육이 상쟁하며 신경이 날카롭고 마음이 독하니 평생 싸움에서 벗어날 수 없고 그 때문에 만사가 허물어진다.

鬼殺成群則 謂之鬼嘯이요
鬼嘯則 主畢竟惡死하다.

己日生이 亥卯未木局을 하거나 甲乙木이 重重하면 鬼殺이 울부짖는 회파람소리같으니 정신을 차릴 수가 없고 사면초가요 사고무친으로 벗어날 길이 없다. 사방에서 재물과 생명을 노리고 겁탈하니 돈을 벌수가 없고 가난이 극심한 동시에 질병과 관재구설이 겹치고 평생에 기를 펴고 살수가 없으며 재난이 꼬리를 물으니 천수를 누릴 수가 없고 凶死를 면할 수 없다.

鬼嘯兼刑殺하면 禍가 더욱 크고
富貴를 누려도 오래가지 못한다.

鬼殺이 난무하는데 刑殺이 겹치면 도적과 적군이 떼를 지어 공격해 오는데 집안에선 의견충돌과 대립등으로 사부오열되고 자중

지란이 겹치니 문자 그대로 내우외환이다. 그 화가 극대화하고 風波가 잇달아 발생하니 설사 富貴를 누린다 해도 오래갈 수가 없다. 마음이 둥글지 못하고 인색하며 적이 많고 冷酷함으로서 항상 재난이 끊이지 않는다. 수양하고 德을 기르는 것이 급선무다.

> 祿(官)多則 貧하고 馬(財)多則病하며
> 印多則孤獨하다.

官은 護財하되 俸祿으로서 財를 먹고 산다. 官이 많으면 俸祿으로서 財를 많이 支出해야 하니 아무리 財가 많다해도 끝내는 모두 탕진되고 가난에 이른다. 윗사람을 섬기고 공경하기에 바쁘다보니 온갖 재산을 탕진하고 빈주머니가 되는 것이다. 財는 護食하되 힘을 뺀다. 돈은 중하지만 너무 과중하게 힘을 쓰면 기진맥진하여 마침내 허약하고 질병에 걸리며 허리를 필수없고 건강을 회복할 수 없다. 성장이 늦고 부실한 동시에 일생 신병으로 고생한다. 印星은 護官하되 많으면 도리어 官星을 탕진하고 食傷을 짓밟으니 四顧無親이다. 官이 無力하니 名聲이 없고 母多하니 서로 미루고 들떠있고 食傷이 無氣力하니 平生 기회를 얻을 수 없으며 浮木처럼 정처없이 떠돌다가 무인지경의 孤島에 표류하게 된다.

> 用官하는 貴格으로 馬多하면 크게 出世하고
> 忌官하는 賤格은 馬多하면 平生奔走하다.

官印이 相生하거나 身旺하여 官을 기뻐하는 貴命은 財를 生官하는 밑거름으로 멋지게 活用하는 수단과 요령이 뛰어남으로서 財를 多多益善으로 기뻐하며 재多한즉 크게 출세한다. 이는 財를 貪하거나 不正蓄財하는 것이 아니고 法대로 財를 관리하고 나라와 上典에 忠함으로서 위로부터 두터운 信任을 받고 淸廉한 管財와 治者로서 대중의 尊敬을 받는 동시에 평생 物欲을 떠나서 공명정대하니 財로 인한 근심이나 재난은 전혀 없다. 이와는 달리 財多身弱하여 官을 쓰지 못하는 賤命은 慾心 투성이로서 돈을 벌기 위해선 수단과 방법을 가리지 않고 몸을 도끼처럼 마구 써버리니 건강이 온전할 수가 없다. 기진맥진하여 과로와 질병이 겹치는데도 慾心은 더욱 치솟고 물불을 가리지 않고 物欲에 몸부림치니 병상에 누어서도 坐不安席으로 마음이 초조하고 불안하다. 평생을 虛欲에 묶이어서 동분서주하나 슬기가 없고 아량이 좁으며 수단과 요령이 부족하고 고집과 편견에 치우치며 能力과 건강이 따르지 못하고 慾心에만 血眼狂奔하니 어느 것 하나 成事될 수가 없고 설사 돈을 번다해도 만족을 모르고 날뛰니 마침내 大敗하고 破散한다.

祿馬가 太顯하면 貴로 보지 말라.

祿은 官이요 貴이며 馬는 財요 富다. 身旺하고 官이 하나이면 財生官하여 財官이 모두 貴가 되지만 身弱하고 官多財盛하면 병든 者가 富貴를 貪내는 格이니 虛名虛利다. 도리어 財官으로 因해서 병들고 가난하며 쫓기고 苦生이 莫甚하니 禍根인 財官을 어찌 貴라 하겠는가? 도리어 賤하게 만든 卑賤의 별이라 하겠다.

   四柱가 모두 陽이면 口惡하나 心善하고
   四柱가 모두 陰이면 狼戾(낭려)하고 沈毒하다.

 陽은 밝고 뜨겁고 강하며 둥글면서도 직선적인데 반하여 陰은 어둡고 차고 나약하며 작고 좁고 모나면서도 구불구불 곡선적이다. 때문에 四柱가 모두 陽이면 솔직담백하고 陽性的이고 直線的이어서 무엇이든 事實대로 거침없이 비판하고 공격적이다. 입이 가볍고 거칠며 辱을 잘 해서 나쁘다. 그러나 속에는 숨긴 것이 없고 한번 털어 버리면 그것으로 끝나기 때문에 本心은 언제나 밝고 솔직하여 먹은 마음이 없이 착하고 순진하다.

 반대로 四柱가 모두 陰이면 陰性的이고 內性的이며 二重的이고 表裏가 不同함으로서 겉으로는 말이 없고 얌전하면서 속으로는 수박씨까고 웃으며 뺨친다. 소견이 좁고 옹색하며 融通性과 理解性이 없고 고집불통이며 冷酷하고 잔인하리만큼 冷靜하고 惡毒함으로서 이리처럼 교활하고 찰거머리처럼 물고 늘어지며 毒蛇처럼 毒氣를 내뿜는다. 恨을 품은 毒婦와도 같다.

   月令에 官星이 있으면 一生 富貴한다.
   財運과 印運에서 名利를 얻는다.

 官은 나라의 從이니 벼슬과 福이 있고 富와 貴를 享有한다. 財를 보면 生官하니 벼슬이 높아지고 祿이 厚하며 印을 보면 나라의 信任과 重任을 얻으니 벼슬이 순탄하다. 그래서 財運과 印運에선 官氣가 旺盛하고 淸高하여 크게 名利를 얻는다. 그러나 身이 건전함이 先行條件이니 身弱하다면 그림의 떡이다.

有殺無制한데 財鄕을 만나면 黨殺하고 流年에서
다시 財殺이 得地하면 生災하고 孤寒하다.

七殺은 無法한 敵者요 財는 百姓이다. 侵略者는 旺盛한데 손을 쓸 수 없으면 敵이 더욱 侵略한다. 百姓을 지키지 못할뿐더러 도리어 무거운 重稅와 兵役을 부과하니 民이 반발할 것은 당연하다. 그 百姓을 占領한 敵은 百姓과 한무리가 되어 호통을 치니 四顧無親이다. 運에서 다시 敵의 旺地를 얻고 民과 作黨하여 쳐들어 오면 衆寡不敵으로 나라와 百姓을 잃고 四面楚歌의 孤立에 빠지는 동시에 온갖 屈辱과 재난이 겹친다. 가벼우면 집을 잃고 流配되어서 정처없이 떠도는 몸이 되고 무거우면 刑을 받아서 生命을 잃는다. 그와같이 有殺無制者가 財殺地에 臨하면 固執不通이요 眼下無人格으로 犯法을 자행하는 동시에 貪財貪慾을 일삼다가 마침내 猛虎같은 敵手와 法網에 걸리어서 破産 또는 病死 或은 獄死한다.

官殺이 없고 財旺하면 은은히 興隆하고
積財致富하며 小貴하고 官運에 富貴雙全한다.

財旺하면 스스로 生官하니 官殺이 없어도 名聲을 떨친다. 돈이 많은 巨富가 되면 벼슬을 하지않해도 社會各方面에서 그와 接近하려 들고 온갖 감투를 씌우려고 앞을 다툰다. 官이 있고 財旺하면 처음부터 벼슬을 하고 致富하며 官이 없이 企業으로 致富하려면 착실하고 단계적으로 발전함으로서 은은히 興盛한다. 비록 벼슬은 없으나 企業의 두목으로서 많은 수하를 거느리니 百人之長으로서 小貴하고 大富한다. 官運이 오면 社會的 벼슬을 하고 크게 두각을 나타내며 富도 急進的으로 興盛하니 大貴大富를 成就하고 富貴가 雙全하다. 官은 護財者이니 有財無官하면 財를 넘나보는 벼슬아치 때문에 뜯기는 것이 많으나 有財得官하면 돈벌고 벼슬함으로서 철저히 護財하고 致富하여 크게 名聲을 떨친다.

財旺하면 生官하고 印旺하면 護官한다. 財가 旺盛하면 많은 手下를 거느리고 業의 代表로 君臨함으로서 自然 높은 地位와 名聲을 얻게되니 이를 生官이라고 한다. 그와같이 德望인 印星이 旺盛하면 天下가 尊敬하고 그를 따름으로서 아무리 높은 벼슬이라도 能히 감당할 수 있고 나라와 중생의 신임이 두터움으로서 반석처럼 튼튼하다. 印은 나를 보살피는 品位높은 後見人이니 貴人이 철저히 加護하고 後見하니 벼슬길이 순탄하고 日就月將할 수 있다.

　　　　財官印이 三全하면 能히 仁하고 布德하며
　　　　衛國經邦하고 權重爵高하다.

財는 富요 官은 貴이며 印은 德이다. 有官無財하면 淸高할뿐 財가 없으니 남을 돕고 仁을 베풀수가 없으니 고기없는 맑은 강물처럼 淸貧하고 고독하다. 有官無印하면 벼슬은 높으나 德이 없으니 외로운 孤官이요 오래갈 수가 없으며 백성이 尊敬하고 따르지 않는다. 有印無官하면 德望은 있으나 벼슬이 없으니 德을 베풀되 공이 나타나지 않고 누구나 알아주지 않으니 孤德하다. 財가 있고 官이 있으며 印이 겹치면 중생을 먹이고 입힐 수 있는 財物이 있고 萬人을 다스릴 수 있는 법과 벼슬과 권위가 있으며 天下를 敎化하고 開化하며 道德과 美風良俗에 따르게 하는 德望을 兼備함으로서 能히 萬百姓을 구제하고 가르치며 나라를 다스릴 수 있는 救國濟民의 經綸이 卓越한 동시에 온 天下에 仁을 베풀고 德을 누리게 할 수 있으며 平生 富貴榮華와 功名을 태산처럼 누릴 수 있다. 그러나 行運에서 七殺을 만나면 無法者가 亂을 일으키고 그 無法者와 결탁하여 王冠을 겁탈하려는 變心과 異變이 生기는 동시에 法을 어기고 德을 外面하니 어찌 百姓이 따르며 나라가 용서하겠는가? 亂이 다스려지고 法이 회복함에 따라 그는 無法者와 더불어 反逆으로 治罪되니 하루 아침에 벼슬이 떨어지고 그가 다스리든 法이 칼로 變하여 그의 목을 치니 어찌 살아 남을 수 있겠는가? 이는 높은 벼슬과 권세를 가진 重臣이 나라의 어려운 틈을 타서 野望과 異心을 가지고 거역하고 거사하려다가 탄로가 나고 失敗하여 失命하는 것이다.

有官無印한데 傷官이 得地하면
傷妻剋子하고 剝職당하는 災가 생긴다.

官은 法이요 印은 德이며 傷官은 無法者다. 官이 傷官을 만나면 無法者의 亂動에 의해서 法이 짓밟이고 百姓의 生命과 財産을 마구 겁탈하니 無法天地로서 阿鼻叫喚이다. 그 亂動에 妻子가 온전할 수 없는 동시에 그를 다스리지 못한 벼슬아치가 責任을 免할 수는 없으니 三者의 잘못과 管理失手로 罷職을 당하는 것이다. 이는 下剋上으로 因한 體統의 紊亂에 의한 引責이니 手下의 下剋上으로 因한 連帶的 引責으로 失職하는 것과 그 上司에 下剋上하다가 당하는 경우의 두가지가 있다. 따라서 傷官은 法을 어기다가 法에 묶이는 것이니 不法을 하거나 過去의 不法事實이 탄로되어서 官災口舌을 당함을 의미한다. 財가 있으면 無難히 구제된다. 財는 돈과 手段과 要領이니 財가 없으면 잘못하고도 反省에 인색하고 구차한 변명으로 고집을 부리다가 重한 罰責을 당하는 것이다.

만일 유년에서 다시 상관을 만나서 傷官이 成黨하면 集團的인 下剋上과 四面楚歌의 攻擊을 받아서 비참하고 추악한 亡身을 한다. 이는 集團的인 背信과 反擊을 비롯해서 連續的인 非違糾彈과 暴力的인 集團 구타로 만신창이가 되고 처참한 沒落을 당하거나 重大한 事犯으로서 重刑을 받고 獄死함을 意味한다. 行運에서 七殺이 겹치어서 殺氣가 成黨하는 경우도 마찬가지다. 傷官은 叛逆陰謀를 꾀하다가 致命打를 당하는데 反하여 七殺은 武力 또는 反抗勢力과 野合하여 正君에 背反하다가 逆者로서 致命打를 당하는 것이다. 이런 경우엔 識見이 卓越한 賢者도 進退維谷에 빠져서 存亡의 危機에 直面하게 된다. 설사 목숨을 보존한다해도 陋名과 嫌疑를 벗어날 수는 없으니 마침내 橫厄을 당하지 않으면 不治의 惡疾로 죽음에 이른다. 俗世에 입는 災禍를 모면할 수는 없으니

俗世를 脫俗함으로서만이 위기를 면할 수 있다.

陽刃이 沖合되고 財를 剋傷하는 경우
身이 衰絶하면 生災하고 敗亡한다.

羊刃은 날카로운 凶器로서 이를 沖하거나 野合하면 반드시 刃傷이 發生하기 쉽다. 刃이 노리는 것은 財다. 萬一 身이 衰絶하다시피 허약하고 有財한데 刃을 만나거나 충동하면 반드시 刃이 劫財하는 동시에 허약한 身主를 위협함으로서 기겁초풍을 하는 동시에 온 財物을 몽땅 겁탈당함으로서 뜻하지 않는 災難과 亡身을 당한다.

印星이 財를 보고 身主가 死絶한 경우
다시 財運으로 行하면 黃泉길을 免할 수 없다.

身弱者는 印星에 依存하는데 財를 보면 印星이 짓밟히고 무거운 짐을 부담하게 된다. 병든 환자가 의사에 의지하는데 天下美人이 誘惑하며 의사를 내쫓고 陰事를 즐기니 患者는 重病에 걸릴 수밖에 없다. 더욱이 財運을 만나서 女人天下를 이루고 極盛을 떨면서 患者를 弄絡하니 어찌 살아 남을 수가 있겠는가? 身旺者는 財가 기쁜 黑字의 財物이지만 身弱者에겐 財가 무거운 짐꾸러기와 같은 赤字의 負債가 된다. 印수는 唯一한 숨통이자 資源으로서 生命의 動脈과 같다. 赤字의 負債를 만나면 그 財源이 바닥남으로서 完全히 動脈이 끊기고 負債에 억눌린다. 財運에 가면

負債가 泰山처럼 늘고 숨통이 막히는 동시에 몸이 감당을 못하니 마침내 돈더미 아닌 負債더미에 깔려 죽는다. 그것은 醫藥인 印星에 의지하는 患者가 重病에 걸려서 藥石이 無力한터에 더 큰 不治의 惡疾에 걸려서 마침내 百藥이 無效이고 꼼짝없이 死亡함을 뜻한다.

　疾病의 原因은 財星이니 女色과 貪財에 있다. 有錢者는 지나치게 貪色함으로서 과로한 나머지 惡疾에 걸리어 죽게 되고 無錢者는 지나치게 貪欲함으로서 과로로 기진맥진 끝에 重病에 걸리어서 죽게 된다. 만일 이때에 比肩이 있어서 財를 눌르고 印星을 救濟한다면 能히 護印하고 保身할 수 있다. 比肩은 支援者이니 第三者의 後見과 支援을 얻어서 酒色과 貪慾을 물리치고 負債를 克服하여 正道와 正業을 지켜나가는 것이다.

　　　官이 七殺과 傷官을 보고 刑沖破害가
　　　겹치는데 歲運에서 重疊되면 必死한다.

　官은 法이요 七殺과 傷官은 無法者다. 暴力者와 無法者가 亂舞하여 精神을 못차리는데 刑沖破害의 파란까지 겹치면 나무가지와 뿌리가 다같이 暴風에 흔들리는 格이니 한時도 온전할 수가 없다. 기진맥진하여 미구에 쓰러질 지경이다. 여기에 行運과 歲運에서 다시 暴力과 無法 그리고 暴風이 겹쳐서 大型化하고 惡性化한다면 어찌 나무가 온전하겠는가? 뿌리가 뽑히고 가지가 부러지며 산산조각이 나듯이 異變이 중첩하고 官災 또는 疾病의 極惡化로 더이상 견딜수 없어 獄死 또는 病死등 橫厄으로 凶死한다. 法

의 紊亂과 異端과 變心과 背信과 反抗과 陰謀의 作黨에 의한 災禍요 그로 因한 誤判과 偏見과 我執과 過勞의 果報이니 禁慾과 保守와 勤愼이 橫厄을 피하는 唯一한 活路다.

財가 比肩을 보면 半打作하고 歲運에서
刃劫과 沖合이 겹치면 必死한다.

財는 萬人이 貪하는 妖物이다. 같은 有權者인 比肩을 만나면 半分하지 않을 수 없다. 萬一 歲運에서 겁탈자인 羊刃이나 劫財를 만나고 身主가 沖合되어서 無力化한다면 刃劫은 事情없이 財를 劫奪하는 동시에 無力한 身主를 칼로 迫害하니 마침내 기진맥진하고 기절하여 목숨을 잃는다. 女色과 財物과 疾病등으로 큰 苦痛을 겪은 끝에 失命한다.

財旺身弱한데 有傷官하고 官殺이 重重하며
歲運에서 官殺이 중첩하고 沖刃하면 必死한다.

財旺身弱한데 傷官이 있으면 病者가 出血하고 浪費하며 享樂에 빠지니 기진맥진이다. 이에 官殺까지 겹쳐서 財殺이 合黨하면 도적이 칼과 權力과 野合한 格이니 꼼짝없이 財物을 고스란히 빼앗기고 목숨이 風前燈火다. 이에 또 歲運에서 강도같은 官殺이 重來하고 唯一한 命脈인 羊刃을 沖하면 集團的인 亂動分子의 겁탈과 迫害의 亂舞속에서 手足이 절단된 것이니 어찌 살아남을 수 있겠는가? 生來의 虛弱者 또는 病者가 酒色이나 貪財(도박)로 함정에 빠져서 再起不能의 窮地에 몰리고 官災 또는 惡疾로 獄死 또는 病死등 橫死를 하게 된다. 萬一 生扶하는 制神이 있다면 죽음은 免할 수 있고 殘疾이나 傷處로 고생할 따름이다. 아집과 偏見과 虛欲과 無謀와 浪費 때문에 橫厄을 만나는 것이다.

財官太多하고 混殺한데 身弱하면
官殺을 再逢할 때 必死한다.

身弱하고 財官이 太過하면 病者가 萬金을 지고 堂上에 오르는 格이다. 그것은 돈보따리가 아닌 病보따리요 벼슬의 堂上아닌 죽음의 堂上이다. 여기서 사나운 暴力者 七殺까지 나타나서 亂動을 일삼는다면 어찌 견딜 수 있겠는가? 官殺은 護財아닌 劫奪者요 無法의 迫害者이니 大忌한다. 그 무서운 호랑이를 歲運에서 또다시 무더기로 만난다면 어찌 살아 남을 수 있겠는가? 集團的인 강도 또는 迫害者에 의해서 돈을 빼앗기고 목숨까지 잃는 것이다. 最惡의 강도는 惡疾이요 官災이니 不可抗力의 官災로 獄死하거나 不治의 惡疾에 걸리어서 呻吟하다가 病死하는 凶死 또는 橫死를 겪는다. 萬一 印星이 救濟한다면 도리어 轉禍爲福하니 도리어 吉慶하다. 印星은 德望이요 貴人이니 修道하고 改過遷善하여 福을 누리는 것이다.

官은 上下透出한 것은 妙로 삼는다.

官은 堂上의 벼슬이니 높이 솟아야 하고 높은 나무가지인지라 뿌리가 튼튼해야 한다. 그와 같이 官星은 天干에 우뚝 솟는 동시에 地支에 뿌리가 깊이 박혀 있어야 한다. 만일 干에는 透官하고 地에는 無根하면 뛰어나게 총명하고 출중하나 뿌리없는 나무처럼 높이 자라날 수 없는 동시에 오래 지탱할 수가 없다. 반대로 地支에는 透官하였는데 干上에 不透하면 얼굴이 땅에 파묻혀 있는 형국이니 좀체로 功이 나타나기 힘들고 늦게서야 얼굴을 들 수 있다.

正官은 一位이여야 君子요 貴人의 命이다.

正官은 父요 夫요 法이요 道다. 父와 夫는 一位이어야만 眞實하고 有情하듯이 法과 道는 하나일뿐 亂立되어서는 안된다. 人格이 卓越한 父를 모시는 子女와 夫를 섬기는 主婦는 篤實하고 純粹하듯이 法과 道를 가진 百姓은 淸廉하고 潔白하며 正義와 忠誠에 剛直하다. 父와 夫를 제대로 섬기고 法과 道를 올바로 지키려면 많은 修養과 工夫를 해야하듯이 윗사람 노릇을 하려면 萬人의 師表가 되어야 한다. 印星은 중생에게 衣食住와 識見을 공급하는 物心兩面의 源泉이다. 衣食이 豊足하고 識見이 卓越하면 禮를 지키고 德을 베풀으니 印星은 곧 德과 信望의 源泉이다. 百姓을 다스리는 者는 벼슬과 더불어 德望이 있어야만 百姓을 敎化하고 德으로 同化하게 하듯이 父母와 남편을 섬기고 法과 道를 실천하려면 열심히 工夫하고 體力과 知力을 길르며 德과 信望을 갖추어야 한다. 年이나 時에 印이 있으면 官高德厚하니 크게 出世할 수 있다.

四位純官이면 仕官虛名이요
七殺이 重重하면 先淸後濁하다.

官이 滿柱하면 父多夫多하고 法道가 亂立한 것이니 어지럽고 간사한 無法天地다. 비록 忠誠을 다하나 主君의 變化가 심하니 어찌 功을 세울 수 있는가? 官이 여럿이면 어느 하나를 섬길 수 없으니 내마음도 變하고 忠誠心도 박해지니 信望을 얻기가 어렵고 出世하기도 어렵다. 그래서 직업변동과 住居變動이 無常할뿐더러 많은 上典을 공경하다보니 支出이 과다하고 浪費가 심하여 貯蓄할 겨를이 없고 무엇을 하든 成敗와 起伏이 심하며 과로오나 浪費로 疾病과 가난이 있단다. 七殺은 총명하고 영리한 權力者로서 위세가 당당하나 二位 三位로 重疊하면 群雄이 割據한 形局이니 波亂이 萬丈하고 싸움이 連發하니 가진맥진하고 疾病과 가난이 꼬리를 문다. 血氣旺盛한 젊은 시절엔 그런대로 氣高萬丈하고 權威를 떨치지만 늙고 병들면 쫓기는 몸인지라 坐不安席이다. 그래서 先淸後濁이라고 한다.

一財得時면 富貴하고 多財하면 勞苦한다.

財는 돈을 버는 職場이요 市場이요 漁場이요 農場이다. 市場이 하나요 繁昌하면 獨占함으로서 크게 富하고 貴하다. 온갖 貨物과 商品이 나의 市場에 雲集하니 부르는 것이 값이요 무더기로 돈을 벌 수 있다. 돈을 버는 장사는 언제나 더 많이 벌기 위해서 항상 마음이 조급하고 바쁘다. 자나깨나 돈벌 생각을 하기 때문이다.

그러나 市場이 둘로 나누어지면 경기와 수입도 반으로 나누어 감소됨으로서 意欲과 興味 또한 減退하듯이 富와 貴도 半減하고 조급한 意欲과 성미도 半으로 누구러진다. 만일 財가 三四位로 늘어나면 市場이 東西南北에 亂立되고 競爭이 치열해진 파장形局이니 場勢도 暴落하여 지출과 赤字투성이다. 기진맥진 뛰어다니다 보니 과로로 몸은 병들고 負債만 늘어난다. 사서 苦生하고 病들고 빗지는 格이다. 身旺者는 그런데로 지탱하고 打開할 수 있다지만 身弱者는 食少事煩으로 지쳐 쓰러진다.

印星은 多多益善이요 財를 싫어한다.

印星은 德이요 배움이요 衣食住요 後見人이다. 市場인 財나 父權인 官은 겹치면 濁하고 濁하면 滯하며 滯하면 變質하고 轉落하여 大忌하는데 反하여 印星인 德과 識見과 衣食住와 後見人은 많을수록 얻는 것이 크다. 그러나 主體가 튼튼하지 않으면 그 많은 힘을 消化할 수 없으니 도리어 滯하고 塞한다. 體가 虛하면 도리어 財로서 剋印하고 攝取를 調節하는 것이 吉이다.

月支財星은 馬元이니 劫財를 가장 두려워한다.

月支에 財星이 있으면 財의 根元이라고 한다. 馬는 財를 意味한다. 財는 養命의 根源이니 俗人에게는 가장 重要한 것이다. 財는 도적이 찾는 관혁이니 劫財를 만나면 고스란히 빼앗긴다. 그래서 劫財를 가장 두려워 한다. 가령 庚日主가 寅卯月生이면 馬

元이니 만일 年이나 時에서 辛金의 劫財를 보면 도적을 당한다. 歲運에서도 마찬가지다.

年上에 有官하면 福氣가 가장 두텁고
年上에 七殺이 있으면 終身토록 除去하면 안된다.

官은 君王의 侍從이요 年上은 君王의 官이다. 年上에 官이 있으면 君王의 側近者로서 君王의 信任이 가장 두터우니 最高의 官祿을 누리는 동시에 장차 君王의 後繼者로서 王冠을 相續할 수도 있으니 官으로서는 福祿이 가장 두터운 것이다. 年上七殺은 칼을 찬 侍從武官이니 그 權威가 堂堂하며 終身토록 이름을 떨치니 결코 剋沖해서는 안된다.

官은 祿이요 財는 馬로서 富貴의 根元이다.
官地(運)에선 發身하고 財地에선 發福한다.

官은 나라의 從이니 반드시 祿이 있고 財는 貨物이니 馬로서 運送한다. 그래서 官은 祿이라 하고 財는 馬라고 한다. 官은 官이 鄕里인 官運에서 滿發하여 벼슬이 至高하고 祿이 千鍾이며 財는 財의 旺地인 財運에서 豊作하여 金玉이 滿堂이다. 官이 뛰어나면 貴格이요 財가 푸짐하면 富格이다.

年上에 財官이 있으면 반드시 富貴한
집안에서 出生하고 祖父의 根基가 두텁다.

年은 君王의 자리이니 財와 官은 君王의 財요 官이다. 財와 官이 王家에 견주니 富貴가 두텁다. 한 가정의 君王은 곧 祖上과 父君을 뜻하니 祖上과 父君이 君王같은 富貴를 누리었음을 의미한다. 그 父君의 아들 딸인 命主가 富貴한 家門의 胎生으로 祖上의 根基가 두터움은 不問可知다.

少年에 官鄕으로 行運하면 功名을 이룬다.

官鄕은 벼슬을 관장하는 堂上이다. 大運이 官鄕으로부터 始作하면 벼슬하는 堂上에 일찍부터 오르니 少年에 王命을 받들고 出世하며 功名을 이룬다. 옛날로 말하면 少年登科及第요 요즈음은 少年에 高試合格하여 官運에 進出하는 것이다. 그만큼 슬기가 뛰어나고 일찍부터 머리가 튼 秀才者일뿐더러 父君의 恩功이 非凡한 것이다.

年月엔 財官이 없고 日時에 財官이
있으면 自立成功한다.

年月은 堂上이니 父母의 자리요 日時는 나와 妻子의 자리다. 年月에 財官이 있으면 父母로부터 相續받는 富와 貴이니 모두가 父母의 恩功으로 出世하고 少年때부터 영화를 누리는데 反하여 日時의 財官은 自己 힘으로 開發한 富貴다. 父母의 恩功을 누리지 못했으니 少年시절엔 불우하였고 中年부터 自己能力으로 自手成家하고 自立出世한다.

人命은 財官을 本으로 한다.

俗世는 財가 으뜸이다. 財를 버는데는 官이 으뜸이니 官은 곧 財다. 財를 根本으로 하는 人命이 財官을 命脈으로 삼을 것은 당연하다. 때문에 財官이 없는 命은 血脈을 잃은 산송장이요 財官을 兼有한 命은 氣血이 充滿한 富貴之命이다. 財와 官의 하나만 있어도 財는 누릴 수 있으니 發福할 수 있고 平生 安命할 수 있다.

無官하고 財多하면 財地에서 功名을 이룬다.

官이 없으면 祿이 없고 祿이 없으면 財가 不實하다. 비록 財多해도 市井의 商人으로서 벼슬하는 官人과는 비할 바가 못되니 有名實少하다. 그러나 財旺하면 富盛하여 저절로 벼슬이 굴러오니 비록 無官하다해도 財旺地에선 官이 滿發하여 크게 發身하고 功名을 이룬다. 官은 護財者이니 無官하면 아무리 財多해도 뜯기고 흩어져서 致富하기가 힘든다.

財旺하면 스스로 能히 生官하나
반드시 身旺해야만 發身할 수 있다.

財는 金貨이자 侍從이다. 旺은 極盛한 것이니 財旺하면 富가

極盛할뿐더러 侍從이 極多하다. 官은 從의 長이니 비록 돈으로 雇傭한 社員이지만 侍從이 千이요 萬이라면 萬人之上의 貴人임에는 틀림이 없다. 그래서 財旺하면 能히 돈으로 벼슬하고 出世할 수 있다. 그러나 萬金과 萬人을 다스리려면 身旺해야하니 身弱하다면 그림의 떡이며 도리어 우환의 씨알이 된다.

年月에 財官이 없고 幼年運 또한 不好하다면
卑賤한 出身으로서 破祖하고 傷父한다.

年月에 財官이 없다면 父母가 富貴하지 못한 卑賤한 身分이며 初年運이 凶하다면 父母가 無能無力하거나 크게 敗亡하거나 早失父母함으로서 少年의 運勢가 困窮한 것이니 이는 命主가 처음부터 卑賤한 家門에서 出生한 동시에 父母를 剋하고 祖業을 破하는 悲運의 主人공임을 짐작할 수 있다.

官殺混雜하거나 傷官 또는 合神이 많으면
男子는 酒色을 耽하고 女子는 自由 結婚한다.

官殺이 混雜하면 中心이 없고 好酒好色하며 그로 因해서 迷路에 빠지고 轉落하기 쉽다. 傷官이 많으면 好辯好奢하고 好色好蕩하며 浪費가 심하니 그로 因해서 散財하고 轉落한다. 合神이 많으면 多情多感하여 享樂을 즐기고 酒色을 耽하여 情에 얽매여 몸을 亡친다. 女性은 酒色에 빠질 수는 없지만 自由結婚하고 自己 멋대로 享樂을 즐긴다.

有官逢財하고 有殺逢印하며 有印逢官하면 大吉하나
　　　不偏不倚토록 生剋制化함을 上格으로 삼는다.

　官은 財가 있어야 有位有祿하니 上格이요 殺은 印이 있어야 有勇有德하니 上格이며 印은 官이 있어야 有德有位하니 上格이다. 官이 있고 財가 없으면 벼슬은 있으나 俸祿이 없으니 有名無實하고 有殺無印하면 智와 勇은 있으나 德이 없으니 有勇無謀하고 眼下無人이며 有印無官하면 德과 智는 높으나 벼슬이 없으니 無用之物이다. 보다 重要한 것은 不偏不黨하도록 生剋制化의 妙를 얻어 中和하는 것이다.

　　　　　六神은 破害와 休囚된 것을 下格으로 친다.

　日主가 六神에서 宰相을 起用할 때는 有力하고 旺盛한 것을 一品으로 擇하고 刑沖破害되거나 病死絶胎한 것은 無能無力한 下品으로서 外面한다. 그러나 行運에서 刑沖破害를 解消시키고 休囚를 生扶해주면 去病回生한 것이니 쓸모가 있고 起用됨으로서 轉凶爲吉하고 反對로 凶神을 生扶하고 吉神을 迫害하면 禍를 造成한다.

　　　　　用臣은 月令에서 起用하되 純粹해야 한다.

　一國을 다스리는 宰相은 最强하고 至賢해야 하며 六神中 最旺者는 月令이니 宰相은 月令에서 選擇하는 것이 當然하다. 月令은 正氣者를 말하니 月令 正氣는 自動的으로 用臣으로 出世한다. 一旦 宰相으로 用臣을 擇했으며 그를 全的으로 信任하고 一切를 委

任해야 하며 그에 依持해야 한다. 萬의 一이라도 更迭하거나 不信하면 이미 大權을 장악한 宰相이 칼을 主君에 向함으로서 致命的 禍를 모면할 수가 없다.

有官用印하면 殺을 두려워 않고
殺局用印하거나 印局身得地者는 上格이다.

官은 殺을 싫어하나 印이 있으면 조금도 두려워하지 않는다. 官은 벼슬이요 印은 德이며 殺은 勇猛者다. 法을 다스리는 官은 法을 무시하는 七殺을 가장 싫어하지만 德을 兼備한 治者는 萬人을 德으로 다스리고 同化시킴으로서 殺을 보면 도리어 德의 힘과 빛을 나타냄으로서 功이 크다. 淸濁을 가리지 않고 能히 다스리는 것이다. 地支에 七殺이 三合 또는 方合局을 形成했으면 敵이 集團을 形成하고 숨어있는 伏兵과 같다. 틈만 있으면 主君을 奇襲함으로서 風前燈火格이다. 그러나 天干에 印이 있으면 德으로 同化시키니 도리어 惡黨을 善導하는 大功을 세울 수 있다. 印星이 三合 또는 方合局을 이루면 水多木浮하듯 主君은 浮流하니 定着하기 어렵다. 그러나 得根得地하였다면 能히 消化하고 活用함으로서 大業을 이루고 大功을 이룩할 수 있으니 上格이다.

有印逢殺者는 命에 官殺이 있어도
官殺地에서 殺印相生하여 貴하게 된다.

命에 印星이 있으면 官殺이 多多益善이다. 德을 베풀고 功을 세울 수 있는 기회를 얻음으로서 才能과 實力을 아낌없이 發揮할 수 있다. 四柱에 官殺이 있으면 쉴새없이 德을 베풀 듯이 才能을 多樣하게 發揮한다. 官殺運에 이르면 東西로 善行을 하고 最大의 功을 세우니 이름을 떨치고 貴格을 이룬다.

月令官星者는 財를 기뻐하고 財旺地에서 富貴한다.

官은 벼슬이요 지위다. 月令에 官이 있으면 官氣가 旺盛하니 벼슬과 地位가 至極히 높다. 그러나 벼슬은 祿이 따라야 하니 有官無財하면 벼슬은 높으나 俸祿이 없으니 名譽職에 불과하다. 그래서 有官者는 財를 가장 기뻐한다. 財旺地에선 財祿이 極盛하니 俸祿이 千鍾이다. 벼슬이 最高로 높아지고 祿이 最大로 늘어나니 大富大貴할 수 있다.

有財者는 財旺地에서 發福한다.
萬一 有殺하면 用殺하고 用財하지 않는다.

有財無殺하면 用財하니 財旺地에서 發福하고 致富한다. 그러나 有財有殺하면 用殺하니 돈보다 權勢와 武力을 爲主로 한다. 天下의 大權과 兵權을 관장하려면 非凡한 智力과 더불어 體力이 있어야 하니 身弱者는 그림의 떡이다. 때문에 슬기를 흐리게 하고 精力을 浪費하는 財를 싫어한다. 萬一 財旺地에 行하면 財殺이 合黨하고 智와 體力을 浪費하니 貧賤하고 虛弱해진다.

　　　　官殺이 混雜하면 好色多淫하고
　　　　作事가 小巧하며 寒賤하다.

　官은 正夫요 殺은 情夫다. 한 몸에 正夫와 情夫를 거느리는 것이 곧 官殺混雜이다. 男子는 官이 벼슬이요 殺이 權柄이다. 벼슬하고 칼을 차면 꽃을 貪하고 享樂을 즐긴다. 한 몸에 두 사나이를 거느린다는 것은 그만큼 어여쁘고 사내들을 홀리며 色情을 貪하고 淫亂하기 때문이다. 色情에 빠지면 家事는 外面하고 家産은 蕩盡된다. 그가 作事에 能하거나 誠實할 수는 없다. 能한 것은 酒色雜技뿐이다. 젊어서는 그런대로 人氣가 있고 귀여움도 받지만 꽃이 시드는 中年부터는 秋風落葉이다. 배운 것이 적고 모은 것이 없으니 무엇을 해도 신통치가 않고 찬바람이 휘돌며 가난하고 賤하다.

　마치 花流界의 妖花들이 젊음이 시들면서 눈꼽처럼 구박받고 매달려 사는 꽃과 같다.

　　　　地에 官鬼가 成群伏虎하면 老年에 不遇하다.

　官殺은 命令하고 채찍질하는 出世의 動機다. 地支에 官殺이 作黨하고 伏兵하고 있으면 항상 충동하고 채찍질함으로서 命主는 밤낮으로 뛰는 千里馬처럼 力走하고 東奔西走한다. 비록 財福은 없으나 功과 이름만은 뛰어나고 起伏은 심하나 前進은 한다. 그러나 老衰한 晚年에 이르면 기진맥진하여 기동이 不可能한데 嚴命과 채찍은 더욱 加重되니 어찌 온전할 수 있겠는가 天命을 다할 수 없이 異變으로 凶死하기 쉽다.

> 祿盛하면 환 寡孤獨하고 官殺이
> 混雜하면 殘病이 있다.

祿은 自立의 별이다. 建祿과 官星이 祿神이다. 成長이 성숙하면 自立하듯이 벼슬하고 祿을 받으면 自立한다. 그러나 建祿이 旺盛하면 財官이 無力하고 官星이 茂盛하면 身과 財가 無氣하다. 財官이 無氣하면 妻와 夫가 無地하니 妻緣과 夫緣이 薄하고 홀아비와 과부로서 고독하다. 官殺이 混雜하면 出役이 過多하고 過勞함으로서 身病이 떠나지 않으며 病藥으로 損財가 크다.

> 印이 財를 보면 災難이 甚하고 傷官이 官을 보면
> 重한 則 遷徒하고 輕한 則 刑責을 당한다.

印星은 德望이나 財를 보고 見物生心하면 德이 무너질 뿐 아니라 財와 女로 因해서 災難이 發生하고 亡身한다. 그러나 印星이 有力하고 德望이 高遠하다면 財를 보아도 善用하고 私利私慾을 取하지 않음으로서 도리어 크게 이름을 떨치고 功德이 높아지니 印多善財라고 한다.

傷官이 官을 보면 無法者가 官에 의해서 審判을 받는 것이니 罪過가 發覺되고 刑罰을 받는다. 原來로부터 傷官과 正官이 있으면 罪過가 처음부터 싸이고 싸인 것이니 官運에서 크게 규탄되고 멀리 流配 또는 死藥을 내리는 重刑을 당하고 傷官이나 正官하나만 있고 運에서 傷官 또는 正官을 만나는 경우엔 初犯이요 罪過가 輕한 것이니 가벼운 刑罰로서 損財, 疾病 左遷등으로 一段落을 진다.

日支 傷官은 妻와 偕老하기 어렵고
時支傷官은 後嗣를 이으기 어렵다.

傷官은 有花無實의 虛花이니 日支에 傷官이 있으면 有妻無偕이니 夫婦의 금실이 좋지않고 끝내 해로하기가 어려웁듯이 時支에 傷官이 있으면 有子無嗣이니 子息을 낳기도 기르기도 어려운 동시에 끝내 血統을 繼承하기가 어렵다. 꽃은 있으나 열매가 없듯이 이름은 있으나 形體가 없다.

歲月에 傷官劫財가 있으면 貧賤出身이 아니면 庶出이다.

年月은 父母의 居處다. 年月에 父母를 剋하는 傷官이나 劫財가 있으면 父母의 六神이 크게 傷하고 無力하니 父母가 가난하지 않으면 賤한 것이다. 그와같이 命主는 生來的으로 가난하고 卑賤한 出身이다. 萬一 父母가 富貴하다면 因緣이 박하고 外面當하는 庶子出身으로서 어차피 父母의 恩德을 받기는 어렵다.

日時에 傷官劫財가 있으면 妻子를
剋하고 晚年이 不遇하다.

日時에 沒人情한 傷官劫財가 있으면 妻子의 별이 虛花가 아니면 劫奪을 당하는 것이니 妻子가 虛無한 것이 原則이요 설사 있다해도 傷害와 劫奪로서 온전할 수 없으니 있어도 없는 것과 같이 無能無力하거나 有害하다.

官殺이 混雜할 경우 財나 印이 있으면
吉하고 印과 財가 없으면 凶하다.

官殺이 混雜하면 財가 倍로 所要되고 減退됨으로서 有位無祿 또는 薄福하다. 벼슬과 칼을 잡을 從僕이 대우가 不實하니 그냥 있을 리가 없다. 反撥하고 攻迫하며 背信을 하니 主君이 쩔쩔매고 坐不安席이다. 그러나 財가 있어서 厚待를 하거나 印으로서 敎化 說得시키면 도리어 主君에 忠誠을 다하니 名利가 크다.

劫財가 있으면 心高下賤하고 貪(람)하다.

劫財는 無法者요 劫奪者다. 眼下無人이요 勇猛無情함으로서 天下를 劫奪할만큼 野心은 크고 뜻은 높으나 修養이 없고 德望이 없는 慾心 투성이로서 財物을 보면 물불을 가리지 않고 掠奪하며 人情事情없이 冷酷하게 行動하는 卑賤한 爲人이다.

正財가 得令하면 勤儉하고 인색하다.

正財는 合法的이고 自己所有로서 財物에 대한 애착과 執念이 강하다. 平素에 한푼이라도 더 벌기 위해서 부지런한 동시에 한푼이라도 아끼기 위해서 節約하고 儉素하다. 自己것이 아니면 가지려하거나 貪하지 않는 反面에 自己것은 철저히 지키려고 구두쇠 노릇을 함으로서 인색하다는 평을 받는다.

比劫과 刃이 多하면 父母를 刑하고
妻妾을 傷하며 聚財를 할 수 없다.

比劫과 羊刃은 印星을 설기하고 背斥하며 財星을 무찌르고 破壞한다. 四柱에 比劫과 羊刃이 많으면 印星과 官星이 無力하니 일찍 父母를 잃게되고 財星이 만신창이가 되니 妻妾이 傷害되고 온전하지 못하며 財物을 劫奪하고 破壞하니 아무리 萬金을 戱弄해도 모으기는 어렵다.

七殺과 梟神이 重重하면 他鄕에서 奔走한다.

七殺은 父德이 없고 梟神은 母德이 없다. 殺과 梟가 많으면 父母德이 없고 故鄕인 古基와 인연이 없다. 더욱이 殺과 梟는 父母없는 孤兒로서 自由와 奔忙을 즐기니 어려서부터 客地로 떠나서 東奔西走하고 六親과 生地를 外面한다. 그와같이 어려서부터 따사로운 愛情과 보금자리를 간직할 수가 없다.

傷官과 劫財가 같이 있으면 瞞心하는 無賴之徒다.

傷官은 下剋上하는 無禮者요 劫財는 上剋下하고 貪慾하는 無法

者다. 眼下無人인 傷官과 無法天地인 劫財를 兼有하면 머리가 非凡하고 勇猛이 出衆함으로서 남을 속이고 背恩忘德하기를 서슴치 않는 無賴漢이요 사기 협잡꾼으로서 害人害物이 極甚하다.

殺逢制則 獨立心이 强하다.

七殺이 있으면 敵의 侵攻을 받음으로서 獨立하기가 힘들고 支援을 받어야만 敵을 防止하고 生命을 유지할 수 있다. 그래서 七殺이 있으면 겉으로는 무척 勇敢한 것 같지만 속으로는 柔弱하고 怯이 많은 外剛內柔者다. 다행이 食神을 만나서 七殺을 制壓하고 主權의 安定性을 되찾으면 自立能力이 强大하듯이 一切의 支配와 干涉으로부터 獨立하는 동시에 自立基盤을 確固히 구축한다.

鬼殺이 官을 보면 逼迫이 極甚하다.

鬼殺은 財를 貪하고 强奪하는 無法者로서 財가 온전할 수 없다. 特히 酒色을 즐김으로서 그로 因한 浪費의 버릇과 散財가 甚하여 財가 困窮하다. 官이 나타나면 化殺하여 두 개의 强奪者가 財를 貪하고 浪費하며 强要하고 奪取하여 가난이 더욱 極甚하다. 疾病과 酒色과 官災등으로 둔갑하여 財를 强要하는 官殺의 逼迫이 極甚하니 몸둘곳을 모르고 精神的 物質的 苦痛이 심하다.

七殺과 羊刃을 制壓하지 못하면 女性은
産厄이 많고 男性은 刑傷을 당한다.

 七殺은 財를 沒收하는 暴君이요 羊刃은 財를 劫奪하는 無法者다. 方法이 다를뿐 財를 害치고 奪取하는 破財에 있어선 同一하다. 財를 權力과 武力으로 强制 奪取하는 殺과 刃은 無法의 惡黨으로서 强力히 制壓해야 한다. 만일 이를 制하지 못하면 男性은 犯法과 殺傷을 저질름으로서 刑罰과 傷害를 免하기 어렵고 女性은 殺刃이 腹部를 剋沖함으로서 産厄이 많다.

官印이 偏出하면 庶出 의자식이다.

 官은 아버지요 印은 어머니의 별이다. 官이나 印이 正統이 아닌 偏官偏印이면 나의 分身과 血統 또한 正統이 아닌 庶出로서 庶子에 屬한다.
 官이 偏인 경우는 아버지가 庶子 또는 養子임을 暗示하고 印이 偏인 경우엔 어머니가 妾이나 繼母임을 暗示하니 庶族의 아들이거나 庶母의 아들이다.

官殺이 混雜하면 衣食 때문에 奔走하고
印星이 財를 보면 名利의 成敗가 無常하다.

 官殺이 混雜하면 財의 支出이 倍加되고 浪費가 심하니 돈벌기가 어려운 동시에 衣食生活하기에 東奔西走해야 한다. 印星이 財

를 보면 名聲과 利得이 서로 傷하고 損함으로서 名利가 온전하지 못하고 成敗가 無常하니 무엇이든 순탄하거나 오래가지를 못한다.

妻宮衰弱한데 逢劫하면 必히 損妻한다.
月虛하고 官强하면 必히 兄弟가 傷한다.

日支妻宮이 死絶한데 劫財를 보면 妻星이 크게 傷하니 妻가 온전하지 못하고 반드시 傷妻한다. 日主가 月支에서 失令하고 虛弱한데 官運이 强하면 兄弟인 比劫이 크게 剋傷함으로서 兄弟가 온전할 수 없다. 損兄 傷弟하여 無氣力하고 離散하며 不具短命하다.

傷官이 劫刃을 보면 平生 衣食에 쫓긴다.

傷官은 헛꽃이요 劫財와 羊刃은 나무가지다. 헛꽃이 만발해서 애를 태우는데 나무가지가 무성하니 虛花는 꽃은 아름다우나 열매가 없으니 一定한 生業이 없는 화려한 사치나 享樂에만 즐긴다. 그 결과 가난이 깃드니 平生 衣食이 변변치 못할뿐더러 그로 인한 고생이 많다.

正官이 七殺을 보면 剝傷속에 生을 求하고
一世를 東奔西走해야 한다.

正官은 文官이요 七殺은 武官이다. 文官이 武官과 어울리면 같은 七殺로 變質하여 칼부림속에 찢기고 상하는 사나운 風雲兒로서 生을 이어 나가는 동시에 一生을 숨가브게 東奔西走하고 파란 萬丈의 風波를 겪어야 한다. 마치 두 男便을 거느리는 女人이 눈코 뜰새없이 돈을 벌고 또 시끄러운 고래싸움에 새우등 터지는 格이다.

官印이 刑이나 衰地에 臨하면 心亂하고 身忙하다.

官은 職場이요 印은 理性이다. 官이나 印이 刑地나 死絶地에 臨하면 職業이 침체되고 마음이 不安하다. 몸이 分爭과 침체에 얽매여 있으니 한시도 편할 수 없어 숨가쁘게 뛰어 다녀야 하고 마음은 어지럽고 불안해서 坐不安席이다. 벼슬과 德望은 旺地는 기뻐하나 衰地는 두려워한다. 벼슬이 깎이고 德이 薄해지기 때문이다.

日時에 鬼墓가 있으면 憂多하고 樂少하다.

鬼殺은 病이요 墓는 고삐다. 日支는 身의 座席이요 時支는 社會의 舞臺다. 日支에 殺墓가 있으면 病席에 앉았거나 고삐에 묶여 있는 것처럼 不自由하다. 그래서 命主는 平素에 근심이 많고 즐거움을 느끼기가 어렵다. 특히 妻子관계로 근심이 많으니 妻子의 德이 薄한 것이다.

七殺과 羊刃이 交顯하면 兵權을 장악한다.

七殺은 武官이요 羊刃은 兵器다. 殺刃이 같이 나타났으면 武官

이 兵器를 얻고 兵器가 勇將을 만나니 天下의 兵權을 장악하고 千兵萬馬를 號令한다. 武士가 兵器를 얻지 못하면 權威가 없고 兵器가 武官을 얻지 못하면 無用之物이자 無名人이다. 마치 敗戰 之兵이요 兵器와 같다.

官은 扶身之本으로서 長生을 기뻐하고
財는 養命之源으로서 旺地를 기뻐한다.

官은 벼슬하고 出世하는 名聲으로서 貴人이자 後見人인 長生을 기뻐하고 財는 돈을 버는 市場이자 貨物로서 旺盛하고 豊作을 기뻐한다. 그와같이 官이 長生과 같이 있으면 多學하여 出世하고 財가 旺地에 있으면 平生 財物이 豊足하여 不足함을 모른다.

財官印은 吉星이요 刃劫殺傷은 凶星이다.

財는 祿이요 官은 位요 印은 德이다. 德과 벼슬과 財祿은 萬人을 가르치고 보살피며 養育하니 天下가 기뻐하는 吉星인데 反하여 刃劫은 無法의 劫奪者요 七殺傷官은 無法의 暴君이자 奪權者이니 天下가 미워하고 두려워한다. 吉星이 많으면 기쁨과 榮華가 많고 凶星이 많으면 근심과 損傷이 많다.

有印無官하면 發身이 늦고 有官無印하면 榮顯이 어렵다.

印은 知識과 德望이요 官은 벼슬과 地位다. 學問이 깊고 德이 두터우면 有能한 人材이지만 그를 發揮할 수 있는 벼슬과 地位를 얻지 못하면 베풀 수 없으니 出世와 發福이 늦게서 이루어 진다. 反對로 벼슬은 있으니 智德이 不足하면 天下를 다스리기가 어려우니 크게 出世하고 榮華를 누리기는 어렵다.

財官이 帶印하면 金玉이 堆積하고
다시 財運을 만나면 倉庫가 充滿하다.

財는 祿이요 官은 벼슬이며 印은 信任이다. 벼슬하고 祿을 받는데 主君의 信任이 두터우면 더욱 官高祿厚하니 金玉이 집안에 가득히 쌓이고 財旺地에 이르면 祿이 旺盛하고 그에 따라 벼슬도 大貴하니 金玉이 倉庫에 가득하고 大富大貴하다.

官藏殺顯하면 橫災를 만나고
殺沒官顯하면 候國의 宰相이다.

官은 法度를 지키는 文官이요 七殺은 兵馬를 관장하는 武官이다. 武官이 兵器로서 國法과 文官을 支配하고 國權을 戱弄하면 武官이 저마다 野慾을 가짐으로서 언제 兵亂이 發生할지 모르며 橫災를 만나게 되니 마음놓을 수가 없고 非命橫死하기 쉽다. 反對로 兵馬를 고삐에 묶어놓고 文官이 得勢하여 法度대로 天下를 다스리면 治國平天下하고 富國强民하니 君主에게는 더없이 忠誠되고 賢明한 名相이다. 人材가 非凡하고 兵亂과 萬民을 能熟하게 다스리니 各國이 다투어서 宰相으로 厚待하고 富貴榮華를 누리니

橫厄을 당할 念慮는 없다.

官星이 帶劫하면 樂少憂多하다.

官은 財를 기뻐하되 사나운 劫財는 싫어한다. 官이 劫財를 보면 財가 온전하지 못함으로서 富가 어렵고 邊境에 밀리고 君王이 멀리하니 마음이 편할 수가 없고 근심과 우울함이 많다. 그러나 官星이 得地하면 君王의 信任이 두텁고 兵馬로 大權을 장악하니 武力으로 執權한다.

月에 財官이 있는데 日時에 財官이
또 있으면 있어도 없는 것과 같다.

財官은 순수해야 한다. 混雜하면 商品이 競合하듯 가치가 떨어지고 賤해진다. 月에 財官이 있으면 가장 有力한 것인데 日時에 또 財官이 있다면 한몸에 두 지게를 짊어지듯 감당 못하니 無用之物이 된다. 欲多反敗로 作事는 能하나 有始無終이요 有名無實하니 있어도 없는 것과 같다.

男命에 財星이 兩位이면 반드시 得妾한다.

財는 誘惑의 별이요 妻妾의 神이다. 男命에 財가 二位이면 妻官이 不純하고 혼탁하며 誘惑이 심하니 一妻와 해로하기 어려운 동시에 再婚하지 않으면 妻와 妾을 얻게 된다. 支出이 두 培로 늘으니 財와 精力의 浪費가 심하고 蓄財하기는 어렵다. 그와 같이 財多하면

浪費하는 버릇이 있고 支出이 과다하며 건강 또한 쉽게 老衰한다.

　　　　　五行이 相傷하면 命主가 不義하고
　　　　　財星이 失地하면 岐路에서 經商한다.

　五行이 刑沖破害되고 相剋하면 君臣이 相戰相傷하니 無情하고 모두가 利害打算에만 沒頭하고 相互不信한다. 그와같이 命主는 冷情하고 不義하며 心毒하다. 財星이 失令하고 衰絶하면 財運이 無氣力하니 무엇을 하든 成事가 어렵고 가난하다. 東西南北을 떠나면서 장사로 겨우 연명한다.

　　　　　身이 太旺하면 九流의 術業이요
　　　　　財盛하면 父母를 刑傷한다.

　身이 太旺하면 財官이 無地이니 의지할 바가 없고 富貴가 虛하다. 生業과 住居가 不安定하고 不實하니 術士로서 以口生財하는 九流業을 擇할 수밖에 없다. 醫卜道仙術에 適合하고 功成한다. 財氣가 旺盛하면 印星이 無地이니 父母의 설땅이 없고 早失父母하거나 剋傷한다.

　　　　　鬼旺하면 後代가 昌榮하고 鬼位에
　　　　　逢官하면 主君이 困窮하다.

　鬼는 子星이니 官殺이 得地하면 我는 困하고 子는 榮한다. 子

多하고 子成하나 一生을 子女를 爲해서 東奔西走하니 休息할 틈이 없다. 그러나 子女를 爲한 一片丹心과 精誠이 늦게서야 功成하니 내가 쌓은 功名으로 後孫이 昌榮하고 이름을 떨친다. 그러나 殺이 官을 보면 不純하고 混雜하니 平生 가난을 벗을 수 없고 困窮하다.

財下有財하면 富는 하되 인색하다.

干財가 支에도 財를 가지고 있으며 財根이 有力하니 마치 뿌리 있는 돈나무에서 돈이 연달아서 일리듯이 財源이 豊富하고 財가 生生不息하여 부를 이룬다. 그러나 支는 창고이니 支에 財가 있으면 돈을 버는대로 땅속에 저장하듯 모을 줄은 알아도 쓰지를 않으니 아무리 부가 늘어도 인심은 짜고 인색하다.

羊刃이 帶殺하고 刑이 있으면 妻를 잘 때린다.

羊刃은 剋妻하고 七殺은 橫暴하며 刑은 冷酷하다. 三者는 모두 性急하고 과격하며 人情이 박하고 아량이 없으며 本能的이고 行動的인 것이 共通的인 特色이다. 男性이 이를 犯하면 天性이 거칠고 橫暴하며 버릇이 없는 동시에 누구에게나 주먹을 잘 쓰듯이 아내에게도 매질을 거침없이 일삼는다.

有官無財하면 職이 微하고
有馬無官하면 身이 賤하다.

 官은 職位요 財는 俸祿이다. 官은 있는데 財가 없으면 職位는 있는데 給料가 없으니 그 職이 微微함을 알 수 있고 좀체로 出世할 수 없다. 반대로 財는 있는데 官이 없으면 給料는 있는데 職位가 없으니 벼슬을 떠난 돈벌이로서 비록 돈을 번다해도 그 身分이 賤함을 벗어날 수 없다.

財星이 鬼地에 臨하고 無制하면 多貧하다.

 財를 지켜주는 것은 官이요 財를 強奪하는 것은 七殺이다. 官은 法이요 殺은 無法者다. 財가 鬼地에 臨하면 財는 化殺하여 殺氣만이 등등하고 財物로서 도리어 災難을 招來한다. 만일 七殺을 制伏하지 못하면 財物은 모두 殺鬼에게 탕진되고 病疾과 가난으로 甚한 고통을 겪는다. 鬼는 散財者이니 酒色雜技등으로 돈을 浪費하고 탕진하는 것이다.

運이 財官地에 臨하고 無刑이면 必發한다.

 身旺한 者가 財官鄉에 入運하면 天下壯士가 씨름판을 만난것처럼 간직한 力量을 마음껏 活用하고 發揮함으로서 名振하고 得財한다. 이는 오랫동안 考試準備를 하고 實力을 養成한 自信滿滿한 受驗生이 때를 만나서 壯元及第하고 벼슬과 祿을 누리는 것과 똑같다. 그러나 刑이 있으면 반드시 是非曲折과 妨害가 있으니 好事多魔로 기회를 놓치고 만사가 뜻과 어긋나고 지체된다.

殺刃이 得位하면 大顯하고 官印이 刑沖하면 禍가 生한다.

七殺이 刃地에 臨하거나 刃이 殺地에 臨하면 英雄이 칼을 잡고 때를 만난 것이니 一躍大發하고 名振天下한다. 兵刑의 大權을 잡는 것이다. 官이나 印은 淸純해야 功을 세울 수 있다. 刑이나 沖이 되어서 混濁하거나 不純하면 是非曲折이 따르고 災禍가 發生한다. 職場의 異變이 생기거나 財物로 因한 汚辱이 發生한다.

殺化爲官하면 幼時에 功名이 顯達한다.

殺이 印星을 보면 官으로 變하고 身이 太旺한 者가 殺을 보면 官貴로 變한다. 殺은 勇猛하고 非凡한 才能을 가지고 있다. 그 殺을 敎化시키면 天下一品의 棟梁이듯이 殺을 감당하고 다스릴 수 있는 非凡한 人材로서 幼歲부터 두각을 나타내고 功名을 떨치며 크게 出世한다.

財官이 敗地이면 一生 貧寒하다.

財官은 生業과 資金이다. 生業이 없으면 돈을 벌 수 없듯이 돈이 없으면 가난하다. 敗地는 沐浴이요 沐浴은 無謀한 浪費다. 財

官이 敗地에 있으면 事事件件 無謀하고 性急한 所行으로서 時間과 精力과 돈을 浪費하고 하나도 成事될 수 없음으로서 一生을 虛名虛利속에 탕진하고 貧寒을 免할 수 없다.

日坐建祿하고 財官이 없으면 孤貧하다.

日支가 建祿이면 心身이 成熟하고 自立할 能力이 旺盛하니 누구도 그를 도와주지 않는다. 財官을 만나면 能小能大하게 實力을 나타냄으로서 能히 富貴를 누릴 수 있지만 財官이 없다면 無用之物로서 버림을 받고 廢物化되니 平生 기회를 얻지 못하고 허송세월하며 고독하고 가난하다.

日祿이 歸時해도 財印이 없으면 難發이다.

日主의 建祿이 時에 있으면 得地함으로서 自手成家해야 한다. 그러나 늦게 成熟함으로서 印星의 後見과 支援이 아쉽다. 印을 얻으면 成熟한 建祿者이니 財를 能히 감당할 수 있다. 財를 얻으면 器量을 發揮하니 出世하고 得富할 수 있지만 財를 얻지 못하면 무대가 없는 一流演技者처럼 出世하고 發身할 수가 없다.

時上에 偏財가 있으면 比劫運에 妻災가 있다.

偏財는 돌고도는 市井의 돈이요 時는 社會와 市場에 해당한다. 時上에 偏財가 있으면 社會와 市井의 돈을 流通하고 利用함으로서 크게 橫財한다. 그러나 比劫을 만나면 爭財가 發生하고 損財가 莫甚하다. 財는 妻星이니 妻로 因해서 막심한 損財와 災難이 發生하고 妻 또한 傷한다.

時上에 羊刃이 있고 歲運에서 財를 만났는데
刃을 도와주는 별이 있으면 凶禍가 生한다.

時上에 羊刃은 市井의 劫奪者다. 歲運에서 財를 보면 羊刃은 쥐를 본 고양이와 같다. 다시 比劫印을 만나면 포악한 劫奪者로서 歲君인 財星을 亂打하니 歲君이 大怒하여 당장 重刑으로 다스린다. 破財, 重病, 刑獄으로 심하면 죽음에 이른다.

月上에 有官하고 旺하면 富貴雙全하고
時에 有殺하면 無情하고 有禍하다.

官은 法이요 護財者이며 벼슬이니 旺할수록 貴하다. 月上에 官이 있고 得地하면 벼슬이 旺盛하니 貴와 富가 雙全하다. 七殺은 侵略者다. 時는 市井이니 時上에 七殺이 있으면 市井을 휩쓸고 짓밟는 호랑이처럼 冷情하고 橫暴함으로서 災禍가 뒤따르고 損財가 심하다.

財가 旺地에 이르면 家道가 興하고
生身하는 印地에 이르면 門閥에 光彩가 있다.

財는 旺地에 이르러서 大豊하니 到處에서 生財하고 致富하여

家道가 興隆하고 벼슬까지도 自生하여 大富小貴하다. 印星은 生身하고 生智하며 生氣한다. 印旺地에 이르면 生氣가 充滿하고 名振四海하니 家門에 榮光이 있고 門閥이 크게 興盛한다.

有官無印하면 眞官이 아니고
有印無官하면 도리어 厚福하다.

官은 벼슬이요 印은 德과 信任이다. 벼슬하고 德과 信望을 얻지 못하면 無德하고 不誠實한 官이니 無名한 官이요 오래 지탱할 수 없다. 반대로 德望과 信任이 두터운 人材가 벼슬하지 않으면 이름을 떨칠 수 없으나 마음은 平和롭고 安泰하니 福이 진진하다.

羊刃과 金神이 逢殺하면 大貴하다.

羊刃은 天下之 兵器요 金神 또한 先天的인 兵器다. 羊刃이 七殺을 보면 兵器가 勇將을 만나고 英雄과 千兵萬軍이 武裝을 하여 戰陣을 가다듬은 것이니 大勝하고 天下를 號令하고 다스릴 것이 自明하듯이 一世의 英雄이요 英君으로서 이름을 千秋에 떨친다.

殺旺하고 身衰하면 衣食 때문에 奔走한다.

殺은 暴君이요 奪財者다. 殺旺하고 身弱하면 無法者의 橫暴와 싸우기에 기진맥진하여 體力이 虛弱하고 財와 精力을 낭비하고 生産할 겨를이 없으니 平生 가난을 벗어날 수 없으며 衣食을 求

하기에 東奔西走한다. 돈이 생기면 殺이 發作하여 亂動을 일으키고 禍를 生하니 坐不安席이다.

　　秀而無官者는 技芸가 巧妙하고
　　有財無托者는 經商으로 뜻을 이룬다.

秀는 成長하고 開花된 圓熟한 才能이다. 才能이 圓熟한데 벼슬하는 出世의 기회를 얻지 못하면 不得已 技術과 芸術分野에서 才能을 巧妙히 發揮한다. 主君이 依托하는 것은 主를 공경하는 官이다. 財가 있고 官이 없다면 어차피 仕官하기는 어려우니 처음부터 商才를 길러서 致富하기에 뜻을 두고 관철한다.

　一鬼가 兩官을 이기지 못하고 一祿이 兩鬼를 이길 수 없다.

殺은 橫暴하고 官은 君子다. 아무리 鬼殺이 勇猛하다해도 어질고 착한 두 君子를 이겨낼 수는 없다. 도리어 君子의 德望에 敎化되고 順應한다. 建祿은 壯士이지만 범같은 鬼殺을 하나는 감당해도 둘을 감당할 수는 없다. 도리어 鬼殺의 極盛스러운 橫暴와 浪費에 휩쓸리어서 放蕩하고 散財하며 氣盡한다.

　　鬼는 休하고 印旺하면 錢財와 奴馬를 多招하고
　　鬼旺하고 印衰하면 父母兄弟가 分散한다.

鬼殺은 勇敢하나 德이 없고 印은 智德을 兼全한다. 鬼殺이 弱

하고 印이 旺盛하면 智德이 豊滿하여 無法者를 敎化順服케 하니 많은 兵馬와 領地를 싸움없이 노획하여 富貴를 이룬다. 反對로 鬼殺이 旺하고 印이 弱하면 兵馬가 得勢하고 好戰劫奪을 일삼으니 百姓이 피난하듯 父母兄弟가 모두 뿔뿔히 흩어진다. 性品이 冷酷하고 橫暴하기 때문이다.

官印이 兩全하면 指揮官의 武職에
오르고 科甲에 及第하여 入文한다.

官은 君王의 從僕이요 印은 君王의 信任이다. 官과 印이 같이 있으면 君王을 공경할 수 있는 君子의 法度와 才能을 갖추고 있는 소時에 君王의 信任이 두터움으로서 반드시 君王을 가까이 섬기고 공경하는 武의 要職에 오르거나 科甲에 及第하여 文의 要職에 오른다.

破祿하면 亡하고 氣絶하면 病이며
最貴者는 官星이요 最凶者는 七殺이다.

祿은 官이요 生業이다. 祿을 破하면 失職破業을 하니 破財 亡身한다. 氣는 運의 根元이요 體의 元氣다. 日主가 絶地에 이르거나 氣를 散失하는 再官이 太過하면 氣가 衰盡하니 지쳐 쓰러지고 病床에 눕는다. 官星은 生業이자 正道요 七殺은 奪權이자 外道다. 生業과 正道는 安全하고 扶身하며 名振하는 貴星인데 反하여 奪權과 外道는 鬪爭과 劫奪과 殺生과 酒色을 일삼으니 波瀾萬丈

한 凶惡星이다.

　　印이 劫財를 보면 貴하고 財가 傷官을 보면 奇하며
　　다시 印星을 보면 貴함이 말할 수 없이 크다.

　印은 敎育者요 劫財는 野性的인 劫奪者이면서 非凡한 勇氣와 才氣를 가지고 있다. 劫財가 印을 보면 敎化되고 德性에 感化됨으로서 智와 勇과 德을 兼全하니 非凡한 貴를 얻는다. 財는 欲望이요 傷官은 智謀다. 欲望이 智謀를 얻으면 能小能大하게 達成한다. 이에 印星을 兼하면 手段과 智謀가 野合하여 疾走하는터에 기름과 安全制動機와 信望을 얻으니 大成하고 大望을 이룬다.

　　年日에 陰陽二刃이 互有하면 重刑을 犯한다.

　年은 大王이요 日은 命君이다. 大王은 命君의 君王이다. 年과 日에 陰刃과 陽刃을 서로 가지고 있으면 父子가 서로 칼을 쓰고 고집하니 마침내 大王으로부터 重한 刑罰을 당한다. 가령 乙卯年에 甲寅日生이면 卯는 陽刃이요 寅은 陰刃이 되며 庚申年에 辛酉日生이면 申은 陰刃이요 酉는 陽刃이 된다. 年君과 日主는 서로 칼을 믿고 거역하니 칼의 審判을 면치 못한다. 無謀한 勇猛으로 犯法하고 事故를 저지르다가 刑罰을 당하는 것이다.

　　　　羊刃이 印星을 보면 貴하되 殘疾이 있고
　　　　有殺者가 逢官하면 禍가 있고 壽가 不久하다.

　羊刃은 殺生을 즐기는 武官이요 印은 厚生하는 德性이다. 羊刃이 印을 보면 智와 勇과 德을 兼全하니 반드시 貴하게 出世하나 身이 太過하여 消化器能等 臟腑가 온전하지 못하고 殘疾이 있다. 殺이 官을 보면 主權을 爭奪하고 財를 탕진함으로서 失權破財를 하고 財와 氣를 지나치게 浪費 消耗함으로서 건강을 害치고 壽를 減少한다.

　　　　四柱가 四旺四生이면 福이 衆人之上이요
　　　　殺化爲印하면 早擢登科한다.

　年月日時의 四柱가 모두 生旺하면 氣盛하니 造化가 多能하고 出衆한 出世를 하며 어떠한 逆境도 能小能大하게 克服할 수 있다. 七殺의 暴君을 敎化하여 仁者로 同化시키는 殺印相生者는 大衆을 引導하는 非凡한 才能을 가짐으로서 어려서 登科及第하고 拔擢되어서 衆人을 敎化하고 다스리는 領導的 役割을 하고 名振四海한다.

　　　　官星은 一身之貴로서 福源의 第一이요 財는 다음이다.

　官은 君王의 信任이요 心腹의 從僕으로서 出世하는 것이니 一身의 榮華로운 貴요 福源의 으뜸이다. 萬有는 王의 것이니 福을 누리려면 王의 臣下가 되고 벼슬하는 것이 제일이다. 벼슬하면 百姓의 上典으로서 君臨하고 王으로부터 富貴를 누리는 동시에 平生 權勢를 누리고 好衣好食한다. 財는 富하고 衣食은 豊盛하나 벼슬이 없음으로서 貴하지 못하다. 그래서 財는 官의 다음에 버금한다.

殺顯하고 官隱無印者는 主外 權謀操略하고
內奸好奇計하며 殺重無制하면 無情하다.

七殺이 나타나고 官이 地藏되며 印이 없으면 王君 몰래 權謀術數를 戱弄하거나 圖謀하며 간사하고 好奇心과 이상야릇한 計略을 즐긴다. 그처럼 主君에 二心을 가지고 不忠하는 동시에 엉뚱한 짓을 하는 變心 及至 異端者로서 간사하고 변덕이 많다. 만일 七殺이 重하다면 더욱 더 그러한데 制殺이 없다면 冷酷하고 無情하다.

官顯하고 殺藏하면 內面은 性惡無情하나
外面으론 義和謹節하고 大義를 살린다.

官이 透出하고 殺이 支藏되면 겉은 君子요 속은 暴君이듯이 性品이 急하고 冷酷하며 악랄하나 환경의 영향과 修養으로 君子의 道를 닦고 信義와 和合에 힘쓰고 分守와 節度를 지키는 동시에 大義를 위해서 獻身하는 긍지와 아량을 간직하고 있다. 出身性分은 卑賤하나 後天的 啓發에 依해서 君子의 그릇이 되고 道理를 다하는 것이다.

忌殺을 生扶하거나 本是生旺하면 殺氣가
極盛하니 殺을 中和시키는데 一意 專念해야 한다.

殺을 감당못할뿐더러 殺로 因해서 不安하고 가난한 命柱에 殺을 生扶하는 財가 있거나 七殺의 長生帝旺이 있으면 殺氣가 넘쳐서 極盛하고 그로 因한 凶惡이 말할 수 없으니 殺을 건드리는 것은 호랑이를 건드리는 것과 같다. 印星으로 中和시키는데 온갖 정성을 다해야 한다.

羊刃은 祿前一位이니 陰干의 羊刃 또한 陽干과
똑같이 祿前一位를 取한다. 地支에 貴氣가
當權하거나 力重하면 暗冲을 두려워 한다.

흔히 陰干은 逆行함으로서 羊刃 또한 逆으로 따져서 乙木은 寅 辛金은 申으로서 取刃하나 이는 잘못된 것이다. 羊刃은 祿을 거쳐 極盛한 것이니 乙은 辰 丁己는 未 辛은 戌, 癸는 丑이 刃이 된다. 地支에 財官의 貴氣가 得令하거나 力强하면 富貴가 滿發하고 영화로우나 冲을 당하면 一場春夢이니 暗冲을 빨리 막아야 한다.

得時氣旺者는 放恣하고 殺刃이 滿局者는 無住處而
貧夭惡死한다. 有殺又逢殺則轉輾傷害한다.

五行이 得令하면 氣旺하고 氣旺하면 力强하니 眼下無人으로 放恣하다. 두려움이 없고 버릇이 없다. 四柱에 殺刃이 가득하면 칼과 도둑으로 꽉차 있으니 한곳에 定住할 수 없음은 勿論 財物이 온전할 수 없으니 平生住宅과 定着地가 없이 流浪하고 가난과 疾病에 쫓기어서 숨을 돌릴 사이가 없어 고통과 근심이 겹치고 단명한 동시에 凶死한다. 命에 殺이 있고 運에서 또 殺을 보면 凶殺이 重重하듯이 傷害가 꼬리를 문다. 만약 無制하면 促死之兆다.

　　一位之殺이라해도 生扶함이 많고 身弱하다면
　　力少任重한 格이니 謀多遂少하고 過望失節하다.

　七殺이 一位라해도 뿌리가 많고 의지가지의 生扶가 크면 身弱殺盛하니 작은 힘으로서 큰 重任을 맡음과 같다. 어찌 감당할 수 있겠는가? 허황된 野望과 謀事에 몰두하나 成事되기 어렵고 입만 살아있고 精神은 亡却한 사람과 같다. 貴氣는 能히 감당해야만 된다.

　　財庫나 財星이 專旺하고 咸池沐浴白虎空亡이
　　있으면 有財而卑賤하다.

　財庫나 財星이 得令하고 三合되면 專旺하다. 만일 沐浴이나 空亡 또는 金神이 있으면 物慾에만 치중하고 人品을 外面하니 비록 財物은 있다해도 人格이 없고 卑賤한 職業을 통해서 成財한다.

　　刃旺하고 無殺하면 剛廉正直하고 武勇이 뛰어나며
　　짐승사냥과 새기르기 그리고 異端을 偏好한다.

　羊刃이 旺盛한데 七殺이 없으면 사냥을 잃은 포수이자 임자없는 靑龍刀와 같다. 平素에 武勇하고 剛直淸廉하며 사냥과 짐승 새등을 기르고 살육하기를 즐기며 異端的인 思考와 行動을 서슴치않고 호걸의 기질이 늠름하며 偏見과 偏好 偏食하는 경향이 많다.

　　　　羊刃과 亡劫이 多衆하고 日主가 不協和하면
　　　　鯨飮으로 逐日醉飽하고 一任風波하여 落魄無成하다.

　羊刃과 劫殺과 亡神은 大膽하고 無謀하며 自家陶醉하는 無賴漢들이다. 四柱에 이들 無賴漢이 많고 君臣이 和合치 못하고 相剋交戰하면 醉生夢死하듯 暴飮하고 飽食하며 바람부는대로 물결치는대로 享樂과 酒色을 貪하며 失意와 無氣力속에 虛送歲月한다.

　　　　妻逢比肩則 被奪妻하고 比神이 乘旺하면
　　　　妻必外人私通하며 不然則 娶婢妾娼妓한다.

　財星과 比肩이 相近하고 相親(甲見己甲)하면 外人이 妻를 誘惑하고 近親하니 반듯시 妻를 빼앗기게 된다. 만일 比肩이 生旺하면 比肩의 作用이 强大하니 妻가 外人과 內通하고 通情을 즐긴다. 만약에 純處女가 아니고 이미 外人과 通情한 娼妓나 婢妾을 妻로서 맞이했다면 그러한 不幸은 免할 수 있다.

柱帶官星 不若運 運逢官則 統攝之機
官神得意 步步勞輝官運一開 官星豹變興隆

　　四柱의 官星은 大運의 官星만 못하다. 運에서 官을 보면 天下를 統治하는 機會를 얻는 것이니 官星이 有力하다면 쉽사리 發身하고 榮華를 누릴 수 있다. 官運이 한번 열였다하면 猛虎出林하고 飛龍在天하듯 官星이 표범처럼 榮光과 興隆으로 變하고 大發한다.

柱有財星 不旺則無情 行運逢生旺之處亦
不奮發 唯獨歲君統官財則 歲君扶財時 勃然興發

　　四柱에 財星이 있다해도 旺盛하지 않으면 有名無實하니 無情하다. 大運에서 財의 生旺地를 만난다고해도 財星은 奮發하지 않으니 그림의 떡이다. 왜냐하면 財官을 다스리는 것은 오직 歲君뿐이니 歲運에서 財星을 生扶할 때 비로소 龍이 구름을 얻은 것처럼 번개같이 發財하고 發身한다.

用官無財 또는 用印無殺하거나
多合小成하면 萬事에 終無 豁達하다.

　　官을 쓰는데 財가 없거나 印을 쓰는데 官殺이 없거나 干合支合이 많으면 作事가 圓滿히 이루지못할뿐더러 애는 쓰나 有名無實하고 達成하기 어렵다.

　　　　　以官爲貴하고 以財爲奇하니 局中得財官하면
　　　　　吉하고 만약 見比하면 無憚爭官分福하고
　　　　　見劫하면 全無美다.

官星은 爵祿이니 貴하고 財는 萬能이니 奇하다.
　四柱에 財官이 있으면 富貴를 얻으니 吉命이다. 만약에 比肩이 있으면 거침없이 官을 다투고 財를 爭奪하니 시기질투와 分爭이 끊임없이 財官을 半分하며 劫財를 보는 경우엔 아예 송두리채 劫奪함으로서 모든 것을 잃고 만다.

　　　　　乙以庚爲夫하니 乙庚中間에 透丙則 隔夫而被傷夫하고
　　　　　終是 不見其夫하며 或坐子午死敗地亦同하다.

　女命乙日生은 庚을 夫星으로 삼는다. 만약 乙庚사이에 丙火가 끼어 있으면 夫星이 剋傷되고 견디다못해 도망치니 生離死別하거나 처음부터 夫星이 겁을 먹고 피난함으로서 夫君을 만날 수 없다. 地支에 庚金夫星의 死敗地인 子午가 있어도 夫君의 설땅이 없으니 夫祿이 薄하고 傷夫한다.

　　　　　甲用丙爲子하니 若見辛合則 唯戀戀 妻情而不顧母하고
　　　　　木者는 以火爲子하니 柱中無丙 丁巳午之位則無子하다.
　　　　　若支暗藏火하거나 干得化用則 不爲無子하다.

　女命甲人生은 丙火를 子息으로 삼는데 辛을 보면 丙을 合去하듯이 子息이 妻에 홀딱 반해서 母情을 外面한다. 辛은 丙의 財이니 子婦의 별이다.

女命 木日生은 食傷인 丙丁巳午를 子星으로 삼는데 柱中에 子星이 없으면 無子하다. 그러나 地支에 暗藏된 火가 있거나 天干에서 化火가 있으면 得子할 수 있다.

用財生官하고 用印得殺하면 自然之妙가 있고
體用이 皆失令空死絶敗刑冲則流蕩無依하다.

財를 쓰는데 官이 있으면 忌神인 比劫을 물리치니 平生安泰하고 印을 쓰는데 殺을 얻으면 忌神인 財를 料理하여 喜神으로 化하니 造化가 無雙하다. 日主와 用神이 다같이 失時無力하고 空亡, 死絶, 刑冲破敗等이 있으면 平生 한가지도 成事가 될 수 없는 동시에 의지가지가 없으니 流浪放蕩한다.

用印生身則爲我之福이요 柱有官殺則轉生印旺하다
財食傷泄氣不逢則爲貴요 行運印旺地則
生扶太過하고 福滿處하니 豈無禍生

身弱者가 印을 만나서 生身하면 福을 누린다. 官殺이 있어서 官(殺)印相生하면 印이 生生不息하니 福 또한 轉生한다. 食傷財等 泄氣가 없으면 一品의 貴格이다. 그러나 이미 印盛福滿한데 다시 印旺地에 가면 印이 極盛하여 母旺子衰하니 福이 넘쳐 도리어 水多浮木처럼 禍를 生한다. 이를 두고 君子는 盛함을 두려워한다고 한다.

官殺多而再逢官殺歲運則凶甚하다
力盡 艱難後必有制伏 若身旺地逢則 極泰之象

官殺은 山과 절벽이다. 높은 堂上에 오르면 이름을 떨치기 때문에 官殺은 貴하고 堂堂한 것이다. 그러나 官殺이 많은데 다시 官殺歲運을 만나면 山넘어 山이 첩첩이요 江건너 江이 첩첩이니 절벽江山에 부딪친 格이다. 氣盡脈진한 다음에야 겨우 征服할 수 있다. 만일 身旺地에 당도했다면 天下壯士가 山을 넘는 格이니 威風이 堂堂하고 力拔山의 힘을 誇示하니 悠悠하고 安泰之象이다.

殺重身輕하고 孤獨無助者는 獨力難勝하니 夭疾하고
日時桃花者가 帶殺하면 娼優요 刑合하면 不禮儀廉恥다.

殺重하고 身弱하면 敵强하고 我弱하니 危急하다. 萬一 四柱에서 生扶나 制化殺이 全無하다면 四顧無親이니 孤獨하고 무엇이든 혼자서 감당할 수는 없으니 疾病으로 夭折한다. 日時에 子午卯酉의 桃花가 滿發하고 非情의 七殺이 있으면 娼妓八字다. 만일 刑合을 이루었다면 禮儀範節과 廉恥를 모르고 色情에 빠져 荒淫하다.

妻多身弱하면 花粉生涯요 財弱比多則 漂白이며
財多散亂하고 日主孤弱則 因妻獲利한다.

財多身弱하면 一夫多妻이니 꽃과 粉속에 한평생을 묻쳐살고 마음이 分散되고 어지러우니 中心이 없고 花柳界女人처럼 物質에 얽매이고 變心이 無常하다. 妻盛我困하니 妻에 의지할 수밖에 없고 妻에 從屬하여 寄生한다. 反對로 一妻多夫하면 서로 다투고 빼앗으니 平生을 뜬구름처럼 떠돌아 다니어야 한다.

用財爲妻하면 最要財得時得位하고 陰陽中和하면
必得良配하며 財盛身强하면 平生 安泰하다.

財를 쓰면 財를 妻로 삼으니 반드시 財가 得令하고 日支에 得財(位)해야만 發福한다. 身强하고 陰陽이 中和되었으면 良妻를 얻고 內助를 크게 받아서 發身한다. 財力이 旺盛하고 日主가 能히 감당할 수 있다면 平生 富하고 泰平盛世를 즐길 수 있다.

財輕比多則 不足其用하니 終必漂白하고
江湖逐財하며 勞苦가 甚하다.

財는 적은데 比肩이 많으면 人多物少하니 財物의 不足이 甚하다. 그 不足된 財物을 求하기 爲해선 東西南北을 정처없이 떠돌아 다니면서 돈사냥질아닌 求乞을 일삼어야하고 애는 쓰나 실속이 적으니 어찌 平安하기를 바라고 定着할 수 있겠는가?

官好健旺하고 官忌淺薄하며 官旺好印하고
官弱喜財하며 財生官而剋印하면 中和되고 發福한다.

官은 管理者이니 旺盛해야 淸高하고 衰弱하면 淺薄하니 大忌한다. 官旺하면 身困하니 印星을 기뻐하고 官弱하면 財로서 生扶함을 기뻐한다. 官輕하면 印星을 싫어하고 官輕多印하면 官은 더욱 弱해진다. 官輕한 것은 殺輕한 것만 못하고 財가 輕한 官을 生扶하고 旺한 印을 剋하면 官印이 中和되어서 크게 發福한다.

財逢印則遷官하고 印逢財則 罷職하며 有印無官하면
官鄕地에서 淸高하고 財鄕에서 罷職된다.

印星은 淸高正大하니 財物에 眩惑되면 大任을 감당할 수 없이 汚職하여 罷免되고 財星은 物欲이 誇大하니 信任과 文書인 印星을 剋하고 貪財壞印하면 不信任을 당하여 멀리 左遷된다. 印이 있고 官이 없으면 有德無位하니 官運에서 크게 발신하고 有印有比하면 財를 보아도 救印하니 도리어 發身한다.

身旺用財하면 榮華롭고 再逢財旺地하면 不能勝財하니
却要印旺하여 流年助我則 進爵遷官한다.

身旺者는 能小能大하니 財를 쓰면 크게 致富하여 榮華롭다. 그러나 財旺地에 이르면 身이 弱化하여 財旺身弱으로 反轉하니 財를 감당하기가 어렵다. 歲運에서 比肩과 印星이 生扶할 때 비로소 財를 감당하는 동시에 昇進榮轉한다. 反對로 身弱財旺者는 身旺地에 이르러서 發福하고 發身한다. 旺者도 財旺地에서 貪財하면 因財生禍한다.

有殺無印하고 以食制殺者는 被傷解救하고
壯年에 制殺地行을 기뻐한다.
萬若梟强剋食하고 無財則禍烈傷身한다.

　七殺이 있고 印星이 없이 食神으로 制殺하는 者는 一旦 傷害를 받은 然後에 救濟를 當한다. 殺은 虎君이요 食神은 銃彈이니 砲手는 虎가 動해야 發砲하고 虎가 動하면 傷身은 不可避하다. 그러나 壯年이 되면 能히 當殺할 수 있으니 食神運에선 크게 旺氣를 發揮할 수 있다. 만일 食神制殺하는 터에 梟神이 有力하고 이를 制壓하는 偏財가 없다면 虎君앞에서 칼이 부러진 格이니 禍가 번개처럼 빠르고 치열하여 傷身하니 夭折한다.

用財無殺者는 羊刃을 大忌하고 用財有殺者는
羊刃을 大好한다. 萬若 歲運에서 거듭 逢刃劫破局(財)
則必有喪家或 囚獄之苦하고 傷妻剋子한다.

　用財하는 命이 無殺하면 剋財하는 羊刃을 大忌한다. 禍를 일으킨 때문이다. 反對로 用財하는 命이 有殺하면 財殺을 감당하기 어려우니 도리어 七殺과 大敵하는 羊刃을 크게 기뻐한다. 그러나 歲와 運에서 羊刃을 거듭 만나면 財를 破壞하고 破局으로 몰고 가니 반드시 傷妻剋子등 喪服과 官災를 당하고 家産을 喪失하는 悲痛을 겪는다. 특히 兵刃의 禍를 당하기 쉽다.

官爲祿이니 不欲者는 없다.柱有比刃多하고 一官하면
必然 爭官招禍하고 運에 逢傷官而去官則 反好齊爭始可安也

官은 벼슬이니 그 누가 벼슬을 싫어하고 欲望이 없는 者가 있겠는가? 그러기에 比劫과 羊刃이 많고 官이 하나면 반드시 벼슬 다툼이 생기고 禍를 당한다. 官이 兄弟의 和睦을 깨치는 禍根인 즉 차라리 運에서 傷官이 나타나서 去官하면 兄弟의 다툼이 해소되고 平和와 和睦을 되찾을 수 있다. 이와 같이 比劫이 많고 孤官하면 도리어 傷官으로서 爭官의 根因을 除去하는 것을 기뻐한다.

柱有比多則必然爭財且奪한다. 年月에
透一殺則能治比하고 若逢歲運食神制殺則比肩復亂하며
初엔 散財破業하고 終局엔 苟貪之下에 橫死한다.

比劫이 많으면 반드시 財祿의 爭奪이 벌어진다. 年月엔 七殺이 하나 나타나면 比劫이 魂飛魄散하니 能히 爭奪을 다스린다. 그러나 歲나 運에서 食神이 나타나서 制殺하면 比劫의 亂이 再發하여 財와 祿을 破하니 처음엔 散財와 破業을 일삼고 마침내는 가난과 貪慾과 爭奪 때문에 非命橫死한다.

官은 純雅한 貴人이요 殺은 奸邪한 惡客이다.
官이 殺地에 있으면 難守其官하고
殺在官鄕則豈能化官하는가? 官居殺黨則其勢不
能獨立하고 必混化而爲殺爲化奸邪惡한다.

官은 純粹하고 優雅한 貴人인데 反하여 七殺은 奸邪하고 奸惡한 賤客이다. 때문에 官이 殺鄕에 臨하면 온갖 奸邪한 무리에 얽이어 誘惑되어서 貴한 品位를 지킬 수 없고 더욱이 殺이 重重하여 成黨한 則 그 努力에 억눌리어서 獨也青青할 수 없이 淸濁이 범벅이 되어서 殺로 變質하고 奸邪者로 轉落한다. 反對로 殺이 官鄕에 이르면 官貴에 感化될 수 없이 그대로 邪惡을 내뿜는다.

　　　殺者剛暴之人인즉 비록 官鄕에 이르러서도
　　　終不化官이요 印重殺輕하면 終不爲貴하다
　　　財鄕地에서 殺印相停則能超群越한다.

七殺은 本是 野性的이고 剛暴하여 法과 道德을 外面한다. 그래서 禮儀바른 官鄕에 이르러서도 끝내 敎化를 外面하고 貴風을 따르지 못한다. 四柱에 印星이 太過하고 七殺이 輕하면 貴氣가 分散하여 不貴하다. 만일 財鄕에 이르러 生殺하고 殺印이 均等中和되면 貴氣가 得勢하여 猛虎出林하듯 일약 出世하고 出衆의 權威를 떨친다.

　　　印輕者가 逢財則 大害하고 一殺이 專權하면
　　　無暇하고 不用財하며 用財者는 比劫이 大忌하고
　　　有殺身弱者는 生扶地에서 發身한다.

身弱하고 印輕하면 財를 감당할 수 없으니 財를 보면 큰 害를 당한다. 身弱하고 有殺하면 攻身에 쫓기니 平生 財를 쓰지 못할뿐더러 한가할 날이 없다. 身旺하고 有財者는 比劫을 크게 두려워한다. 破散하고 散財하기 때문이다. 身弱한데 有殺하면 比劫을 기뻐한다. 四柱에 比劫이 透出하거나 生扶運에 이르면 衰弱한 것은 아니니 能히 財殺을 감당하고 쓸 수 있으며 發身한다.

　　財旺身弱者가 身旺地에 이르면 必與財殺爭敵한다.
　　若不勝財殺則 反遭財殺之害하고 因財招禍한다.

身弱하고 財旺하면 財殺에 억눌려 살고 追從한다. 多幸히 身旺地에 이르면 必然코 財殺과 對決하여 爭財하고 敵殺한다. 만약에 財殺을 이기면 大發하지만 財殺을 감당하지 못하고 敗한다면 도리어 財殺로 因한 迫害를 크게 當한다. 무엇보다도 財와 女人으로 因한 疾病과 損財 그리고 官災등 災難을 당한다.

　　身弱財多하면 當財不能하고 行運에서 逢比劫則
　　分財助氣하니 禍反輕이요 用財者는 無比劫刃則
　　無所傷하고 支藏比劫刃하거나 刑沖則 私竊之害가 不免이다.

身弱하고 財多하면 財를 감당할 수 없으니 그 禍가 不少하다. 다행이 比劫刃運에선 財를 分散하고 扶身하니 禍가 가벼워진다. 用財者는 比劫刃을 보면 必然코 傷害를 입는다. 反對로 比劫刃이 없다면 財物上의 被傷은 全혀 없다. 그러나 支藏干에 比劫刃이 숨어 있거나 刑沖이 있으면 남몰래 도적맞는 일이 非一非再하니 그 害가 적지않다.

殺者는 頑暴하니 以食明制함이 간절하고 得制則用殺
하고 不得明制則 不可用殺이며 支有食神暗伏或 刑冲
與殺或三合則可當伏敵하고 制殺運에선 必成名進祿한다.

　七殺은 頑固하고 橫暴하니 食神이 나타나서 制殺해야 한다. 制殺하면 殺을 그대로 活用하되 制殺하지 못하면 用殺할 수 없다. 도리어 殺의 迫害에 쫓긴다. 明透한 食神이 없다해도 支에 食神이 암장되거나 殺神을 刑冲하거나 日主가 三合되면 能히 伏兵의 敵을 감당할 수 있다. 特히 食神運에 이르면 制殺이 能小能大하니 반드시 進祿하고 名振한다.

原用官而帶財者는 爲貴하나 比旺地에선 爭官損失하고
衆殺은 一仁으로 可化하고 一殺倡亂은 獨力可擒하다.

　身旺者가 官을 쓰는데 財를 보면 반드시 貴하다. 그러나 歸祿鄕인 比旺地에 이르면 必然코 官祿의 爭奪戰이 벌어지고 그 때문에 減俸 또는 左遷을 당한다. 官殺이 混雜하거나 衆殺이 날뛰는 경우엔 一印으로서 能히 다스릴 수 있다.

殺爲賢이요 印爲仁이다. 日不弱하나 兩殺透則 倂노
兵虐日主하니 無食則 無救하고 有食해도 被梟所奪則
最凶하며 若有印則 能化殺而降於我하니 不獨富貴且享福하다.

　七殺은 賢明하나 無德하고 印星은 無勇하나 有仁하다. 비록 日

- 167 -

主가 弱하지 않다해도 兩殺이 攻身하면 그 虐待를 감당할 수 없으며 制殺하는 食神이 없다면 救할 길이 없다. 설사 食神이 있다해도 梟神에 依해서 奪去되면 殺虐이 極甚하니 凶不可言이다. 다행이 印星이 있어 化印하면 自伏하고 忠誠을 다하니 비단 富貴할 뿐만 아니라 平生多福하다.

> 兩殺爲兩賢이요 殺與官亦兩與이면 衆殺混而行財地則
> 因財招禍한다. 若有刃伏하면 能히 解禍한다.

殺이 둘이면 賢도 둘이니 더욱 才幹을 부린다. 官殺이 混雜하면 모두 殺로 變하듯 兩殺兩賢으로 간주한다. 衆殺 또는 官殺混雜한 命이 財地에 이르면 財生殺하여 殺氣가 등등하고 害人하니 반드시 女와 財로 因해서 禍를 당한다. 만약 支에 羊刃이 숨어 있다면 能히 剋財하고 敵殺하여 財殺을 감당하니 禍를 모면할 수가 있다.

> 柱有刃伏亦無財則 無爭劫하나 有財或歲見財則
> 惹起爭財爲禍하니 形耗傷妻不免이다.

支에 羊刃이 암장하였다해도 財星이 없다면 어찌 爭財 또는 劫奪하겠는가? 그러나 財가 있거나 歲에서 財가 나타난다면 도둑이 財物을 보고 날뛰듯이 반드시 爭奪戰이 벌어지고 災禍가 發生한다. 財로 因한 刑厄을 비롯해서 散財 또는 剋妻를 免하기 어렵다.

印爲仁이니 以仁化殺則 自降爲秒하고 能解兩賢之厄한다.
印旺地에선 益其化하나 化而制則 不宜하니 疾厄甚亂하다.

印星은 德이요 仁이니 勇猛한 七殺이 스스로 降伏하고 무서운 兩殺의 暴惡도 能히 다스릴 수 있다. 印은 德化이니 印旺地에선 德의 造化가 無窮하다. 그러나 一旦 德으로 용서하고 그에 感化된 사람을 强制하는 制殺을 兼한다면 德이 無色하고 도리어 反感을 사니 不宜하다. 이는 호랑이의 이빨을 除去하고 다시 쇠고랑으로 묶는 격이니 氣盡脈盡하여 疾病에 걸릴뿐 아니라 發惡的인 亂動을 惹起한다.

印居殺地하면 以德化之하고 殺居印地하면 以刑齊之한다.
如甲申人은 印居殺地하고 辛未人은 殺居印地다.

申은 甲의 殺이나 申中壬水는 印星이다. 壬은 申에서 長生이니 印이 殺地에서 長生하고 같이 居住한다. 이를 印居殺地라 한다. 未는 辛의 印이나 未中丁火는 殺星이다. 丁는 未에서 冠帶이니 印地에서 殺氣가 發生하고 勇猛하다. 이를 殺居印地라 한다. 印이 殺에서 生하고 長生하면 能히 化殺하니 德으로서 殺氣를 다스리는데 反하여 殺이 印에서 生하고 盛하면 萬事를 殺氣로서 處理하듯 萬事를 刑權으로서 强制로 다스린다.

殺遇長生地則栽根而 恃强剋我하니 無制則無救요
若得冲神旺而 去長生根則 殺無所倚하니 剋身之患을 免한다.

乙木은 辛을 殺로 삼고 辛은 子에서 長生한다. 辛이 透出하고 子鄕에 이르면 殺이 得意得氣하여 剋身을 거침없이 자행하니 制殺하는 食星이 없다면 어찌 殺의 亂動을 모면할 수 있겠는가? 多幸히 子를 冲去하면 子에 의지사든 辛殺이 다리가 부러지듯 의지할 바가 없으니 乙木을 剋害할 여지가 없듯이 身患과 散財는 免할 수 있다.

官殺이 太多하고 主無力한데 財殺地로 行運則
棄命從殺할 수 밖에 없다. 從殺者는 殺旺地에서
發福하고 身旺地에서 生禍한다.

日主가 無力하고 官殺이 太過한데 다시 行運이 財殺地로 行한다면 어찌 감당할 수 있겠는가 棄我從彼하여 强者에 從屬하는 것이 唯一한 活路다. 이때에 我執을 부리면 큰 禍를 當하니 身旺의 歲年엔 謀叛하다가 크게 화를 당한다.

財가 透干하면 明財요 支藏하면 藏財다.
明財爲在野이니 能爭能逐하고 藏財는
在廐하니 不敢逐不能爭한다.

干은 天이니 明이요 支는 地이니 暗이다. 干財는 明財이니 들

판에 매놓은 말처럼 天下의 눈에 띄고 서로가 貪欲하여 能히 다투고 몰고 갈 수 있듯이 도적을 당하기 쉽지만 支財는 마구간에 숨기고 고삐로 매놓은 말처럼 남의 눈에 띄지 않으니 財가 있어도 남이 모르는지라 平生도둑 맞을 念慮는 없다. 野馬는 比地에서 만신창이가 되나 廐馬는 比地에서도 아무런 탈이 없다.

財臨長生墓庫한데 破長生則奉兩家之宗後嗣하고
棄父隨母之子한다〈丁日生以庚爲財 支有巳丑則巳
爲財之長生宮丑爲財庫逢亥沖巳則破生宮〉

印은 母星이요 財는 父星이다. 財는 印을 집으로 삼고 印은 財를 主人으로 삼는 것이니 財가 貴하면 父貴하여 印母는 스스로 榮華롭다. 父母는 人의 根基이니 父財를 우선으로 한다. 만일 財가 地支에 長生宮과 墓宮이 같이 있고 長生宮이 破하면 所生의 父官이 破한 것이니 生父를 떠나서 養子로 가거나 어머니를 따라서 第二의 父를 섬기게 된다.

身坐比하고 成比局하며 無食傷하고 有財하면
必爭奪하고 無財한데 歲見財則爲患이다.

日支에 比肩이 있고 三合比局을 이루었는데 食傷이 없이 財가 있으면 文字그대로 群比가 爭財하니 財가 만신창이로 破하고 財로 因해서 온갖 災難이 連發하는 동시에 傷妻를 거듭한다. 財가 없으면 無災하나 歲年에서 財를 보는 경우 우환이 發生하고 傷妻 損財한다.

印財가 東宮하면 父母一離一合하고 財印이 相連하고
皆有支하며 生祿同鄕에 이르면 終得聚合成家한다.

甲日生이 戊子를 보고 壬日生이 丙申을 보면 干財支印으로서 干剋支하고 財剋印한다. 같은 一宮에서 財와 印이 相剋함은 父과 母가 相戰하는 것이니 어찌 한집에서 같이 살 수 있겠는가? 父와 母는 어쩔 수 없이 떨어져 살 수 밖에 없다. 그러나 財와 印이 같이 나타나고 支에 有根하면 財印이 長生과 祿이 되는 運에서 再結合할 수 있다. 壬人이 巳地에 이르면 財는 祿이요 印은 長生地가 되나니 이때에 父母가 다시 만난다.

用財者 財旺或助財進氣歲年에 得一妻하고
財下伏比則傷妻非再한다.

財를 쓰는 身旺者는 財旺年이나 食傷生財年에 得妻한다. 財星下에 原來比肩이 숨어 있다면 妻宮에 도둑이 숨어 있는 格이니 어찌 도둑을 막을 수 있겠는가? 得妻하면 도둑이 妻를 害치고 빼앗아가니 傷妻함이 非一非再하다.

官殺은 子星이요 時官은 子位이니 時上에 官殺과
生官하는 財를 기뻐한다. 官殺이 生旺하고
無刑害孤虛하며 不失用官 時候하면 有子하다.

六神上으론 官殺이 子息이요 四柱上으론 時柱가 子息宮이다.

時에 子星인 官殺이 있거나 官殺을 生助하는 財星이 있으면 子星이 透明하고 健在하니 기뻐한다. 四柱에 官殺이 長生 또는 建祿이고 官星이 沖破害되지 않으면 得子 子昌하고 剋官하거나 食神과 官星이 妬合하면 伯道之嘆(無子)을 免하기 어렵다.

> 財爲妻星이요 日支爲妻位다. 日支得財則妻宮得位하니
> 不逢比刃 刑沖하고 不有桃花惡殺하며 得二德
> 貴人同處則妻守賢齊孟光之德하다.

財는 妻星이요 日支는 妻位이니 日支에 財가 있으면 妻가 正位를 얻는 것이다. 剋財하는 比劫刃이나 傷財하는 刑沖 또는 惡殺이 없고 天月二德이나 天乙貴人이 妻宮에 同居하면 妻가 賢明하고 家産을 일으키며 婦德이 크다.

> 殺爲權이요 刃爲兵이니 身旺用殺刃者는 兵刑의
> 首出之人이 된다. 殺旺則喜制地요 刃旺則喜殺地이다.

殺은 權力이요 刃은 兵者다. 權力은 兵刃에 依支하고 兵者는 權에 依持하니 相合有情하다. 身旺者가 殺刃을 兼備하면 兵과 權을 掌握戲弄하는 것이니 兵權과 刑權의 頭領으로서 君臨한다. 殺旺者는 食傷地나 刃旺地에서 發身하고 刃旺者는 그를 다스리는 殺旺地에서 大發한다.

　　　　殺旺者가 行殺地則立業建功處에서 死於刃劍之下요
　　　　刃多者가 行刃地則進祿得財處에서 終於藥食之間이다.

　　殺이 旺盛하면 智謀가 出衆하고 勇猛하다. 다시 殺運에 臨하면 英雄이 때를 만난 듯이 極盛을 부리고 死地에도 飛虎처럼 突進하여 殊勳의 功을 세우나 衆寡不敵으로서 功을 이룩하는 마당에서 칼과 兵器에 依해서 죽음을 당한다. 刃多者는 力拔山의 壯士이니 다시 刃旺地에 이르면 힘이 넘쳐 一瀉千里로 進擊하듯 昇進하고 致富하는 마당에 食藥의 中毒 또는 死藥으로 죽음을 당한다.

　　　　財爲俸이요 官爲祿이니 身强하고 帶財官者는
　　　　名利가 出衆하고 官弱者는 官鄕에서 財旺者는
　　　　印鄕에서 發身成福한다.

　　官은 벼슬의 祿이요 財는 祿의 俸給이다. 身旺하고 財官이 有力하면 富貴名利가 出衆한 大富大貴者다. 官이 虛弱한 者는 官旺地에서 昇進發身하고 財旺身弱者는 印旺地에서 化强하여 致富한다.

　　　　有印逢官하면 祿이 過하고 財旺逢財하면
　　　　俸이 過하다. 君子가 過餘則 必是貪汚罷職한다.

　　印旺한데 官이 와서 生印하면 印이 過分하듯 祿이 지나쳐 過分하고 財旺者가 다시 財를 보면 俸財가 分數에 넘친다. 君子는 分

守가 本分이니 祿이 지나치거나 俸이 지나치면 君子의 正道를 벗어나서 貪官貪財한 것이니 필경 貪官汚吏로서 罷職되고 損名 破財한다.

　　　　殺刃이 再行殺刃地則 刃藥亡身하고 財官이
　　　　再行財官地則 貪官汚吏로서 罷職한다.

　殺이 다시 殺地를 가거나 刃이 다시 刃地에 臨하면 極盛之敗로서 成功을 이룩하는 막바지에서 칼과 毒藥으로 被殺亡身하고 財官이 財官地로 다시 行하면 財가 財를 貪하고 官이 官을 貪하듯 지나치게 名利를 貪欲한 나머지 貪官汚吏로서 恥辱的인 罷職을 당한다.

　　　　官衰則不能印之榮하니 官逢長生而顧印之地에서
　　　　進爵하고 有財失時하면 居官亦未顯하니
　　　　財之生旺鄕에서 進爵한다.

　官星이 虛弱하면 印星을 生扶하지 못하니 榮華를 볼 수가 없다. 官이 長生이나 旺地에 이르면 能히 生印하고 印盛하듯 官衰者가 官의 生旺地에서 印星을 보면 반드시 榮轉하고 昇進한다. 財가 無力하면 官을 生扶하지 못하니 出世할 수 없다. 財가 生旺地에 이르면 能히 生官하고 官盛하니 크게 出世한다. 그러나 比劫이 剋財하면 好事多魔하여 挫折된다.

馬得生旺則人健馬요 馬逢失令則病馬難走하다
官到長生하고 有印淸則進爵하고
財到旺地無傷則進爵한다.

財馬가 生旺하면 千里를 달릴 수 있는 俊馬이니 大財를 致富할 수 있고 反對로 失令之財馬는 病들고 老衰한 鈍馬이니 治療費등 損財만 거듭된다. 官이 長生地에 이르고 印이 있으면 中和되어 官印相生하니 반드시 昇進榮轉하고 財가 財旺地에 이르고 比劫이 없다면 財生官하니 또한 크게 出世한다.

財旺身衰한데 身의 生旺地에 이르면 死한다.

財旺하고 身衰하면 財는 泰山처럼 重한데 몸은 生來的으로 無力하여 本是가 不能任財한즉 財를 잃고 守分하는 것이 安泰하다. 만일 身의 長生이나 旺地에 이르면 生旺을 미끼로 財를 貪하지만 이미 굳어버린 弱者가 어찌 重財를 감당하겠는가? 마치 어린이가 무거운 짐을 지다가 그대로 깔려죽듯이 죽음을 당한다. 그래서 財旺身弱者가 身의 長生地에 이르면 因財致死한다.

刃强하고 財薄하면 見殺地에서 生官한다.

用官者가 官이 微弱하고 財 또한 淺薄한데 刃劫이 强하면 財가 破傷되니 生官할 수 없다.
萬一 殺地에 이르거나 殺運에 이르면 刃과 殺과 合作하여 情을

貪하고 財를 忘却하니 비로서 財가 解放되고 救濟되어서 官을 生扶하니 官氣가 自旺하듯 크게 出世한다. 그러나 官殺이 混雜하면 萬事가 虛無하다.

犯偏官劫刃者는 好恃勢覇道之輩요 劫刃은
鄙吝之견을 生하고 更出機關之險謀하다.

四柱에 偏官이나 羊刃劫財가 있으면 勢力과 覇道에 의지함을 즐기고 羊刃劫財는 財와 인연이 없을뿐더러 인색하고 야비하며 陰險한 謀事를 즐김으로서 政界나 特殊機關에서 危險한 陰謀를 꾸미는데 非凡하다.

生旺死絕論篇

　　生旺胎庫는 四貴라 하고 死絕病敗는 四忌라 한다.

　　長生과 建祿 帝旺 그리고 胎와 墓는 四貴라 한다. 長生은 後見人의 별로서 人德이 많고 帝旺은 力量이 極盛하니 큰 뜻을 이룰 수 있으며 胎는 去舊迎新하고 新陳代謝하는 復活의 별이니 心機一轉의 好轉과 큰꿈이 있고 墓는 一生一代의 總結實로서 반드시 相續한 遺産과 遺業과 遺名이 있다.
　　이와는 反對로 死는 肉身이 極衰하여 四肢가 凍結되고 精神만으로서 生을 營爲하고 絕은 精神과 肉身이 完全히 分離되어서 生의 바탕을 잃으며 病은 心身이 不完全한 非正常狀態로서 萬事가 未完成한 未成年者이면서 成年의 行勢를 거침없이 하다가 百事百敗하니 精力과 時間과 資本을 낭비하고 탕진하며 마침내 赤手로 敗北한다. 이 네가지는 한결같이 無力하고 無能하며 不實하니 크게 싫어하는 忌星이다. 이밖에 관대 건록 쇠, 양의 네별은 四平이라고 한다. 四貴가 많으면 뜻이 크고 四忌가 많으면 천한 신분을 벗어나지 못한다.
　　四貴는 旺과 墓를 上으로 삼고 胎를 다음으로 삼으며 年月과 日時에 三貴가 있고 刑沖이 없으며 正祿과 官印이 있으면 三公의 벼슬에 오른다. 四貴四忌 四平은 日干아닌 年干을 위주로 따지며 四平은 크게 실패가 없듯이 크게 출세하기도 어렵다. 月支에 四忌가 있는데 日支에 四貴가 있거나 月支에 四貴가, 있고 日支에 四忌가 있으면 害로움이 없고 淸華하여 待從의 벼슬을 할 수 있다.

만일 日月에 四貴가 있고 時에 四忌가 있으면 調達업에 능하다. 四忌主는 빈천하며 같은 四忌中에도 死絶敗는 가장 무겁고 病은 가볍다.

陽日生의 官祿은 건록에서 貴하고
陰日生의 官祿은 제왕에서 貴하다.

丙火의 正官은 癸水요 丁火의 正官은 壬이다. 官祿은 건전한 장정만이 누릴수 있듯이 丙火는 건록인 巳에서 관록을 누리고 貴함이 있으며 丁火는 제왕인 巳에서 관록과 貴를 누릴 수 있다.

왜냐? 하면 陽은 강하고 陰은 유한 것이니 陽의 건록은 陰의 제왕과 맞먹기 때문이다. 지나치거나 부족하면 흠이 생기듯이 陽이 제왕에 이르면 지나침으로서 관록의 貴함이 반감하고 陰이 건록에 이르면 부족함으로서 관록의 복이 반으로 감퇴한다.

때문에 陽人은 건록에서 출세하고 제왕에서 막히며 陰人은 제왕에서 출세하고 건록에서 막힘이 많다. 陽人은 제왕에서 지나치게 서둘고 고집을 부리다가 貴함이 감소되고 陰人은 건록에서 지나치게 주저하고 우유부단하다가 기회를 놓치고 귀함이 감소되는 것이다.

身旺無官하고 年支剋日支하며 刑殺을
겸하면 愚賤하고 淫蕩하다.

身旺하고 官이 없으면 힘이 넘치는 황소가 고삐를 잃은 것처럼 버릇이 없고 쓸모가 없다. 만일 年支와 日支가 沖하면 父子지간에 다투는 것이니 下剋上도 유분수다. 설상가상으로 刑이 있고 七殺이 있으면 안하무인격으로 만사를 힘과 본능위주로 처리하려 하니 어리석고 천하며 호색하고 음탕한다.

五行은 生旺을 主君으로 삼고 臨官은
宰相으로 삼으며 納音五行도 같다.

五行의 역량은 長生에서 최고로 저장하고 제왕에서 최대한 발휘하며 건록(임관)에선 중용을 취한다. 主君은 완전무결한 지존자요 재상은 다음가는 중용지물이니 長生과 帝旺을 主君이라 하고 臨官을 宰相이라고 한다. 그와 같이 日主는 長生과 帝旺에서 極盛하고 官運은 건록에서 권위를 떨친다. 이는 納音과 化五行의 경우도 똑같다.

看命은 五行과 生旺死絶부터 分別한다.

命은 음양五行으로 구성되고 生旺死絶로서 능력과 吉凶화복을 가리니 먼저 음양오행의 생왕사절부터 철저히 가려야 한다. 양에 속하는 木火가 생왕하면 정신력이 왕성하듯이 정신분야에서 운명을 개척하고 이름을 떨치며 음에 속하는 金水가 생왕하면 물질적인 체력이 왕성하듯이 물질과 육체적 분야에서 뜻을 이룬다. 반대로 사절인 경우엔 무능무력함을 암시한다. 다만 長生은 四時常春이니 계절을 논하지 않는다.

本命이 長生이면 민첩쾌활하고 高明하며
貴命은 漸進하고 富命은 漸榮한다.

長生은 이제막 태어난 인생으로서 선천적으로 타고난 체력과 기력이 한푼도 손상됨이 없는 완전무결한 상태로서 자동차로 말하면 이제 막 공장에서 출고한 신품이다. 정력과 양기가 충만한 즉 민첩하고 피로를 모르며 부모의 품에 안겨있으니 쾌활하고 명랑하다. 세상물정에 전혀 어둡지만 자비하고 현명한 선도자의 가르침을 그대로 섭리하고 교화됨으로서 품위가 바르고 슬기가 뛰어나며 만사에 高明하다.

官氣가 有力한 貴命이 長生을 타고났으면 어린이가 발랄하면서 점진적으로 성장하고 발전하듯이 貴氣가 점진적이고 단계적으로 왕성하여 해마다 한치식 이름과 지위가 높아지고 마침내 정상에 오르듯이 財氣가 有力한 富命은 해마다 꿀벌이 늘려가듯 재물이 번창하여 마침내 거부로서 천하의 신임과 존경을 받는다. 하루아침에 벼락출세를 할 수 없듯이 하루밤사이에 일락천장하는 이변도 없다.

正五行上으로는 丙寅 戊寅 壬申 癸卯 丁酉 己酉生이 長生이고 納音五行으로는 甲申(水) 丙寅(火) 己亥(木) 辛巳(金) 戊申(土)生이 長生이다. 이들 日主는 長生이 本命으로서 선천적으로 충만한 생기와 정기와 양기를 타고난 동시에 윗사람의 신임과 후견을 통해서 점진적으로 실력을 양성하고 단계적으로 출세를 하며 만사에 민첩하고 쾌활하며 피로를 모르고 불로장수한다.

本命帝旺者는 四時旺盛하고 奮發한다.

　長生은 能力의 在庫量이 100%인데 반하여 帝旺은 能力의 作用量이 100%다. 長生은 質量이 滿點인데 반하여 帝旺은 機能이 滿點이다. 그래서 長生과 帝旺은 언제 어디서나 平生 똑같은 力量을 발휘할 수 있고 무엇이든 관철할 수 있다. 특히 제왕은 體能이 장사임으로서 사시상창 분발하고 부귀를 능동적으로 개발하고 누릴 수 있다. 正五行으로는 己巳 丁巳 癸亥 壬子 戊午 丙午日生이 帝旺이고 納音으로는 丙子(水) 戊午(火) 辛卯(木) 癸酉(金) 庚子(土)가 帝旺이다.

庫者는 必欲物聚則 其庫를 充足한다.

　本命이 墓위에 있으면 倉庫를 타고난 것이다. 倉庫는 물질을 저장하는 것이니 物欲이 대단하다. 돈만 벌고 저축하고 욕심의 창고를 충만시키려고 항상 물욕을 추구한다. 무한정의 욕망을 채우려하니 마음은 항상 텅비어 있고 부족하며 허전하다. 物은 財이니 財를 自由로이 관장하려면 신왕해야 한다. 그와 같이 庫者는 身旺地에서 發身하고 印星이 生扶하면 重權을 잡는다.
　正五行으로는 壬辰 丙戌 癸未 戊戌이 自庫이고 납음五行으로는 癸未(木) 壬辰(水) 丙辰(土) 甲戌(火) 乙丑(金)이 自墓에 해당한다. 이는 生氣가 뿌리로 돌아가서 다시 새싹이 움튼것이니 復活 또는 復命이라고 한다. 庫者는 本家요 鄕地인 身旺地에 돌아가기를 소망한다. 壬辰水가 亥子水鄕에 오면 시집간 딸이 친정에 돌아온 것처럼 自由롭고 氣旺하며 다시 父母인 印星을 만나면 반드시 큰 것을 얻는다.

墓는 命이 根基로 환원하듯이 씨가 흙속에 묻힌 것과 똑같다. 胎兒는 어머니를 통해서 세상에 출생할 수 있듯이 庫中生命은 印星을 만나야 햇빛을 보고 復活할 수 있다. 印星이 庫地에 숨어 있으면 그 印庫를 財星으로 冲剋할 때 印星이 透出하고 庫中命根이 發身할 수 있다. 만일 印星이 空亡이고 再起할 수 없다면 庫兒는 再生이 不可能하고 아무런 能力도 發揮할 수 없음으로서 평생 가난하고 賤하다.

　　　　生則勞하고 死則息합은 自然之理이니
　　　　自死者는 得眞하고 高明하며 多慧하다.

生者는 의식주를 마련해야 하고 그러기 위해선 온갖 노력을 다해야 하니 몸이 편할 수가 없다. 피와 땀을 흘리고 몸부리을 쳐도 살기가 힘들어서 고생문이 훤하다. 가난하면 먹기 위해서 일해야 하고 살만하면 더욱 잘살기 위해서 욕망을 부리고 발버둥을 치니 없어도 고생 있어도 고생이다.

그러나 천하갑부도 죽어지면 그만이다. 숨이 끊어지면 모든 것이 잠자듯 휴식아닌 영원한 적막세계로 돌아간다. 속세의 부귀영화에 눈이 어두웠든 인생이 속세를 떠나고 부귀영화를 털어버리니 비로소 이 세상에 태어놓든 최초의 알몸으로 환원하는 동시에 순수한 자아를 발견한다. 떠나면 아무것도 없는 속세에서 그동안 물거품같은 부귀영화에 사로잡힌채 온갖 부정과 추악한 탐욕을 부려듯 과거가 얼마나 어리석고 부질없었든 것인가?를 뼈저리게 깨닫고 한없이 후회한다. 이제사 참다운 자신과 제정신을 되찾는 것이다. 삶은 그를 거짓과 치욕과 악의 탈을 씌워서 꼭두각시로 농락한데 반하여 죽음은 그를 진실과 영원한 진리를 일깨워준 것이다. 참을 찾는 인생은 거짓덩어리인 속세의 물거품같은 부귀영화에 귀를 기울이지 않는다. 보다 더 잘살수 있는 부귀를 떠나서 보다 더 진실된 자신과 삶을 찾기 위해서 진리를 연구하고 슬기를 기르며 참되고 영원한 행복을 개척한다.

인간은 누구나 빈손으로 돌아가고 생자는 죽고 죽은자는 말이 없는 것이 대자연의 법칙이요 진리다. 산다는 것은 본능적인 욕망이지만 부귀가 반드시 필요하거나 행복한 것은 아니다. 그것은 도리어 산자를 괴롭히고 산다는 뜻을 어지럽히는 고난의 씨앗이다. 죽음을 알고 죽음에 대비하는 자는 결코 그러한 무모한 어리석은 망각의 꼭두각시 노릇은 하지 않는다. 그래서 사(死)를 타고난자는 처음부터 그러한 허욕이나 부질없는 작난을 하지 않는다. 진실을 찾고 진실된 삶을 즐기며 비록 물질적으로는 가난하나 마음은 부자요 만족하며 그리움이나 아쉬움을 모른다. 그가 물욕이나 명예욕에 자신을 팔거나 양심을 속일수는 없다.

正五行으로는 庚子 辛巳 甲午 乙亥日生이 自死요 納音으로는 乙卯(水) 丁酉(火) 壬午(木) 甲子(金) 己卯(土)日生이 自死에 해당한다.

本命이 自死한자는 슬기롭고 고명하나 물욕을 외면하기 때문에 물질적인 재복은 풍족할 수 없다. 적은 재복이지만 마음으로 흐뭇해 하는 것이다. 죽은자는 움직일 수 없듯이 自死者는 정숙(靜

廟)과 침묵을 근본으로 하고 담백과 순수를 신조로 한다. 때문에 무엇을 하고자 욕망을 부리고 적극 행동하거나 검은 처사를 하는 것은 백해무익하고 허사다. 조용한 침묵속에 순수성을 찾는 것은 오직 학문뿐이니 自死者는 학문의 진리를 탐구하고 생사를 초월한 영원한 신선의 길을 찾는 것이 유일한 본업이요 대도다.

絶者는 逢生하나 喜憂가 未定이다.

萬物은 氣의 化象으로서 氣가 있는 곳엔 반드시 物이 生한다. 物은 變化하고 消滅함으로서 生과 死가 있지만 氣는 無形임으로서 生과 死가 없다. 氣는 天地間에 충만하니 결코 늘지도 줄지도 않는다. 그래서 物이 滅하면 새로운 것이 生하고 生하면 또 滅한다. 物은 나타났다가 없어지고 없어졌다가 나타나지만 氣는 不變不滅로서 그에서 化生하는 物은 生生不息이다. 氣를 天이라 하고 氣의 造化를 道라 한다. 萬物은 氣의 造化이니 萬有는 곧 天道의 化象이다. 天道는 生生不息으로 萬物을 生育하니 결코 絶이란 없다. 物이 끊어졌다하면 또 物를 生하니 이를 絶處逢生이라고 한다.

A의 人生이 사라지면 B의 人生이 탄생하고 B의 人生이 죽으면 C의 人生이 연달아 발생하듯 이 天道의 創造는 영원히 쉬지 않고 끊이지 않는다. 絶은 氣와 體의 分離다. 氣의 化象인 體는 老衰해서 消滅하고 氣만이 존재한다. 그 氣는 새로운 體를 求함으로서 다시 還生하니 絶地엔 반드시 再生이 있다. 사람의 氣分과 감정은 정신이 좌우하고 주관하지만 반드시 감각 기능인 육신

을 통해서만이 가능하다. 귀가 없으면 소리를 감각할 수 없고 눈이 없으면 물체를 감각할 수 없듯이 육체의 신경세포가 마비되면 아무런 감각도 의식하지 못한다. 그와 같이 육신이 분리되는 絶地에 이르면 意識은 있으나 감각이 없음으로서 表情을 살필 수가 없다. 기쁜일이 있어도 기쁨을 감각하거나 表情할 수 없듯이 근심이 있어도 그것을 감각하고 나타낼 도리가 없다. 따라서 새로운 體를 求해야 만이 비로소 울고 웃을 수 있는데 다시 만나는 體는 과연 어떠한 것인지 전혀 예측할 수가 없다. 그와 같이 絶者는 희노애락이 전혀 미지수이며 단지 변하는 과정에 있을 뿐이다. 絶者에게 體를 마련해주는 것은 오직 母體뿐이다. 印星은 絶이 體로 還生하는 逢生의 因緣으로서 絶은 印을 만남으로서 만이 體를 求하고 復活할 수 있다. 正五行上으로는 庚寅 辛卯 甲申 乙酉 日生이 自絶이고 납음으로는 癸巳(水) 乙亥(火) 庚申(木) 壬寅(金) 丁巳(土)가 自絶이 된다. 庚寅 辛卯는 戊己와 辰戌丑未의 印星을 기뻐하고 그에서 逢生再活할 수 있듯이 甲申 乙酉는 壬癸 亥子水를 기뻐하며 납음 癸巳의 絶水는 癸酉의 旺金을 얻을 때 謂之 絶水逢生이라 하여 반드시 기쁜 경사를 만난다. 그와 같이 乙亥絶火는 甲乙 寅卯의 印星을 庚申絶木은 壬癸 亥子水를 壬寅絶金은 戊己辰戌丑未를 丁巳絶土는 丙丁巳午의 印星을 기뻐하고 그에서 부활한다.

死絶해도 救함이 있으면 還魂한다.

人生은 죽거나 絶地에 있으면 失魂하고 無能無依하다. 그 자신의 힘으로서는 어찌할 도리가 없다.

文字그대로 四顧無親이다. 만일 이를 돌봐주는 貴人이 나타난다면 어찌되겠는가? 그는 죽음과 절지에서 다시 구출되고 復活하는 동시에 貴人의 인도를 받아서 크게 출세할 수 있다. 그러한 救人은 많을수록 기쁘고 貴한 것이니 다다익선이다. 그 救人이란 바로 印星이니 死絶者는 印多大貴하다.

生旺者도 剋하면 氣散하고 減福한다.

生旺者는 힘이 가장 성숙하고 강대한 자다. 그러나 剋을 당하거나 剋을 하면 막대한 힘을 방출함으로서 생기가 흩어지고 감소된다. 本命에서 冲剋되면 하루도 쉬지 않고 시시각각 기를 손실하니 온전할 수가 없고 氣로서 생산하는 분복 또한 크게 감소될 수밖에 없다. 때문에 아무리 생왕자라 해도 冲剋은 싫어하며 冲剋이 있을 경우엔 보충하는 印比가 자못 아쉽다.

相生相剋은 順則益勢하고 逆則 損傷한다.

相生은 印星이 生扶하는 것이요 相剋은 冲殺이 攻身함을 뜻한다. 幼弱者를 生扶함은 順理요 身旺者를 冲剋함 또는 順理다. 幼者는 生扶해야 成長하고 充實하며 旺者는 冲剋함으로서 實力을 發揮하고 功成한다. 때문에 幼者는 相生함으로서 더욱 有益하고 旺者는 相剋함으로서 더욱 勢力을 擴大할 수 있다. 그러나 旺者를 生扶하면 太過하여 自爆하고 幼者를 冲剋하면 만신창이가 되어서 破滅된다.

　旺者를 다시 生扶함이 逆理이듯이 幼者를 冲剋함 또한 逆理다. 順者는 存하고 興하는데 反하여 逆者는 亡하고 滅하는 理致가 여기에 있다. 해서 一律的으로 두려울 것은 아니다. 生扶를 해야할 때 相生하고 冲剋을 해야할 때 相剋하는 것은 順으로서 기뻐하지만 要生扶者를 冲剋하거나 要冲剋者를 生扶하는 것은 逆으로서 도리어 일이 막히고 재난이 발생한다.

　以小凌大하면 害를 自招하고 以弱勝强하면 災殃을 自取한다.
　幼者가 旺者를 剋하는 것은 小가 大를 凌駕하는 것이니 하루 강아지가 범무서운줄 모르고 덤비는 격이다. 범앞에 덤벼든 강아지가 큰 害를 당할 것은 불문가지다. 그것은 스스로 무덤을 판 것이니 분수를 모르고 경거망동하다가 봉변을 당하는 경우를 뜻한다. 그와 같이 弱者가 强者를 이기려 하는 것은 마치 一水로서 三火를 剋하듯이 계란으로 바위를 치는 격이니 무모한 모험과 허욕과 작사(作事)로서 크나큰 재난을 불러 일으키는 것을 의미한다. 幼者가 旺者를 능멸하고 弱者가 强者를 先攻하는 것은 어리석은 만용과 버릇없는 망동이며 이는 세상 물정에 어두운 아집과 시기 질투의 소산이니 자제와 인내의 힘을 기르고 시야를 넓히며 아량과 슬기를 가꾸는 것이 급선무다. 수양이 없고 자제심이 없다면 평생 실패와 재난이 잇달아 발생한다.

　　　　　生而不生 旺而不旺者는 先吉後凶하다.

　壬水가 戊申土(音)를 보면 長生이면서 長生이 아니다. 왜냐?

戊申은 納音上土요 申 또한 土로 변하였기 때문에 水를 生할 수가 없다. 壬이 申을 보면 水源의 長生이니 무척 기뻐할 것은 당연하다. 그러나 土에 묻힘 샘에서 물이 나올리 없으니 처음엔 기뻐했다가 크게 실망한다. 그와 같이 長生이면서 長生이 아닌 경우엔 처음엔 용기를 내고 박차를 가할만큼 희망이 잇고 순탄하지만 결과는 허무하게 실패로 돌아간다.

壬水가 庚子土(音)를 보는 경우도 똑같다. 壬은 子에서 旺이지만 土가 나타났기 때문에 도리어 막히고 힘을 쓰지 못한다.

旺이 弱으로 變한 것이다. 壬이 旺地에 이르면 힘이 치솟고 생기가 넘치니 무엇이든 하려고 서둔다. 그러나 막상 착수하고 나면 水가 土로 變질하듯이 사태가 크게 어긋나고 막힘으로서 마침내는 실패의 쓴잔을 마신다. 그와 같이 旺하면서 不旺한 자는 처음엔 旺했다가 衰退함으로서 多成多敗하고 有始無終하며 기쁨속에 근심이 잠겨 있다.

死而不死하고 絶而不絶하면 危中得福하고 窮則 通한다.

〈壬見癸卯 辛巳〉

壬水는 卯에서 死하고 巳에서 絶한다. 그러나 癸卯金(音)이나 辛巳金(音)을 만나면 死絶中에서 生水하니 絶處逢生하고 死中有生하여 도리어 復活하고 發身한다. 이는 죽음과 絶地에서 再生의 빛을 만나는 것이니 危地에서 救濟를 받고 窮地에서 亨通하며 한 치를 굽히고 두치를 뻗는 것이다. 五行이 氣盡한데 父母의 음덕을 누리어서 生氣를 회복하는 것이니 貴人의 공덕이 크다.

生旺도 太過하면 福中生禍하고 死絶이
太過하면 福은 기대할 수 없다.

　五行은 生旺해야만 造化를 부리고 大成할 수 있지만 生氣가 지나치게 왕성하면 절제가 없고 과격함으로서 뜻밖의 적을 만들고 그것이 쌓이고 자라나면 재난을 몰고 오듯이 福中에 禍가 싹트고 마침내는 轉福爲禍가 되는 것이다. 五行이 死絶하면 生氣가 탈진하니 아무런 조화도 있을 수 없듯이 발전이나 成事는 전혀 기대할 수 없다.
　단지 현상유지하는 것만이 지상과 제로서 마치 산송장과 다를 바 없는 무기력한 존재다. 그러나 절처봉생이라고 만일 생기를 공급하는 長生이나 인수를 만나면 굶주린 생명이 밥을 먹고 생기를 회복하듯이 잃었든 정신을 되찾고 기진맥진한 가운데 생기가 회복됨으로서 막혔든 일이 형통하고 재난을 극복하며 마침내 貴人의 도움으로 크게 뜻을 이룰 수 있다.

火絶한데 得土하면 通達하고 土絶한데 得金하면 死而不亡하며
金絶한데 得水하면 精復繼體하고 水絶한데 得木하면
魂復天遊하며 木絶한데 得火하면 灰飛煙滅한다.

　火는 水旺地(亥)에서 絶하고 土는 火旺地(戊土는 壬水와 똑같이 十二運星을 쓴다.)巳에서 絶하며 金은 木旺地寅에서 絶하고 水는 火旺地巳에서 絶하며 木은 金旺地申에서 絶한다. 그러나 絶處逢生이라고 絶의 鬼地에서 鬼를 누르는 鬼의 鬼를 만나면 鬼를

쫓고 復活함으로서 새로운 人生의 章이 시작되듯이 도리어 轉禍爲福하고 大成할 기회를 얻는다. 가령 丙火는 亥에서 絕하는데 丁亥土(音)를 만나면 土로서 水旺地를 메꾸니 다시 火의 슬기가 復活하여 聖人君子처럼 通達하고 이름을 크게 떨친다. 戊土는 巳에서 기름이자 피인 水氣를 完全히 잃음으로서 기진맥진하는데 辛巳金(音)을 만나서 金生水하면 精力이 회복되고 生氣가 발랄함으로서 죽음으로부터 再生하여 오래도록 長壽하고 衆生에 공헌이 크다. 金은 寅中丙火에 의해서 녹아 없어지는 絕地에 臨하는데 甲寅水(音)를 만나서 水剋火하면 다시 金으로 回生하여 形體를 바로 잡고 腎血을 生産할 수 있다. 이는 肝기능이 끊어지는 段階에서 다시 肉身을 회복하고 피를 회전하여 原狀恢復하는 것이다. 水는 火土의 旺地인 巳에서 流通이 정지되고 막히는데 己巳木(音)을 만나서 木剋土하면 멈췄든 물이 다시 흐름을 되찾고 生氣를 발산하듯이 잃었던 혼을 되찾아서 힘차게 長流하고 天下를 기름지게 살찌운다. 木은 金旺地에서 斷]木이 되는데 만일 丙申火(音)를 만나면 토막낸 나무에 불을 피우듯이 완전히 잿더미가 되어서 혼비백산하니 영원히 再生할 수 없다. 이와 같이 五行은 絕地에서 逢生하나 유독 木만은 絕地에서 永滅하고 만다. 왜냐? 木은 生命의 主體로서 한번 죽어지면 再生이 不可能한 때문이다.

**庫多則虛하고 生旺多則 無歸宿하며
死絕이 많은 즉 激揚이 없다.**

庫는 墓로서 무덤에 도사리고 있는 冬眠者처럼 모든 기운이 안으로 저장되고 밀폐되어 있음으로서 외부와의 작용이 거의 단절되어 있다. 그 동결된 주체의 기운이 무척 허약하고 만사에 우둔할 것은 불문가지다. 生旺은 長生과 帝旺이니 氣運이 極盛하고 作用 또한 極旺하다. 마치 바람이 지나치게 가득찬 풍선처럼 저절로 나르고 떠돌아다니듯이 한시도 멈추거나 쉬지않고 무엇이든 서둘러 움직이고 동서남북 뛰어 다닌다. 지치거나 질병을 모르고 뒤를 돌아보지 않고 앞만을 향하여 줄다름치는 生旺者는 한번 거친 곳은 두 번다시 되찾거나 돌아오는 법이 없으리만큼 새로운 천지를 개척하기에 여념이 없다.. 그러다보니 고향과 내집에 머물거나 돌아오기는 거의 어렵고 언제나 객지에서 東家食西家宿하듯 여러곳을 뛰어다니다가 마침내는 만리이역에서 이름을 날리고 보금자리를 잡게 된다.

이와는 반대로 死絶者는 氣運이 탈진하여 기진맥진하는 노약자로서 만사를 정신으로 이겨내고 이끌어가며 안간힘으로 살아가는 정신적 인생으로서 감정이나 기분을 모르고 본능과 욕망을 거의 외면하고 있다. 그래서 아무리 기쁘고 감격스러워도 평범한채 감격할 줄을 모르듯이 아무리 분하고 위급해도 격노하거나 분발할 줄을 모르니 평생 감정이나 기분이 激發하거나 이름을 떨치는 비약은 기대할 수가 없다.

　　　지나치게 太過하거나 相逆 相傷하거나
　　　純粹한 것은 모두가 두렵고 不吉한 것이다.

　五行은 왕성해야만 큰일을 할 수 있고 相剋하는 데서 자극을 얻어 분발하며 相傷하는데서 戰術과 要領을 배우고 순수한데서 고요하고 깊은 물속의 진리를 발견할 수 있다. 그러나 너무 지나치게 왕성하면 고삐없는 황소나 브레이크없이 질주하는 자동차처럼 횡포하고 사상을 일삼으니 사고투성이요 재난이 꼬리를 물고 일어나듯이 너무 지나치게 相剋하면 분발이 격분으로 변하여 사리와 理性을 잃고 싸우고 부수는 데만 血眼이니 마침내는 기진맥진하여 서로 망하고 무능자로 전락한다.

相傷도 지나치면 싸움이 殺生으로 極烈하여 피를 흘리고 만신창이가 되니 사지오체가 온전할 수 없고 수명 또한 안전하게 보장될 수가 없으며 질병이 끊어지지 않는다. 純粹도 지나치면 고요함이 죽음으로 변해서 영원히 조화를 이룰 수 없으니 평생 기회와 햇빛을 볼 수 없고 산송장처럼 허무한 세월을 보낼 따름이다. 마치 깊은 물속에 잠긴 돌처럼 부각될 수가 없고 아무리 공부하고 사색하고 진리를 탐구해도 현실과는 부합이 안되고 쓸모가 없는 지극히 주관적이고 편견적이며 고전적이고 비정상적인 유아독존격이니 아무도 그를 돌보거나 알아볼 수가 없다. 지나치게 맑은 물은 고기가 놀지 않듯이 지나치게 淸高하고 純潔하면 修女처럼 俗世를 외면하는 고독의 길을 걸어야 한다.

官星의 旺相地에선 文章이 뛰어나고 富貴하다.

官은 社會的 名聲이요 頭角이니 官이 왕성하면 表現力이 크게 뛰어나고 이름을 떨치며 그로 因해서 富貴를 누린다. 學者는 文章이 表現이니 官鄕에서 工夫하고 研究한 것이 멋지게 表現되고 빛을 나타내며 大志를 이룩하고 貴와 富를 얻을 수 있다. 自己의 能力을 完全하고 最高로 나타내고 成事하는 것이 出世요 出世의 별이 곧 官이니 進學이나 考試나 拔擢이나 昇進榮轉은 모두가 官의 所致다.

> 衰敗地에선 運이 三分之一 減하고 다시
> 死絶地에 이르면 二分之一을 減한다.

運은 氣에서 生하니 氣盛하면 運도 盛하고 氣衰하면 運도 衰한다. 身이 衰敗하면 運氣도 衰하여 三分之一을 減退하게 되고 다시 死絶을 만나면 極衰하니 半을 잃게 된다. 氣가 休囚하면 정신이 혼미하고 氣力이 脫塵하여 正常的인 활동력을 할 수 없고 持續性이 不足함으로서 萬事가 위축되고 빗나가며 침체와 고난을 벗어날 수가 없다.

> 偏氣가 乘和되고 衰氣가 得旺하면
> 虎嘯風生하듯 大發하고 富貴하다.

陰陽이 偏枯하면 한쪽다리로 보행하는 것처럼 애만 쓸뿐 성사가 될 수 없다. 運에서 陰陽이 中和되어 偏氣가 和氣로 正常化되면 두다리로 步行하듯 힘차게 뛰고 前進할 수 있다. 그와 같이 運氣가 衰退하면 바람빠진 타이어처럼 그대로 주저앉아서 꼼짝을 못하고 아무리 몸부림쳐도 허사요 徒勞다. 多幸히 運에서 旺相地를 만나면 타이어에 바람이 充滿한 것처럼 여태껏 얼어 붙었던

바퀴가 나르는 듯이 힘차게 달릴수 있다. 한쪽다리를 잃었던 偏枯가 두다리를 찾아서 中和되거나 바람빠진 타이어가 바람이 충만하여 正常化된 듯 衰氣가 旺盛해지면 병든 호랑이가 약을 얻어 元氣를 되찾고 飛虎로서 天下를 주름잡고 바람을 일으키듯이 일약 大發하고 大富大貴를 이룩할 수 있다.

　　　身旺해도 純殺로서 無制하면 富貴할 수 없고
　　　運에서 制殺하면 功名을 이루고 大權을 잡는다.

　七殺은 無法者요 殺氣가 등등한 野性的인 暴君이자 몸을 害치는 病星이다. 비록 身旺하면 無敵이라 하지만 이러한 殺傷者를 만나면 다스리지 않을 수 없다. 자나깨나 無法者와 橫暴者와 疾病을 다스리기에 精力과 時間과 돈을 낭비하다보니 富하고 貴할 겨를이 없다. 이는 外敵을 물리치기에 餘念이 없는 나라와 같다. 나라가 아무리 부강하다해도 싸움을 오래하면 지치고 國庫가 텅비며 國力이 衰退한다. 어찌 富强할 수 있겠는가? 七殺이 法을 짓밟고 主君을 공격하는 까닭은 財物과 權利를 겁탈하는데 있다. 눈만 뜨면 겁탈자가 연달아서 쳐들어오니 生産하고 致富할 겨를이 없다.

　行運에서 七殺을 制化하는 食傷이나 印星을 만나면 無法者를 一掃하고 平和를 회복할 뿐 아니라 敵軍을 포로로 잡아서 生産手段으로 轉用하니 그 戰功은 天地를 진동하고 萬人이 우러러 보는 權威와 名聲을 떨치어서 일약 大貴大富를 누리는 出衆의 出世를 한다. 이는 오랫동안 一線에서 惡戰苦鬪하다가 大勝하여 凱旋將

軍으로 功名을 세우는 것이니 貧賤한 환경에서 千辛萬苦를 克服하여 마침내 至極한 一品의 富貴를 이룩하는 것이다. 그래서 有殺無制하면 白屋의 窮途에서 出發하여 때를 만날 때 飛躍하는 것이다.

生者는 死地에서 死者는 生地에서 危命하다.

長生月에 出産한 者는 生氣가 발랄하고 前進 또는 前進함으로서 한시도 멈출수가 없다. 만일 固定된 死地에 이르면 野性의 동물이 울에 갇히고 自由를 잃은 것처럼 속이 답답하고 살용기를 잃으며 몸부림치는 통에 오래 살 수 없을뿐더러 人家에 묶였으니 멀지않아 밥상의 祭物로서 죽는다. 反對로 死月에 生한 者는 정신력으로 生命을 지탱하는 老衰한 生命이니 長生地를 만나면 衆生이 뛰고 노는데 같이 덩달아서 無理하게 運動하고 정력을 낭비한다. 老者가 少者로 착각하고 幻想의 춤을 추었으니 기진맥진하여 마침내 스러진다. 이는 人家에 묶여사는 家畜이 野性의 禽獸로 開放된 것과 같다. 비록 自由天地를 奔走한다하나 生氣발랄하고 殘忍暴惡한 野獸의 등살에 家畜이 견디고 온전할 수는 없다. 弱肉强食의 自然法則에 依해서 멀지 않아 强者의 고기로서 祭物이 되고 만다. 그와 같이 늙고 병든 死者는 動하는 生地를 싫어하고 두려워하며 젊고 씩씩한 生者는 묶이고 걷우는 死地를 두려워한다. 老弱者가 結婚하면 죽음의 무덤을 독촉하듯 少者가 老弱者와 同居하면 산송장과 다를 바 없다.

生者가 死地에 이르는 것은 老衰가 極한 것이니 自然의 理致요

死者가 生地에 이른 것은 죽어서 再生하고 復活함을 의미하니 絶處逢生과 新陳代謝를 뜻하는 것이다.

가령 壬日主가 卯月生이면 死地에 生한 것이니 申의 長生地(運)에 이르면 벌레가 늙어서 알을 까고 다시 幼蟲으로 長生하듯 絶處逢生하는 것이니 永生의 길을 떠나는 것이요 壬水가 申月生이면 生地에서 生한 것이니 卯의 死地(運)에 이르면 늙고 병들어서 더 以上 살 氣力이 없듯이 自然의 壽를 다하고 永遠의 江을 건너야 한다. 그와 같이 酉月生丁火는 寅의 死地에서 寅月生丁火는 酉의 生地에서 死하고 寅月生丙火는 酉의 死運에서 酉月生丙火는 寅의 生地에서 死한다.

五行이 生旺하면 福氣가 往來하고 五行이
得地하면 吉神이 돕지 않해도 榮華롭다.

命은 五行의 꽃이니 五行이 生旺하면 五行의 造化가 無窮함으로서 五福이 茂盛하고 무엇이든 能小能大하며 平生 泰平하고 前進한다. 五行이 得根得氣하여도 뿌리가 튼튼하고 싹이 堅實한 것이니 吉神이 도움지 않해도 自立으로 能히 成長하고 萬難을 克復해서 自榮하고 自昌할 수 있다.

五行이 死絶하면 吉神이 救助해야 榮華롭고
五行이 無氣하면 吉神이 도와도 無用하다.

五行이 死絶된 것은 極老極衰한 것이니 吉神이 도와야만 움직이고 有用하며 영화를 볼 수 이다.

獨自的으로는 아무것도 할 수 없으니 自立自營은 不可能하고 失敗하면 貴人을 만나야만 老鍊한 才能을 크게 발휘할 수 있다. 그 吉神이란 生扶하는 印比이니 印運과 比劫運에 發身한다.

그러나 五行이 偏枯하거나 刑冲破害로서 無能無力하거나 身主가 太弱해서 전혀 無氣力하다면 설사 吉神이 도와준다 해도 起動이 不可能함으로서 病床의 患者와 같으니 生扶할 때 도리어 逆效果를 나타낸다.

그것은 겨우 生命을 扶持하는 重患者에게 아릿다운 女人이 나타나서 유혹을 하고 交情을 한 것이니 그 結果가 疾病을 크게 惡化하듯이 災難을 초래하는 것이다.

陰干은 四正時에 生하면 身旺하니 身貴家榮하고
死絶墓衰한則 不足하며 干傷하면 가장 不足하다.

陰은 物이요 象으로서 四季得節하면 身이 旺盛하고 物象이 茂盛하니 이름을 떨치고 榮華를 누릴 수 있다. 가령 寅卯月生의 乙木을 비롯해서 巳午月生의 丁火나 申酉月生의 辛金이나 亥子月生의 癸水는 모두가 氣旺하고 物盛함으로서 最大의 造化를 나타내고 最高의 功績을 이룬다.

그와 같이 陰은 衰墓死絶의 老衰와 換節氣에 이르면 秋風落葉처럼 시들고 보잘것이 없으니 아무런 造化를 부릴 수 없듯이 고독하고 부실히다.

그러나 때가오면 다시 싹이 트고 잎이 피며 꽃이 피고 茂盛하니 希望과 꿈이 크지만 殺星에 傷處를 크게 입은 物象은 그대로 시들고 죽어짐으로서 回生하고 復活할 希望과 꿈이 없듯이 가난하고 초라한 窮相을 벗어날 도리가 없다. 陽氣는 剋傷해도 無形함으로서 無傷하고 곧 回生하지만 陰物은 한번 傷하거나 죽어지면 回復하기가 힘들다.

> 最貴最富者는 居處가 旺地요 旺處가 三位로서
> 相扶하고 至賤至貧者는 居處가 모두 衰地다.

干은 싹이요 支는 뿌리이며 干은 象이요 支는 氣다. 뿌리가 튼튼한 싹은 힘차게 成長하듯이 根氣가 旺成한 物象은 茂盛하게 豊足한 結實을 가져옴으로서 大富大貴를 누릴 수 있다.

뿌리와 根氣는 旺하고 많을수록 좋으니 旺氣가 三位 以上이면 根氣가 무궁함으로서 最高最大의 富貴를 누릴 수 있다. 반대로 根氣가 老衰하고 無力하면 그에서 發生하는 싹과 그에 의지하는 物象이 가뭄에 목타는 草木처럼 生氣를 잃고 기진맥진하며 의지가지가 없는 병든 환자로서 至極히 가난하고 賤하며 平生 自立하거나 出世할 氣力과 可望이 없다. 獨立心이 없이 덮어놓고 의지하려는 求乞을 일삼고 體面과 염치를 전혀 外面함으로서 社會의 寄生蟲노릇을 거침없이 즐긴다.

> 命이 無傷하고 日君이 旺地에 居하면 一躍 出世한다.

四柱에 刑冲破害가 없고 日主가 旺氣를 타고 있으면 力量이 非

凡하고 能小能大함으로서 일즉부터 靑雲을 이룩하고 直線的으로 朝廷에 登用되는 榮光을 누릴 수 있으며 君王의 信任과 총애를 한몸에 누리어서 富貴영화를 누릴 수 있다.

官星과 財力이 有力해야 하고 命象이 中和되어야 할 것은 勿論이다.

> 運이 衰地에 이르면 반드시 災咎가 生하고 日君이
> 衰墓絶에 居하고 象이 雜局이면 不遇하다.

運은 主君의 運勢다. 運이 死絶地의 衰鄕에 이르면 氣勢가 衰退하고 無力함으로서 運勢가 沈滯되고 萬事가 不成일뿐더러 無能無力한 罪過로서 반드시 問責되고 破産 轉落등 災難을 겪는다.

日君이 平素 衰墓絶地에 居處하고 命局이 不純하고 混雜해도 氣力이 虛弱하고 환경이 복잡함으로서 出世하기가 어렵고 逆境과 困窮에서 벗어나기가 힘들다.

> 夫의 旺地에선 妻가 從夫하고 妻의
> 旺地에선 夫가 從妻한다.

旺者는 衰者를 다스리듯이 衰者는 旺者에 順從하는 것이 自然의 法度다. 夫가 旺하면 妻身이 官鄕에 있으니 虛弱하고 妻가 旺地에 있으면 夫身이 財鄕에 있으니 無力하다. 그래서 女命은 夫의 旺地에선 夫權이 旺盛하니 順順히 從夫하고 男命은 妻의 旺地에선 妻運이 旺盛하니 順順히 從妻(愛妻)하거나 異性에게 빠지기 쉽다.

主象이 旺盛하면 榮貴하고 反對로 衰弱하면 枯賤하다.

命象이 順厚하고 主象이 旺盛하면 命主가 총명하고 非凡하니 크게 出世하고 榮華를 누릴 수 있는데 반하여 命象이 無氣力하고 衰退하면 命主가 어리석고 우유부단하며 無能無力함으로서 한가지도 成事할 수 없고 枯木나무처럼 窮象을 벗어날 수 없이 가난하고 賤하다.

身은 衰한데 鬼旺하면 肢體가 傷殘한다.

日君이 衰絶地에 居處하고 있어 無氣力한데 鬼殺이 旺盛하면 병든 患者가 猛虎와 혈투하듯이 절벽江山을 오르고 또 오르는 格이니 몸이 온전할 수 없다. 기진맥진할뿐더러 만신창이가 되어서 手足이 傷하고 不具가 되기 쉬우며 殘疾이 끊이지 않으니 身體가 不自然스럽다.

身旺하고 鬼衰하면 도리어 凶徒之命이다.

身旺하면 힘이 넘치고 두려움이 없으니 무엇이든 제멋대로 行動하고 방종한다. 이를 다스리는 것이 法이자 權力인 官殺인데 官殺이 無力하면 이를 가르키고 바로잡는 師父가 없고 法이 없는 無法天地의 眼下無人者로서 버릇이 없고 非情하며 殘忍하고 殺傷을 일삼으로서 정작 凶惡한 犯罪를 저지르는 凶徒로 轉落하기 쉽다.

身虛하고 鬼衰하면 男性은 飄蓬하고
女性은 반드시 중이 된다.

　　日君이 衰地에 居하고 殺 또한 無力하면 自立할 能力이 없을뿐더러 才能과 名聲도 없는 쑥스러운 人生이며 主體가 無能하니 主見이 없고 意志가 박약하니 無骨蟲과 같다. 男性은 바람에 나부끼는 가랑잎처럼 정처없이 漂流하고 波瀾이 萬丈이며 女性은 夫德이 없고 定處가 없으니 千辛萬苦 끝에 出世入山한다.

日主가 衰墓에 居하면 平生 孤獨하고 旺處에
居하면 一世가 觸嶸하며 日旺하면 自立한다.

　　日主가 得旺하면 能히 自手成家할 수 있음으로서 自立하고 日支가 旺하면 根氣가 旺成함으로서 萬事에 能動的이고 精進的이어서 높이 오르고 또 오르려하니 一世가 多事奔走하며 日支가 衰墓하면 老衰하고 氣盡하여 保守的이고 安逸的이어서 언제나 외롭고 地味하다.

時가 日을 剋破하면 職位를 剝退당하고
日旺하고 時强하면 聚秀하여 無福해도 橫發한다.

　　時는 社會요 剋日者는 殺이다. 時에 有殺하면 社會的으로 有能하고 有勢한 反面에 敵을 만들고 敵과 더불어 싸우다가 財殺運엔 敵强我衰함으로서 職位를 剝當당하고 退位하게 된다.
　　日旺하고 時强하면 秀氣가 뭉치어서 有力하고 社會와 好緣임으

- 203 -

로서 비록 福이 없어 고생을 한다해도 언젠가는(財官運) 갑자기 發身하고 發福한다.

月支는 傷害되고 時에서 得地하면 財運에 自立하고
月支가 絶傷되고 時와 沖이 되면 決定코 三遷한다.

月支가 刑冲破害되고 時에서 得根得旺하면 初年은 風多하고 成敗가 無常하나 中年後엔 財運에서 發奮하여 自力으로 成事한다. 그러나 月支가 死絶 또는 刑冲되어 無力한데 社會의 支柱인 時支를 冲하면 家庭과 社會가 언제나 바람에 흔들림으로서 平生에 居處와 職業을 반드시 세 번 크게 바꾼다.

月支가 衰하면 어려서 艱難하고 月支가
旺地이면 晩年이 不足하다.

月支가 衰하면 根氣가 虛弱하니 어려서는 健康과 운세가 不振하고 中年부터 發身하는데 反하여 月支가 旺盛하면 根氣가 강하니 젊어서는 健康과 運勢가 日就月將하고 旭日昇天하지만 지나치게 氣運을 過用함으로서 일즉 衰退하고 晩年엔 건강과 運勢가 不振하고 不足하다.

日秀하고 時衰하면 有始無終하고 日弱하고
時强하면 晩年에 榮顯한다.

日支는 旺한데 時支가 衰하면 動하는 것은 有能하나 결실을 맺지못하니 作事는 잘하나 成事되는 것이 없어서 有名無實하다. 反對로 日支는 衰한데 時支가 旺하면 動하고 作事하는 것은 둔하고 弱하나 期必코 結實함으로서 中年後부터 發身하여 晚年엔 크게 出世하고 영화롭다.

元氣가 强旺하면 마침내 功名을 이루고
根氣가 休囚하면 得地해도 富貴는 難成이다.

타고난 根氣가 旺盛하면 不屈의 意志로서 前進 또는 精進함으로서 七轉八起 해서라도 기어이 功名을 이루는데 反하여 元根氣가 虛弱하면 설사 旺地를 만난다해도 타고난 그릇과 氣質이 튼튼치 못함으로서 富貴를 이룩하기는 힘든다.
잠시 운세가 好轉될 따름이다.

天元이 너무 허약하면 蘇生하기 어렵고
命主가 休囚되면 貧寒하기 無地하다.

日干이 지나치게 脫氣해서 氣盡한 狀態면 蘇生하기가 어려우니 藥石이 無效이듯 旺地에 이르러서도 回氣하지 못하고 산송장과 같다. 그와 같이 命主가 元來 衰絶하면 意氣가 不足하고 無能無力하며 어리석고 인색하며 고지식함으로서 기회를 얻을 수 없으니 平生 가난을 免하기 어려울뿐더러 가난하기 짝이 없다.

氣旺者는 逢傷해도 終身 有救하고 氣敗者는
逢生得地해도 一世無成하다.

命은 氣의 化象이니 氣가 旺盛한 者는 造化가 무궁하다. 설사 刑沖剋害를 만난다해도 能히 自力이나 救濟하는 貴人의 도움으로 克服하고 뜻을 이루는데 反하여 氣가 衰敗한 者는 설사 生扶하는 得地를 만나도 造化가 不振하고 不實함으로서 一生에 되는 것이 없고 만사가 수포로 돌아간다.

時支에 旺氣가 있으면 반드시 兒多하고
時支에 敗氣가 있으면 반드시 絶嗣한다.

時는 結實의 子宮이다. 이곳이 旺盛하면 子孫이 豊盛함으로서 기필코 子女가 많고 무성하며 晩年이 영화로운데 反하여 時支가 衰敗하면 子運이 無氣力하고 失敗함으로서 子女가 不實하고 無氣力하여 後嗣를 이어가기가 어렵다.

四柱가 生旺하면 官祿이 없어도 長壽하고
五行이 敗衰되면 祿馬가 있어도 夭折한다.

命이 生旺하고 氣盛하면 泰山같은 廣大한 大地로서 財官이 있어야 耕作한다. 財官이 없으면 荒蕪地로서 쓸모가 없으니 富貴는 커녕 貧賤을 免할 수 없다. 그러나 元氣가 旺하니 비록 가난하되 長壽는 한다. 反對로 五行이 無氣力하면 財官이 있다해도 감당하지 못할뿐더러 도리어 無理한 出血을 함으로서 短命하고 夭折한다.

丙火가 死墓絶이면 性凶頑多하고 酷使이며 丁火가
長生, 養이면 爲人이 豊厚하고 富豪하다.

丙火는 强烈한 陽中陽이니 力强함을 기뻐한다. 死墓絶地에 있으면 白虎가 함정에 빠진것처럼 性質이 凶暴하고 頑固하며 人情事情없는 酷使처럼 冷酷하다. 丁火는 柔順한 陽中陰이니 順厚함을 기뻐한다. 長生이나 養地에 있으면 人情이 많고 品位가 豊厚하며 剛柔를 兼함으로서 富貴하고 豪氣가 늠름하다.

五行은 沐浴과 傷害를 싫어한다.

沐浴은 未成人이 氣分과 感情으로서 速斷速行하는 힘의 낭비로서 貴重한 精氣를 헛되이 쓰는 것이요 剋傷破害는 非生産的인 힘의 낭비다.
五行이 沐浴이나 剋傷에 臨하면 부질없는 일로 時間과 精力과 돈을 낭비하고 끝내 失敗를 당하게 되니 크게 싫어하며 萬一 沐浴과 剋傷을 만나면 반드시 虛名虛利로 散財 損名한다.

日旺無依하면 損財傷妻하지 않으면 外家가 零落하는
동시에 離祖遷居않으면 外地에서 죽는다.

日君은 旺盛한데 臣下인 財官이 無力하면 四顧無親이니 일즉 離鄕하거나 外地에서 客死하고. 妻子의 根氣가 虛無하니 妻子의 설땅이 없듯이 損妻傷子한다. 만일 妻子가 온전하면 印星이 脫氣

하니 印星의 本身인 外家가 沒落하고 父母 또한 無氣力하다.

俱旺하면 用物에 따르고 俱衰하면 他物로 變한다.

五行이 모두 旺하면 무엇이든 할 수 있고 體가 건전하다. 用을 얻으면 有能한 造化를 부릴 수 있으니 쓸모있는 用神에 따른다. 反對로 五行이 모두 衰弱하면 無用之物이 되고 廢物로서 放置되니 녹이 쓸고 썩는등 變質하여 形體가 變한 異質物도 化해버린다.

日主가 死絶衰病이면 賤한 塵土에서 산다.

萬有는 氣의 化象이듯이 日主는 氣가 旺盛해야 한다. 日主가 衰病死地에 있으면 無氣力함으로서 아무런 造化도 이룰 수 없듯이 無能無力하고 一生을 無爲虛送하며 俗世의 뒷골목에서 賤하고 가난하게 살 수밖에 없다.

鬼鄕에서 倒食되면 필히 奴婢가 되고
月支가 墓庫하면 필히 孤貧하다.

鬼殺은 攻身하는 敵兵이니 鬼殺이 旺盛한 鬼鄕에선 無氣力하고 不自由하며 고삐에 묶인 牛馬와 같다. 이때에 食神마저 梟神에 依해서 傷害되고 倒食이 되면 衣食의 바탕을 完全히 상실함으로서 不得已 奴僕이 될 수 밖에 없다.

墓庫는 社會와 遮斷된 秘密의 토굴로서 外部와의 접촉을 싫어한다. 生產보다는 貯蓄과 절약에 힘쓰는 美德이 있는 反面에 구두쇠처럼 인색하고 自己本位의 我執이 强함으로서 社會的으로는 융통성이나 開放性이 不足하다. 마치 우물안의 개구리처럼 墓庫가 世上의 全部인양 現實에만 執着하고 固守하며 理想과 變化와 發展을 外面한다. 銀行員처럼 돈을 지키고 자리를 固守하는 구두쇠 노릇은 잘하나 서로 주고 받고 돕는 人情과 人心과 情熱이 不足함으로서 고독하고 인색하다. 특히 月支에 墓庫가 있으면 타고난 天性이 인색하고 非社交的이어서 平生 고독과 가난을 벗어나기 힘들다. 그러나 他支에 有氣하고 氣盛하면 설사 墓庫가 있다해도 구애없이 進取的이고 開發的이다. 타고난 根氣가 虛하고 財官의 負擔이 重한데 月支의 根氣조차 虛할뿐더러 月支의 墓中一氣에 겨우 의지한다면 현상을 유지하기에도 汲汲한지라 社會와 斷絶된 고독하고 가난한 人生을 벗어날 수가 없다.

萬有는 氣의 化象인지라 氣가 虛하고 孤하면 그 主體의 象 또한 孤하고 貧한 것이다.

　　　　絶地에선 長生之財를 取할 수 없고
　　　　衰地에선 旺中支鬼를 對敵할 수 없다.

長生은 豊盛하고 帝旺은 旺盛하며 絶은 無氣力하고 衰는 虛弱하다. 甲申日이 己酉를 보면 絶地에서 長生의 財를 본 것이오 甲辰日이 庚申을 보면 衰地에서 旺한 鬼를 보는 것이다. 無氣力한 絶地에선 豊盛한 財를 감당할 수 없으니 도리어 부담과 질병이 되듯이 老衰者는 旺鬼를 막을 수 없으니 鬼殺에 쫓기고 지쳐쓰러질 수밖에 없다.

財官雜氣가 吉하면 庫가 되고 凶한則 墓가 된다.

月支에서 辰戌丑未가 있으면 財官雜氣라고 한다. 雜氣는 天干에 透干하는 것을 기뻐하고 不透하는 것을 凶으로 삼는다. 透干하면 雜氣는 干의 氣庫로서 干과 氣庫가 다같이 流通하고 相助하니 꽃을 피우는데 反하여 不透하면 雜氣가 流通하지 못하고 支中에 閉塞됨으로서 죽음의 무덤과 같으며 無能無力하다.

傷官이 入墓하면 가장 凶하다.

傷官은 번개처럼 빠르고 브레이크가 없는 疾走者다. 그가 墓地에 이르면 발목이 묶이니 超速度로 달리는 馬의 발목을 갑자기 가로막고 고삐로 묶는 것과 같다. 그 馬의 발목이 부러지고 馬車가 곤두박질하여 그에 타고 있든 主君이 피투성이가 될 것은 不問可知다. 이는 放心하고 달리다가 갑자기 不意의 습격과 사고로 혼비백산하는 異變을 당하는 것이다.

劫財之庫에 帶凶殺則 凶하고 喜印이 生旺하면
轉轉爲福이요 自家大義가 綿綿不絶이다.

丙人이 戌을 보면 戌沖丁火劫財가 있다. 戌은 劫財之庫이니 이에 凶殺이 같이 있으면 無法者인 劫財가 惡黨과 陰謀를 作事함으로 凶하다.

　印은 生氣요 信望이요 德性이다. 印星이 生旺하면 生氣와 德望이 生生不息하니 福이 振振하고 家門의 榮華와 大義가 綿綿히 이어지니 子子孫孫 名傳千秋의 大業을 이룩한다.

　　　　有生有扶하고 坐生旺하면 氣全하고 有情有力하며
　　　　有殺한데 歲運에서 剋身하면 氣散하여 外馳한다.

　四柱에 生해주는 印星이나 부축하는 比劫이 있거나 長生이나 建祿帝旺地에 앉아 있으면 氣가 온전하듯이 多情하고 有力하며 能小能大하고 亨通한다. 七殺이 있어서 苦戰을 하고 있는터에 歲와 運에서 또 攻身하는 財官을 보면 氣와 精神이 散失되고 쫓기어서 外地로 나가는 동시에 東奔西走하고 편할날이 없다.

　　　　本氣가 休囚하고 다시 落空하면 설사
　　　　得地해도 退散하여 不濟하고 本氣가
　　　　旺하면 到空亦猶可能任한다.

　타고난 主氣가 死絶하고 空亡되면 이미 再起不能으로 衰盡하고 脫氣한 것이니 설사 身旺運을 만난다 해도 退散한 氣가 再生하기가 어렵고 救濟될 수 없으니 산송장과 다를 바 없다.
　그러나 本是가 氣旺한 主體라면 설사 空亡이 되었다 해도 壯主가 잠시 함정에 빠진 格이니 再起하여 本分을 감당할 수 있다.

　　　　死絶胎의 休囚地에 있고 福神이 없다해도
　　　　中和之命은 無害하고 保命하되
　　　　貧賤하고 壽長하다.

　身氣가 허약한 死絶胎에 臨하고 財官의 福神이 없다면 無能하고 無力해서 富貴를 누릴수 없이 가난하고 賤하다. 그러나 陰陽이 中和되고 五行이 不偏하며 運 또한 偏枯하지 않다면 害物이 없으니 壽命은 오래도록 보존될 수 있다.

　　　　休囚廢死는 天時라 하고 死敗墓絶은
　　　　五行이라 하니 天時五行이 滿局이면
　　　　一生謀望이 無成하고 退晦藏拙한다.
　　　　만약 孤氣하면 出俗林泉人이다.

　木은 火地에서 休하고 金地에서 囚한다. 休囚의 廢死는 流行하는 天氣의 四時에서 연유하니 天時라 하고 死浴墓絶은 地上의 五行이 순환하는 十二運氣의 旺衰에 연유하니 五行이라고 한다. 四柱에 天時의 休囚와 五行의 死敗墓絶이 滿盤이면 老弱者의 收容所와 같으니 一生에 圖謀하고 所望하는 바가 하나도 이뤄질 수 없고 無生無氣하면 僧道之命이다.

　　　　絶은 魂鬼요 胎는 絶處逢生이며 歲日之干이
　　　　乘貴人하거나 貴人干上에 有官하면
　　　　主必貴하여 得金萬玉한다.

　絶은 有氣無體이니 肉身과 分離된 魂鬼요 胎는 魂鬼가 다시 肉身을 通해서 再生하는 絶處逢生이다. 歲와 日에 天乙貴人의 干神 (丑未干神甲戊庚)이 있거나 貴人支上에 官星이 있거나 月時支에 貴人이 있으면 반드시 貴名을 얻어서 出世하고 名振한다.

　　　　絶處逢生하고 旺則退藏하며 器滿必傾하고
　　　　物過則損이며 黨盛則 隨類하고 氣衰則托情하다.

　萬物은 絶地에서 다시 再生하니 生生不息이듯이 氣가 旺하면 마침내 退하고 숨으며 그릇이 차면 物이 기울고 흩어지듯이 物과 欲心이 지나치면 도리어 損害를 본다. 그와같이 三合이나 方局으로서 五行이 偏重成黨하여 極盛이면 모두가 그에 따르게 되고 氣가 老衰하면 意慾을 상실하고 無氣力하니 有情者에게 의지한다.

　　　　五行絶處에 祿馬가 있고 扶身하면
　　　　必能進福하고 有財見比하면 分福한다.

　甲은 申에서 絶하고 丙은 亥에서 絶하며 庚은 寅에서 壬은 巳에서 絶한다. 申에는 甲의 財官印인 壬庚戊가 있어서 財官의 祿馬와 더불어 印이 生扶하니 能히 扶身하고 財官을 감당하듯이 丙

庚壬亦財官과 印이 있으니 能히 감당하고 福을 누린다. 다만 剋害하면 福祿이 虛無하니 두려워한다. 財星이 不旺한데 比肩을 보면 分財하니 分福이 불가피하다.

原有長生하고 剋損되었는데 歲運에서 다시
長生의 生旺地를 만나면 再生하니 身力復强하다.

四柱에 長生이 있는데 沖刑되어서 損傷되면 無力하다. 그러나 歲運에서 長生의 生旺地를 만나면 失神한 長生이 다시 回生하여 生氣가 발랄하듯 健康이 回復되고 運勢 또한 復活하여 福을 누린다.

死者終則 原有死絶之宮하면 歲運에서
再逢死絶亦死無二하니 不爲更凶之論하다.

死는 終末로서 한번 죽으면 再生도 再死도 不可能하다. 그와 같이 四柱에 死絶이 있다면 이미 終命한 것이니 설사 歲運에서 다시 死絶을 본다해도 두 번 죽는 것은 없듯이 凶運이라고 할 수 없다.

長生者 發蒙之初요 庫者收斂之際이니
棄始由終則 奉兩家之系嗣다.

長生은 싹이 트고 시초의 根源이요 庫墓는 萬物을 거두어 드리고 저장하는 종말의 무덤이니 만일 長生이 沖破되어서 墓庫에 몸을 담근다면 처음 出生한 父家를 떠나서 養父나 義父의 집에 간히게 되니 兩父兩家의 宗廟를 모시게 되는 것이다.

陰陽百方通變篇

　　　　運吉歲凶則 未死卒
　　　　運凶歲吉則 未發福

　운명의 사령탑은 대운이요 집행관은 세운이다. 인명을 죽이고 살리며 富貴貧賤을 심판하는 것은 대운의 사령탑이다. 세운은 그 사령탑이 결정한 바를 그대로 집행할 뿐이다. 때문에 대운이 吉하고 사령탑이 나를 보살펴 준다면 설사 세운이 나쁘고 세군(歲君)이 나를 해치려해도 사령탑이 허용치 않음으로서 죽음마는 면할 수가 있다.

　사형수가 귀인의 은공으로 위기에서 구제되고 수명을 보존하는 것이다. 반대로 대운이 凶하고 사령탑이 나를 미워한다면 설사 세운이 吉하고 세군이 나를 적극 보살핀다 해도 사령탑이 허용하지 않음으로서 세군에 기대한 것은 모두가 불발탄으로서 수포로 돌아갈 수밖에 없다. 세운이 불여 대운인 것이다.

　　　　運歲皆凶則 年少夭死

대운은 운명의 무대요 세운은 관람객이다.

　무대가 멋지면 재능과 연기를 마음껏 발휘할 수 있음으로서 크게 이름을 떨칠 수 있고 관람객이 적극 호응하면 크나큰 돈을 벌 수가 있다.

　그 타고난 대운과 세운이 일생동안 凶하다면 만사는 끝장이난 것이니 그를 돌볼 사람은 아무도 없다. 천애의 고아와 같으니 그를 돌보는 사람은 한결같이 이변으로 죽거나 떠나거나 한다.

사고무친의 허약한 소년이 파란만장의 창해에서 사공없는 조각배에 오르니 헤쳐나갈 수가 없다. 사나운 파도에 휩쓸리어 그대로 요절하나 누구하나 구해줄 사람이 없다.

老 生旺 少嫌死絶

生旺하면 자립하고 死絶하면 의지한다. 힘이 왕성하고 자립할 수 있는 자는 하늘이 돕지않고 외면하며 힘이 무력하고 자립하지 못하는 자는 하늘이 돕는다. 젊어서는 힘이 왕성함으로서 대나무처럼 쭉쭉 뻗어나가고 하루하루 발전하는 것이 정상이요 늙어서는 힘이 쇠퇴함으로서 조용히 휴식하고 자녀의 봉양을 받는 것이 순리다.

만일 늙어서 생왕한다면 자립해야하니 자녀의 공경을 받을수 없고 사고무친으로 고독속에 살아야하니 기구한 운명이요 젊어서 사절하다면 소년이 늙고 병든 몸처럼 꼼짝없이 누어있고 간호를 받아야 하니 나르는 새가 울안에 갇힌 격이다.

천리마가 고삐에 묶인채 몸부림치듯이 어린마음에 상처를 입히고 기회를 주지 않으니 만사가 막히고 침체되며 허탈상태다. 그를 둘러싼 부모형제와 가정이 생기를 잃은 실의(失意)와 불우에서 허덕이고 있음은 말할 나위도 없다. 왜냐? 운명은 그 주인공을 시험하고 역경에 인도할땐 그 주위부터 무기력 상태로 만드는 것이 전주곡이요 관례이기 때문이다.

命은 同類相刑(破)하는 것을 두려워 한다.

　正五行이 갖거나 化五行이 같은 것을 同類라고 한다. 甲이 甲을 보는 것은 正五行의 同類요 甲이 己를 보는 것은 化五行의 同類다. 甲辰과 己未 또는 己丑이나 甲戌과 己未 또는 己丑은 天干은 化五行의 同類이면서 地支는 刑이 된다. 刑은 情과 合을 破하는 것이니 이를 相破라고 한다. 天干은 同類相從하는데 地支가 相破하면 男子간에는 화목한데 여자간에는 불화하고 윗 사람들은 화목한데 아랫 사람들은 시기질투하는 형국이니 손발이 맞지 않는 것을 의미한다. 손은 東을 가르치는데 발은 西로 향하고 있으니 어는 것 하나 원만히 이뤄질수가 없다. 그와 같이 평생에 어긋나고 빗나가는 것이 허다할뿐더러 서로 불평불만과 부족함이 많으며 한가지도 성사되기가 어렵다. 그것은 同類相冲의 경우도 똑같다. 甲辰이 甲戌를 보고 甲子가 甲午를 보며 乙卯가 乙酉를 보는 것이 바로 同類相冲이다.
　陽은 화목한데 음이 시기질투하니 만사가 허사로 끝난다.

　　　陰으로 陽을 이기려 하면 그 災殃이 나타나지
　　　않고 陽으로 陰을 이기려하면 그 害가 깊지않다.

　萬有는 음양의 조화이듯이 음과 양은 서로 화합하고 유정하다. 丁火는 음이요 庚金은 양이다. 火가 金을 치면 金이 크게 반발하고 사생결단을 함으로서 양자중 하나는 죽고 하나는 기진맥진이다. 그러나 음은 양을 남편으로 삼고 양은 음을 아내로 사랑하듯이 丁火는 庚金을 아내로 삼고 庚金은 丁火를 남편으로 공경함으로서 싸우는 것이 아니고 서로 쓸모있는 용광로와 철광으로서 각자의 기능을 선용하고 합작으로서 훌륭한 그릇을 만들어 낸다. 그와 같이 양이 음을 대하는 경우도 똑같다. 甲木이 己土를 만나면 木剋土로서 己土는 의당 파멸되고 甲木은 허탈상태에 빠지는 것이 상식이지만 사실은 甲木과 己土는 正夫 正妻의 부부지간으로서 싸우는 것이 아니고 서로 합심하고 협력하여 하나의 가정을 마련하고 생산과 부흥에 심혈을 기울인다.

　五行上으로는 분명히 상극이 되고 파란만장의 풍파가 필연적으로 파생(派生)할 것이지만 그 실은 전혀 반대적인 평화와 질서를 지키고 서로 아끼고 사랑하는 다정한 유대를 갖는다. 때문에 陰이 陽을 剋할 경우엔 재난이 전혀 발생하지 않듯이 陽이 陰을 극하는 경우엔 아무런 시비나 손상이 발생하지 않는다. 납음 五行의 경우도 같다. 乙巳(火)가 壬申(金)을 극하거나 壬申(金)이 己巳(木)를 剋하는 경우 양자사이에는 칼과 총대신 깊은 애정과 아들 딸이 푸짐하게 성황을 이룬다.

**兩陽이 相梗하면 凶禍가 旋至하고 兩陰이
相敵하면 居處가 不安하다.**

　陽과 陽은 서로 미워하고 시기질투하며 모략중상하고 한치도 양보함이 없이 힘으로 대결하고 약육강식하듯이 陰과 陰 또한 무정하고 냉혹하며 틈만 있으면 공격하고 무찌르려고 호시탐탐 한다.

　陽은 강하고 무자비하니 한번 부딪쳤다하면 사생결단의 치열한

싸움이 벌어지고 그 결과가 빠르듯이 흉칙한 재난이 번개처럼 나타난다. 반대로 陰은 유하고약하지만 소심줄처럼 찔기고 거머리처럼 물고 늘어짐으로서 쉽게 결판이 나지않고 질질 끌면서 틈만 있으면 파고들고 항상 시기질투하는 동시에 추호의 약점이나 흠이 있으면 사정없이 파헤치니 언제 무슨일이 돌발할지 전전긍긍하고 불안하기 짝이 없으며 한시도 마음을 놓고 살수가 없다. 丙火가 庚金과 싸우는 것은 陽과 陽의 대결이요 丁火가 辛金과 싸우는 것은 陰과 陰의 대적이다. 납음으로는 丁卯火가 癸酉金과 싸우는 것이 陰과 陰의 相敵이요 戊午火가 甲子金을 보면 兩陽이 相梗하는 것이다.

天地陰陽은 變化之機이니 陰陽이 偏出하면 造化가 不成이다.

天地는 陰陽이요 陰陽은 無에서 有가 生하는 造化의 機微이니 萬有는 陰과 陽의 調和에서 生成하고 成長하며 發展하고 變化한다.

陽은 氣요 陰은 象으로서 氣는 象을 通해서 個體로 獨立하고 造化를 부리듯이 象은 氣와 接함으로서 呼吸하고 정신을 차리며 힘을 쓰고 움직일 수 있다. 그와 같이 陰과 陽이 부딪치면 반드시 生命의 個體가 生成되고 形象이 具體化되며 無에서 有가 나타나고 森羅萬象이 이뤄진다. 氣는 體에서 生氣로 變하고 體는 氣에서 生命으로 變하는 것이니 陰이 陽을 보고 陽이 陰을 보는 것은 곧 造化와 變化의 契機요 機微인 것이다. 이와는 반대로 陰이 陰을 보고 陽이 陽과 겹치는 것은 氣와 氣가 뭉치고 象과 象이 얽히는 것이니 아무런 造化나 變化가 발생할 수 없다. 그것은 남자와 남자가 여자와 여자가 편중하고 고독과 허탈에 빠진 형국이니 의욕과 생기가 없듯이 평화와 질서와 안정이 없다.

蛇馬는 膽이 없다.

蛇는 巳요, 馬는 午를 의미한다. 肝은 乙木이요 膽은 甲木이다. 甲은 巳에서 病들고 午에서 死하니 巳午에선 甲木이 존재할 수 없다. 그와 같이 蛇와 馬는 膽이 先天的으로 없음으로서 膽이 病들고 죽는 가장 두려운 巳午南方에서 도리어 활개를 치고 지칠줄을 모른다. 陽氣가 旺盛하고 水氣를 소모하는 膽이 없기 때문이다.

所愛者는 不可毁하고 所畏者는 不可旺이다.

日君은 六神의 臣下에 의존한다. 主君에 충성하는 喜神은 君主의 手足이니 所愛者요 主君에 不忠하고 거역하는 者는 凶惡한 忌神이니 所畏者다. 喜神은 有力하고 旺盛해야 하며 冲剋 또는 絆合 등 흠이 생기거나 손상이 있어서는 않되듯이 所愛者는 冲剋과 絆合을 크게 두려워 한다.

이는 忠誠된 宰相이 질병이나 사고로 執務를 하지 못하고 그 때문에 國政이 마비되는 것과 같다. 반대로 凶神인 所畏者는 틈과 힘만 있으면 主君을 害치려는 不忠하고 간사스러운 逆徒이니 氣運이 치솟는 生旺地를 만나면 크나큰 異變이 발생한다. 도둑이 칼을 잡은 것처럼 안하무인격으로 횡포를 일삼고 主君의 生命을 위협하는 동시에 財産을 겁탈하기를 서슴치 않으니 生命과 財産이 온전할 수 없으며 온갖 수모와 치욕을 당해낼 수가 없다.

先畏後愛하면 福이 되고 先愛後畏하면 禍가 된다.

凶神이 變하여 喜神이 되면 처음엔 고생을 하고 온갖 역경을 극복하는 동안에 마침내 힘을 기르고 자신을 얻으며 자립의 터전을 개척함으로서 福을 누리게 되니 초년엔 불행하나 中年부터 運이 열린다. 반대로 喜神이 凶神으로 變하면 처음엔 순탄하다가 중간부터 뜻하지 않는 풍파에 휩쓸리니 放心타가 도적을 만난 것처럼 걷잡을 수가 없고 재난이 꼬리를 문다. 어려서는 행복하게 成長하나 中年부터 파란만장하다.

合多하면 不發하고 아첨하며 貴人이
많으면 懦劣하고 立志가 없다.

合은 다정하나 정에 얽히어서 분발하지 않고 多情이 지나쳐서 아첨도 서슴치 않으니 끝내는 情 때문에 病들고 몸을 맡기며 얽히고 설키어서 빠져나오질 못한다. 그와 같이 자기 主見이 뚜렷하지 않을뿐더러 自己뜻을 이룩하려고 분발하지 않으며 언제나 多情多感에 빠지고 얽매여 있다.

本是 合은 陰陽의 情合이니 기쁨과 즐거움속에 情을 나누기에 바쁘다. 臣下가 밤낮으로 향락에 빠져서 국사를 외면하니 主君 또한 臣下와 더불어 향락을 탐하고 國政을 저버린다. 生産과 業務를

度外視하고 낭비를 일삼는 노는데만 빠졌으니 가산이 기울고 가난할 것은 필연적이다. 그런대도 정신을 못차리고 향락을 탐하니 구걸할 수 밖에 없다. 놀고 먹으려면 구걸하고 구걸을 하려면 아첨을 능사로 해야 한다. 그만큼 부끄러움을 모르고 남에게 의지하기를 좋아 한다.

貴人에는 天人貴人과 祿官貴人의 두가지가 있다. 天乙貴人은 나를 보살펴 주는 後見人이다. 後見人이 많으면 依存心이 늘고 自立心이 희박해지며 누구에게나 머리숙이는 것을 서슴치 않고 실버들처럼 부드럽고 나약하니 自力으로 出世하려는 意志가 전혀 없다. 환경에 발맞추어서 세상 돌아가는대로 춤을 추려하니 아무것도 成事되는 것이 없다. 젊어서는 그런대로 살아가지만 中年부터는 無骨好人이 아닌 寄生蟲으로서 남에게 신세를 저야하니 만년이 처량하다. 官祿은 벼슬이요 名聲으로서 人生의 志標다. 官貴가 많으면 뜻이 여러 갈래임을 의미하니 어느 것을 택하느냐?에 방황할뿐더러 올라갈 수 있는 山 봉우리가 여러개인지라 이것도 오르려하고 저것도 오르려 하다가 끝내는 어느것 하나도 오르지 못한다. 따라서 봉우리를 오르기도 전에 겁부터 먹고 꽁무니를 빼니 官多하면 志多한 것이 아니고 도리어 志無하고 우유부단하니 平生 뜻과 指標가 없는 無名의 落伍者로 轉落한다.

多則 有餘하고 少則 不足하며 過不足은 皆凶하다.

무엇이든 필요이상으로 많으면 有餘라 하고 필요이하로 적으면 不足이라고 한다. 有餘는 太過한 것이요 不足은 不及한 것이니 모두가 中和를 이룰 수가 없다. 만유는 필요한 것을 알맞게 갖추고 中和를 얻음으로서만 正常的인 삶과 平和와 福을 누릴수 있고 지나치게 많거나 적거나 하면 消化不良과 營養不足症을 일으켜서 온전할 수가 없고 不安과 초조와 낭비와 빈곤을 벗어날 수가 없다.

功成者는 退하고 將來者는 進함이 吉하다.

旺者는 體力과 智力이 가장 高度로 成熟하고 社會的으로 頂上을 줄달음치고 있으니 맡은바 任務를 다하고 功勳을 크게 이룩한 것이다. 이미 最高의 頂上에 올랐으니 더 오르려 해도 오를 것이 없는 막바지의 最高峰에 이른 것이다. 한번 頂上에 오르면 영원히 그대로 權座에 눌러 있고 싶은 것이 人之常情이다. 그러나 人生은 하나가 아닌 數萬數億이듯이 頂上에 오르는 人生이 어찌 나하나뿐인가? 뒤를 이어오르는 人生의 行列이 不知其數이듯이 頂上을 노리는 人生 또한 나의 後退를 발굴러 기다리고 있다. 지구는 쉴새없이 회전하는데서 生命을 유지하고 歷史를 이룩할 수 있듯이 만유는 한곳에 머물거나 獨占할 수는 없다.

달이 차면 기울 듯이 頂上에 올랐으면 그것으로 만족하고 지체없이 後退해야 한다. 그래야만 後輩는 그를 先輩로서 존경하고 그를 本따라 지체없이 頂上을 다음 人生에게 양보한다. 꽃은 피면 지기마련이다. 지는 꽃은 깨끗이 떨어져야만 아름다운 여운이 영원히 남는다. 이미 시든 꽃이 눈꼽처럼 나무가지에 매달려 있는 것은 지극히 추악하고 매시꺼운 꼴불견이다. 그와 같이 旺地에 있는 頂上者는 百年牙城을 쌓으려하지말고 때가 되면 미련없이 떠날

준비부터 서둘러야 한다. 그래야만 旺者는 生生不息하고 歷史는 쉬지않고 썩지않고 새록새록 成長하고 悠久히 前進한다. 그것이 大自然의 法則이요 秩序요 傳統이요 平和와 發展의 大道다.. 하나가 그 法을 지키지 않는다면 그를 本따라 反逆하는 무리가 千이요 萬일진대 衆生은 길과 法을 잃고 주먹과 無法이 亂舞하는 修羅場으로 변한다. 人間社會는 그것이 허용될지 모르나 大自然의 陰陽世界에서는 그것이 전혀 허용될 수 없다. 旺者는 自然的으로 老하고 衰하며 退하고 隱하는 것이 順理요 天道다.

그와는 反對로 아직 어리고 未熟한 胎養者는 갈길이 九萬里이니 現實에 만족하거나 定着할 생각을 말고 한시도 지체없이 앞을 向하여 똑바로 前進해야 한다. 그에겐 將來는 있어도 과거나 現在는 없다. 그것은 가야할 이정표의 한 과정에 지나지 않는다. 만일 將來者가 現實에 얽매이거나 걸음을 멈추거나 前進을 주저한다면 그것은 흐르는 물이 흐름을 포기하는 것과 똑같다. 頂上에 오른 旺者는 바다에 이른 강물이니 더 이상 흐르거나 강줄기를 고집할 수 없지만 이제막 골짜기를 떠난 물줄기는 부지런히 뛰고 또 뛰듯이 흐르고 또 연달아 흘러야 한다. 흐름을 멈춘 강물은 강물이 아닌 웅덩이 물로서 멀지않아 썩고 탁하며 징발되어서 無用之物이 된다. 그처럼 將來者는 오늘의 공과를 따지지 말고 오직 내일의 장래와 머나먼 정상을 향해서 꾸준하고 힘차게 전진하는 동시에 현실에 집착하거나 물욕과 허영에 사로잡히는 것은 금물이다. 과거를 따지고 공과를 묻는 것은 오직 정상에 오른 旺者뿐이다.

旺者가 衰地로 順退하면 功이 빛나고 長壽하듯 이 幼者가 旺地로 精進한다면 반드시 功을 이루고 영광의 頂上을 오를 수 있다.

그래서 陰陽의 大道는 自古로 功成者는 退藏하는 것이 마땅하고 將來者는 榮振하는 것이 貴함을 十二運星의 法則으로서 明示하고 그대로 實踐케 하고 있는 것이다. 五行上 建祿帝旺의 旺氣를 가진 者는 謂之成功者라 하고 冠帶와 胎養은 아직 氣運이 미흡함으로서 謂之將來者라고 한다. 旺者는 이제 功成하였으나 休息함이 必然하다. 將來者는 氣不足이니 其氣를 生해주는 相生을 기뻐하고 受氣를 하는데서 前進하고 開發하여 영화를 누린다.

그와 같이 身旺者는 衰地를 기뻐하고 將來者는 生旺地를 기뻐하고 그에서 出世하고 成功한다.

看命은 月支를 爲主로 하고 爲命爲本으로 한다.

四柱는 月支의 苗木에서 成長하는 한그루의 나무와 같다. 年은 뿌리요 月은 싹이며 日은 꽃이요 時는 열매다. 꽃이 피고 열매를 맺는 것은 모두가 月支의 苗의 所生이니 四柱는 의당 月令을 命으로 하고 本으로삼으며 日을 爲主로 한다. 年은 祖上이니 干을 取하고 月은 根本이니 支를 取하며 日은 얼굴이니 干을 取하고 歲君은 君主의 얼굴이니 干을 取하며 大運은 方位와 季節의 場이니 支를 取한다.

好運中剋歲하면 禍輕하나 凶運中剋歲하면
禍重하고 甚하면 死한다.

大運은 大勢요 大權이며 歲君은 執行官이다. 天下大勢와 大權을

잡은 好運에선 무엇을 해도 乘勝長驅하고 설사 허물이 있다해도 寬大히 處分된다. 그러나 大運이 나쁘면 大勢와 大權을 잃고 도리어 쫓기는 四面楚歌의 孤立상태이니 무엇을 해도 不通이요 不成이며 추호라도 잘못이 있으면 크게 禍를 當하고 束手無策이다. 天下가 그를 성원하고 옹호하는 好運에선 日主가 歲君을 剋하고 執行官의 命令에 不服한다해도 歲君이 敢히 大勢大權을 잡은 幸運兒를 嚴罰할 수가 없다. 最少限의 輕罰로서 厚待하니 비록 重罪는 것으나 背景과 貴人의 加護로서 勤愼과 罰金程度로 善處함으로서 損財와 疾病으로 克服한다.

反對로 天下가 그를 미워하고 聲討하는 凶運에선 日主가 秋毫라도 歲君의 命令에 거역하고 反抗하면 大勢大權과 合勢하여 秋霜같이 다스리니 그 禍가 至極할뿐더러 자칫하면 獄死病死등 橫死를 당한다.

吉神은 時에서 生扶하고 凶神은 時에서
剋制하며 年月에선 時上 吉神은 生扶하고
時上凶神은 剋制해야 한다.

年月은 뿌리와 가지요 日은 꽃이며 時는 열매이다. 年月日에 吉神이 있으면 時에서 이를 生扶해야 旺盛하고 열매 또한 豊盛한데 反하여 年月日에 凶神이 있으면 時에서 이를 極力剋制해야만 惡의 꽃 惡의 열매를 除去할 수 있다. 그와 같이 時의 열매가 吉神이면 年月日에서 적극 生扶해야 푸짐한 豊作을 이루고 反對로 凶神이면 年月日에서 강력히 억제하고 除去해야만 나쁜열매를 防止할 수 있다.

年月上用神은 祖宗의 힘을 얻고
時上用神은 子孫의 힘을 얻는다.

年月은 父母와 祖上의 자리요 時는 子孫의 宮이다. 年月上에 의지하는 吉神이 있으며 祖上과 父母의 恩功으로 出世하고 어려서부터 富貴를 누리며 時에 喜神이 있으면 子孫이 成長하면서 그들 힘으로 늦게서 富貴를 누릴수 있다. 自手成家하고 中興을 일으키는 것이다.

日干은 天元이요 他干은 祿이며 日支
月支는 地元이요 他支는 命이라 한다.

命을 관리하는 重臣이 他干인 경우엔 君으로부터 祿을 받는 重臣이라 해서 祿이라 하며 日支와 月支가 重臣인 경우엔 地支의 根元이라 해서 地元이라 하고 他支가 重臣인 경우엔 主君의 命을 委托하고 있는 命元이라 해서 命이라 한다. 天元과 地元 祿과 命은 四柱의 運命을 관리하는 動脈과 같다.

支에 財官이 있으면 天干에 有無를
따지지 않고 支에 財官이 없으면 설사
天干에 있다해도 成事하기 어렵다.

地支는 뿌리요 生産工場이며 倉庫인데 反하여 天干은 싹이요 商品이며 消費市場이다. 地支에 財官이 있고 有氣하다면 富와 貴가 뿌리깊고 生産되며 貯藏되어 있으니 비록 天干에 나타나지 않는다해도 걱정하거나 서둘것이 없다. 때가오면 百花가 滿發하듯 富貴가 豊盛하다. 反對로 地支에 財官이 없다면 설사 天干에 財官이 나타났다해도 뿌리없는 싹이요 工場없는 商品이니 豊盛하거나 오래갈 수가 없는 一場春夢이다. 때문에 行運이 吉하고 財官을 만난다해도 시들어가는 財官의 싹을 救濟할 수 없듯이 무엇하나 成事를 하기가 어렵다. 마치 뿌리없는 나무에 물을 주고 거름을 가꾸면서 꽃과 열매를 기대하는 것처럼 부질없는 徒勞가 되고 허황된 꿈에 지나지 않는다.

歲君은 干만을 쓰고 行運은 비록 地支를
重用하되 역시 干을 참작해야 한다.

歲君은 陽이요 大運은 陰이다. 陽은 天이니 干의 氣를 爲主로 하고 陰은 地이니 地의 物을 爲主로 한다. 大地에서 歲歲年年 피어오르는 꽃과 열매가 곧 歲君이다. 때문에 大地가 기름지고 따뜻하면 百花가 滿發하고 果實이 豊作이듯이 大運이 吉하면 富貴가 昌盛하고 歲君 도한 豊饒하고 反對로 大運이 凶하면 大地가 메마르고 寒冷함으로서 百果가 不實하고 歲君 또한 貧弱하다. 그래서 歲君은 얼굴인 天干만을 위주로 쓰고 大運은 形體인 地支를 위주로 한다. 歲의 干은 一年之花요 運의 干은 十年之木이다. 大運이란 大木에서 피고지는 年花 歲花가 바로 歲君이다.

大運의 干은 비록 꽃은 아니나 꽃의 등치인 幹이니 이를 전혀 무시하거나 外面할 수는 없다. 木의 이름과 性質과 旺衰를 살펴서 그에서 피고지는 歲花를 분석하는 것은 大端히 重要한 것이니 運의

天干도 아울러 참작해야 한다.

> 官殺의 制伏이 太過하면 歲運에서 官殺을
> 다시 볼 때 發福하고 運支에 無殺이면 運干에서
> 見殺해도 發福할 수 있다.

官殺의 制伏이 지나치게 太過하면 호랑이를 지나치게 가혹하게 다스리다 병들고 병신을 만든것이니 다시 쓸수가 없다. 歲運에서 官殺이 나타나면 죽은 枯木에서 다시 싹이트듯 官殺이 소생하는 것이니 그제사 이름을 떨치고 功을 세울 수 있다.
만일 運支에 殺이 없다면 運干에서 透殺해도 發福할 수 있다.

> 看命은 日主를 爲主로 하고 月支에서
> 所用之物을 擇한다.

四柱의 鑑評은 日을 爲主로 해서 臣下인 六神을 살피되 가장 有能하고 有力한 六神은 得令한 月支에 있으니 起用할 重臣은 月支에서 擇하는 것이 原則이다. 宰相은 하나이듯이 用臣은 하나를 擇해야 하고 그 對象은 官印財殺食傷의 六神에 局限한다. 日主가 起用하는 六神에 대해선 宰相으로서의 任命狀이 正式通告되나니 이를 消息이라고 한다. 六神中 消息이 있는 者가 바로 用臣으로서 起用된다.

> 命은 먼저 干의 剋制有無와 支의 刑沖破害부터
> 살펴야 한다. 干은 尊하고 地는 卑하다.

四柱는 四干四支의 八字로 구성된 八字의 造化다. 四干이 有力하고 有用하면 大事를 이룩하고 四支가 無力하고 無能하면 싹이 시들고 뿌리가 썩은 것이니 꽃이 필수 없듯이 아무런 열매도 없다. 干은 君主요 地는 臣下니 天尊하고 地卑한 것이다.

天元은 地元에 有祿함을 기뻐하고
地元은 天元과 有合함을 기뻐한다.

日主는 健實한 것이 으뜸이니 月支에서 建祿됨을 기뻐하고 地元인 月支는 日干과 有情해야 有力하니 六合됨을 기뻐한다.
가령 甲日生이면 寅月祿地를 얻어야 기쁘고 甲己化者는 季月祿地를 기뻐하며 子나 丑月生은 子中癸水 丑中癸水와 六合인 戊日生을 기뻐한다. 日主는 君主요 月支는 政府로서 君主는 政府에 得地 得權함을 기뻐하듯이 政府는 君主와 六合이 되고 夫婦가 되는 것을 기뻐한다.

天元은 地元이 모두 祿이면 平生福氣가 높다.

天元엔 地元의 官祿이 있고 地元엔 天元의 建祿이 있으면 君主가 得旺하고 君臣이 有情하니 平生 泰平盛世를 누릴 수 있고 大業을 이루어서 福祿을 진진하게 누릴 수 있다. 반대로 天元에 地元의 官祿이 없고 地元엔 天元의 建祿이 없다면 君臣이 無情하고 君主가 無力하니 무엇하나 이루기가 힘들고 萬事가 虛名虛利로서 徒勞에 지나지 않는다.

天元이 剋制되면 30세前엔 名利가 難發이고
地元이 沖刑되면 40부터 福이 減退된다.

　天은 陽이니 40前의 젊은 時節을 관장하고 地는 陰이니 40後의 老年을 관장한다. 天의 君은 日干이요 地의 本宮은 月支다.
　日君이 剋制되면 無力하니 天元이 支配하는 30세까지는 名利를 떨칠수 없듯이 月支가 沖刑되면 地元이 다스리는 40세부터는 無力하니 40後의 福利를 누릴수 없다.

天元이 坐祿하면 秀氣가 非凡하고
貴하지 않으면 富하다.

　天元은 建祿을 만나야 成熟하고 秀氣가 뛰어난다. 日君이 地元에 祿을 얻으면 秀氣가 充滿하고 健實하니 大事를 이룩할 수 있고 大富를 能히 감당할 수 있다. 가령 癸日生은 子에 得祿하고 甲日生은 寅에 坐祿하니 祿를 얻은 日君은 벼슬로서 貴함을 얻지 못하면 財로서 富를 이룩할 수 있다.

地元은 天元이 剋하는 것을 두려워 한다.

　月支는 日君의 政府이니 日君의 信任을 받고 日君과 有情한 것이 正常이다. 만일 日君이 月支를 剋하면 君主가 政府를 不信하는것이니 自重之亂처럼 家庭이 不和하고 手足이 無能해지니 日君이 고독하고 의지할 곳이 없다. 가령 子丑月生은 子丑中의 癸를 剋하는

己日主을 寅月生은 寅中甲을 剋하는 庚日主를 卯辰中의 乙月生은 辛日主를 巳中戊丙月生은 甲壬日主를 戌中 戊辛月生은 丁日主를 두려워 한다.

命은 日下의 興衰부터 가리고 分局을 살피어야 한다.

命은 日君을 爲主로 하니 日君을 補佐하는 日下부터 살펴야 하며 天地의 成局을 가려야 한다. 日主가 得令하고 日支에 得地하였으면 造化가 自在이니 무엇이든 할 수 있으며 가장 두려워하는 鬼殺도 能히 다스릴 수 있다. 가령 春生甲乙이 寅卯에 坐하면 庚辛鬼殺을 두려워 하지 않듯이 夏生丙丁이 坐巳午하면 水鬼를 能히 다스린다. 때문에 鬼殺이 侵犯해도 아무런 傷害를 받지 않을 뿐아니라 도리어 權威를 떨친다.

化氣入格하고 不破하면 大顯한다.

萬有는 陰陽의 造化이듯이 처음부터 陰陽의 造化를 形成한 化格者는 造化가 무궁하고 大業을 能히 이룩할 수 있다. 마치 새가 날개를 힘껏 기르고 하늘을 향해서 언제든지 나를 자세를 하고 있는 것과 같다.

그러나 化格이 失令하거나 妬合 또는 剋冲으로서 破格이 되었다면 날개쪽지가 傷한 것처럼 造化를 부릴수가 없다.

상처가 아물때까지 때를 기다려야 한다. 大貴者는 10中 8, 9가 化格에서 배출된다.

　　　　失局하고 有傷한데 顯榮한 者는 百에 둘도 없다.

　四柱는 五行의 家局으로서 먼저 어떠한 집인가의 格局을 이루어야 한다. 가령 貴人의 집이면 正官格을 부자의 집이면 財格을 반드시 이루는데서만 성사될 수 있다. 格局이 形成되지 못하거나 破害刑沖되었으면 무엇하나 成事될 수 없으니 그러고도 顯著한 榮華를 누리기란 100에 둘을 보기가 힘들다. 여기서 格局이란 五行의 象局을 말하는 것이다.

　　　　身이 無氣하거나 假格이면 平生 窮迫하다.

　日君이 無氣力하면 幼弱한 君主이니 나라를 다스릴 수 없고 奸臣과 逆賊이 모든 것을 가로채고 빼앗으며 迫害하니 氣를 펼수가 없고 平生 窮乏과 迫害를 벗어날 수가 없다. 어찌 祖宗의 財를 유지하고 누릴 수 있겠는가? 成象이 破敗되고 假象이 되면 主體가 無力하고 누더기 옷처럼 모두가 남의 것으로 꾸민것이니 主權이 없고 主財가 없으며 平生 가난과 곤경을 벗어날 수 없다.

　　　　從象이 衰하면 老年에 奔走하고
　　　　化象이 伏하면 平生 碌碌하다.

　從格이나 化格은 主體를 떠나서 大勢에 服從하는 것이요 主君이 臣下에 시집을 가서 며느리로 順從하는 것이다. 돈과 權勢에 팔려서 改宗한 시집이 從象이요 化象이다. 그 시집이 衰退하거나 斜陽

길이면 도리어 시집을 거느리어야 함으로서 平生 고생이 많다. 특히 老年엔 공경할 능력조차 없으니 東奔西走하듯 衣食을 求하기에 줄다름쳐야 한다.

辰多하면 싸움을 즐기고 辰戌이 같이
있으면 凶多하고 吉少하다.

辰은 老婆요 戌은 老爺다. 辰이 많으면 老婆가 많고 시기질투가 심하니 늘 싸움이 떠나지 않으며 戌이 많으면 늙은 홀아비끼리 경제권과 주권다툼으로 일삼으니 걸핏하면 法廷鬪爭을 하는 등 訴訟이 끊이지 않는다. 辰戌이 있으면 늙은 할머니와 할아버지가 情은 없고 利害만 따짐으로서 凶은 많으나 吉함은 적다.

丙辛化水者는 水鄕에서 朝廷에 오르고
丁壬化木은 木地에서 宰相에 오른다.

陰陽은 造化가 大本이다. 造化는 陰陽에서 發生하되 質量에 正比例한다. 十干의 六合은 造化의 始作이다. 一旦 造化가 이뤄지면 多才多能하고 能小能大하다. 造化는 周圍를 同化시키는 것이다. 同化는 自己能力을 기본으로 한다. 그래서 化氣가 全盛인 化地에 이르면 물을 얻은 고기처럼 自由自在로 才能을 極大化할 수 있듯이 一躍朝廷의 대들보로 出世한다.

天元이 太弱한데 失時하면 難壽하고

天元이 太强하면 鬼殺로서 厚福하다.

　日君이 剋制속에 의지가지가 없고 크게 위축되어서 太弱한데 月令에서 失令하면 財官을 감당할 수 없듯이 生命을 오래 扶持할 수 없다.
　反對로 日君이 得令하고 生扶가 지나치면 太强하여 眼下無人이다. 이때에 범같은 鬼殺을 만나면 도리어 勇名을 떨치고 制殺하는 동시에 서로가 기진맥진하여 柔順해지니 轉禍爲福이요 福力이 厚하다.

運이 歲를 剋하면 刑訟이 發生하고
歲가 運을 剋하면 官災가 競起하다.

　運은 物主이자 市場이요 歲는 管理者다. 物主가 管理人을 剋害하면 上剋下로서 下者는 不得已 法에 呼訴하기 위해서 訴訟을 提起한다. 反對로 管理人이 物主를 背反하면 당장 解雇하는 同時에 刑罰에 處함으로서 官災와 破財가 꼬리를 물고 일어난다. 下剋上에서 오는 무서운 刑責인 것이다.

歲와 運이 다같이 日主를 剋害하면 命이
위태롭고 祖氣가 傷殘하면 父母가 俱傷한다.

　運은 船主요 歲는 船長이다. 船主와 船長이 船客인 日主를 合同으로 攻擊하고 迫害하면 피할길이 없으니 命이 風前燈火요 기지사경이다. 四柱의 年月은 祖上의 氣가 어려있다. 年月이 剋戰하면 祖氣가 상처투성이니 祖氣를 代身하는 父母가 온전할 수 없다. 早失父母하지 않으면 無氣力하니 父母의 功德을 누릴 수 없다.

　　　　太歲와 命이 不和하면 災와 病이 發生하고
　　　　太歲와 命이 相生하면 災禍가 없다.

太歲는 歲君이자 運命의 사공이요 命은 船客이다. 사공과 船客이 相剋 不和하면 사공이 風浪으로 배를 모는 동시에 가장 나쁜 船室로 밀어내고 衣食 또한 푸대접함으로서 疾病이 생기고 災難을 만나며 萬事不成이요 波란 萬丈이다. 反對로 사공과 船客이 相生 和睦하면 順風에 돛달 듯이 泰平하고 厚待를 받음으로서 즐겁게 航行할 수 있다.

　　　　逆制는 無情하고 順生은 有情하며 命에
　　　　刃害가 있으면 骨肉이 殘傷한다.

相剋하고 强制하면 相戰하고 不和하니 無情하고 相生하고 相救하면 相扶相助하고 和平하니 有情하다. 四柱에 羊刃과 刑沖破害가 있으면 과격하고 冷情하니 六親이 不和하고 骨肉이 相爭하며 肉身上에도 傷害를 입기 쉽다.

　　　　主君이 有力하면 鬼를 能히 官으로 삼고
　　　　主君이 無氣하면 官이 도리어 作鬼한다.

萬有는 氣의 化象이듯이 君臣도 氣에 依해서 順逆한다. 主君이 旺氣이면 臣下를 能小能大하게 다스림으로서 鬼殺도 順從하여 官으로 起用할 수 있고 또 忠誠을 다한다. 反對로 主君이 無力하면 臣下를 다스림이 無能함으로서 天下의 良材인 官도 主君을 멸시하고 變心하여 鬼殺로 君臨한다.

　　干衰則 必定動搖하고 來合則 有情方富貴하며
　　命無財祿한데 運逢祿馬則災生한다.

日干은 殺을 보면 衰하고 衰하면 中心을 잃고 動搖한다. 食傷이나 財가 太過해도 衰할 수 있다. 그 衰源을 合去하면 回康하고 回情하니 바야흐로 富貴할 수 있다.

四柱에 財官이 없으면 財官을 다루는 才能 또한 全無하다. 벼슬과 財物을 감당못하는 無能한 사람이 歲運에서 갑자기 財와 벼슬을 만나면 도리어 당황하고 주체를 못해서 災難을 일으킨다.

　　月支六神은 時에서 抑强扶弱하고
　　中和하는 것이 간절하고 吉하다.

月支는 대궁이요 根元이고 時는 열매요 決算이다. 月支가 旺하면 時에서 多實하여 旺氣를 滿發시키는 것이 急先務이듯이 月支가 衰退하면 時에서 生扶하여 回生시키는 것이 현명하다.

뿌리가 튼튼해야 많은 열매를 얻을 수 있기 때문이다. 이와 같이 月支의 六神을 時에서 조절하고 中和시키면 根旺實盛하여 能히 부귀를 누릴 수 있다.

   最忌者는 日干을 冲하는 運이요
   所喜者는 日干을 生해주는 運이다.

  主君은 至尊者로서 누구도 犯할 수 없다. 日干을 犯하면 主君이 傷하는 동시에 權威가 땅에 떨어짐으로서 六神이 不從不應하니 國事가 어지럽고 國基가 흔들린다. 反對로 主君을 生扶하면 더욱 旺盛하고 國威가 宣場되니 六神이 忠誠을 다하고 太平盛世를 이룬다. 主君의 體統은 剋冲에서 무너지고 生扶에서 바로 잡히는 것이다.

   年은 鉤이요 月은 提綱이며
   日은 衡身이요 時는 錘와 같다.

  四柱가 하나의 物體라면 그 旺衰重輕을 헤아리는 것이 命理다. 그 저울질을 하는데는 年은 물건을 꿰메어 올리는 갈고리(鉤)가 되고 月은 무게를 明示하는 저울의 눈금이 되며 日은 저울의 몸인 대가 되고 時는 저울의 눈인 추가 된다. 저울의 우열은 衡身의 質量에 있거니와 저울질하는데 가장 핵심이 되는 것은 저울의 눈금과 눈추다. 그래서 사주는 月支와 時를 가장 중요시 한다.

   八字는 氣象과 規模와 形勢부터 살핀다.
   過淸하면 寒薄하고 過厚하면 濁滯하며 過華하면
   輕浮하고 過逸하면 流湯하며 過情하면 淫濫하고

廉恥를 모르며 過孤하면 獨立이 不能하고 過剛하면
暴燥하며 過柔하면 愚鈍하고 過執하면
拘局只知有己하며 過軒則 圖廣而秀不實하다.

四柱는 五行의 氣象과 構造의 規模 그리고 大勢의 現況부터 살펴야 한다. 五行의 氣象과 形勢가 지나치게 財官이 虛하거나 陽性(木火)이면 物質的으로 寒貧하고 反對로 지나치게 財官이 重하거나 陰性(金水)이면 精神的으로 混濁하고 沈滯하며 지나치게 食傷이 重하고 百花가 滿發하면 호화로우나 輕薄하고 지나치게 相續과 衣食이 豊足해도 방자하고 流湯하며 지나치게 合多하면 多情이 지나쳐서 淫濫하고 염치를 모른다. 지나치게 身旺하고 無依하여 의지할 바 없는 孤介之象이면 自立할 能力이 없이 求乞해야 하고 지나치게 刃劫이 많고 剛勇하면 暴燥하여 制化가 不可能하니 橫暴하고 無禮하며 지나치게 官殺이 많아 無氣力하고 柔懦하면 愚鈍해서 되는 일이 없으며 지나치게 財多하고 身弱하면 欲心과 執着에 사로잡히고 오직 自己만을 알며 융통성이 없고 지나치게 印星이 太旺하면 뜻이 너무나 높고 넓어서 꾀하는 규모는 廣大하나 결실과 성사를 하기는 어렵다. 지나친 것은 不足함과 같다고 有名無實하다.

成象된 命은 財官의 貴氣를 고집하지 않는다.

木火 金水의 兩象이나 火土金의 三象 또는 水木火土의 四象등 象이 形成되고 固定된 命은 象體의 氣象을 위주로 吉凶과 盛衰를

分別해야 하고 財官등 六神의 造化를 따지지 않는다. 가령 木火之 象이면 東南鄉에서 旺盛하고 西北에선 衰退하며 金水之象은 金水 를 生扶하는 西北鄉을 기뻐할뿐 火土는 크게 싫어 한다.

吉神을 冲하면 義롭지 못하고 刑하면
흩어지며 凶神을 刑하면 도리어 吉하다.

冲은 힘에 의한 利害關係上의 正面충돌로서 人情과 信義를 도외 시한다. 吉神을 冲하면 手足과 信望을 잃으니 義를 지킬 수 없고 凶神을 冲하면 蟲齒를 除去하니 도리어 正常을 되찾는다.
刑은 勢力과 勢力間의 투쟁으로서 힘을 分散시키듯이 모든 結合 과 유대를 산산히 흩어버린다.

有體하고 無用하면 尸位素養하고 天干이
休囚되고 地支가 死絶되면 氣가 凍한다.

身旺함을 有體라 하고 財官이 없으면 無用이라고 한다. 身旺하 고 無財官하면 할 일이 없고 의지가 없으니 자리만 지킬뿐 할 일 없이 녹만 먹는다. 그만큼 쓸모가 없기 때문에 쓸모없는 한직에 버림받는 것이다. 천간이 剋制와 漏多로 無氣力한데 地支 또한 死 絶뿐이라면 氣가 전혀 作用을 못하니 꽁꽁 얼어붙은 凍氣와 같이 아무것도 할 수 없다.

主弱하고 賓强하면 鬼가 되고

賓弱하고 主强하면 財가 된다.

　日干은 主요 六神은 賓이다. 主는 君이요 賓은 臣이다. 君이 强하고 臣이 弱하면 臣이 君命에 服從하고 貢納하며 至誠껏 섬김으로서 기쁜 財가 되고 君弱臣强하면 臣이 君을 凌駕하고 叛逆하며 主權과 生命과 財産을 劫奪하려하니 風前燈火요 臣이 鬼殺보다도 두렵다.

氣不足하고 生扶가 없으면 廢物이요
陽은 愼獨을 즐기고 陰은 群隨를 기뻐한다.

　氣가 虛弱한데 生扶하는 印比가 없으면 꺼지는 불이 기름을 얻지 못한 것처럼 그대로 시들어서 無用의 廢物이 된다.
　陽氣는 움직였다하면 氣를 散失함으로서 조용히 홀로 있기를 원하고 즐기는데 反하여 陰物은 움직임으로서 더욱 氣를 生하고 번창함으로서 홀로 있기를 싫어하고 무리를 만들고 興盛한 것을 기뻐한다. 成象하면 그릇이 完成된 것이요 貴氣가 歸一되면 亦是 그릇이 完成된 것이다. 命이 象을 形成하면 하나의 집을 이룬것처럼 훌륭한 그릇이 完成된 것이다.
　人格과 品位가 完成되었으니 무엇을 하든 有能하고 成事할 수 있으며 어떠한 逆境에서도 무너지거나 敗하지 않는다.
　財官을 貴氣라고 한다. 財官이 有力하고 刑傷이 없으며 身旺하면 富貴가 形成된 것이니 平生 바람을 타지 않고 健全하게 영화를 누린다.

干支八字는 縱橫으로 來往하니 한가지를
取用하는 것은 不可하며 쉽게 敗하고 不久하다.

四柱의 干支八字에 간직된 五行의 氣運은 左右上下로 來往하기 때문에 어느 한가지를 用者로 택할 수는 없다. 全體的으로 流通하는 五行인지라 大局的으로 取象하듯 取用해야 한다.

氣가 旺하면 쉽게 이루고 오래 지탱하는데 反하여 氣가 虛하다면 설사 成事된다 해도 쉽게 敗하니 오래 지탱할 수가 없다.

力虛하고 氣薄하면 主張이 無定見하고
多凶하며 氣盈하고 物盛하면 耐久力이
없고 歲運이 竝冲身하면 傾覆한다.

陰의 體力이 刑冲으로 虛하고 陽의 氣가 失令으로 薄弱하면 心身이 다같이 無力한 것이니 一定한 主見이 없고 횡설수설하여 갈피를 잡지 못함으로서 만사가 막히고 凶함이 많으며 反對로 氣와 體가 너무 旺盛하면 性急하고 참을성이 없이 火藥처럼 激發함으로서 歲와 運이 다같이 日干을 冲하면 그대로 곤두박질한다.

貴氣가 重하면 몸을 돕고 行動에 威가
있으며 惡殺이 重하면 肆害하고 酷切하다.

財官印등 喜神이 많으면 日主를 生扶하고 實力이 充滿하며 能小能大함으로서 一擧一動이 權威가 있고 品位가 있다. 反對로 七殺劫

財傷官등 忌神惡殺이 많으면 日主를 迫害할 뿐 아니라 惡한 害人行爲를 서슴치 않고 일삼으며 마음씨와 行動이 冷酷하고 奸惡하다.

    年은 君이요 日은 主이며 月時는 賓이요
    臣이며 輔佐者다.

 年은 父요 君主이며 日은 命主다. 月은 年의 賓이자 年을 補佐하는 臣이고 時는 日을 補佐하는 臣이자 日의 賓이다. 主는 命의 管理者이니 父王은 全的으로 日主에 依支한다.
 그러나 命主는 父王이 賢明하고 有力해야 하며 相扶相助하는데서 富하고 貴할 수 있다. 父王이 無力하거나 命主와 相剋하면 不和하고 四顧無親으로서 萬事가 不成하고 沈滯한다. 君王의 補佐는 月이 함으로서 月이 生扶하면 有力하고 月이 相剋하면 無力하며 月支에 得地하면 旺하고 失令하면 衰한다.
 그와 같이 命主의 補佐者는 時이니 時에서 生扶하면 有力하고 時에서 剋하면 無力하며 月支에서 得令하면 旺하고 失令하면 衰하다. 旺君은 臣下를 다스리는 힘과 슬기가 있으나 年上父王과 日君이 旺하다면 설사 臣下가 相剋한다해도 能히 다스릴 수 있으니 도리어 功成한다.

    陽日君은 干後 一位인 先干을 가장
    기뻐하며 其益이 세가지다.
    첫째는 財와 合하여 資身하고
    둘째는 化象하여 開花하며

셋째는 能히 助我하니 發身한다.

日主가 가장 기뻐하는 十干은 自己보다 一位앞선 先干이다. 가령 甲日主면 一位 앞선 癸水가 先干이다. 一位 先干은 첫째 甲의 財인 戊土와 合하여 財生養命하니 기쁘고 둘째는 戊癸合化火하여 食傷의 꽃을 滿發케 하니 기쁘며 셋째는 生身하여 成長케하니 기쁘다.

陽日主次干은 其損이 네가지다. 甲日生의 次干은 乙이니 劫財다. 劫財는 妻와 財를 剋損하니 損財傷妻하고 貴殺을 合殺하여 損殺하니 貴權을 잃으며 乙庚化金하여 剋身하니 損氣 損才하며 蘭截殺로서 前途를 가로막는 作刃노릇을 하여 主君을 迫害함으로서 害我한다. 그래서 陽干은 次干을 가장 두려워하며 萬事 損多하고 이뤄지는 것이 없으며 막히고 잃는다.

**日支는 次氣(前支)가 多하면 爲人이
磊落하고 先氣(後支)가 多하면 多悔多折한다.**

十二支는 十二運氣의 順行秩序다. 氣가 通하면 前進하고 氣가 不通하면 막히거나 絶하며 後退한다. 그와 같이 四支에 日支의 次支(甲子 日見 丑寅 卯辰)가 많으면 氣가 順風처럼 流通하니 平生 精神이 清明하고 爲人이 卓越非凡하며 反對로 日支의 先支(甲子 見 亥戌酉申)가 많으면 氣가 塞滯하고 亂流하는 것이니 平生 精神이 濁하고 作事가 悔屯挫折하며 進退多端하다.

月日時의 干支가 作聯, 作黨, 作旺,

作合或成一象 化一氣하고 太歲마니
孤獨一位하면 似遠 疏하니 離祖, 別宗自立
또는 偏出 螟者로서 窮乏孤獨하다.

가령 丙子年 壬辰 月癸亥日 庚申時生이면 月日時는 金水成象하고 申子辰 水局을 이루어서 作黨하고 作旺하며 成一象한데 反하여 年上丙火一位는 四顧無親으로서 孤獨하고 疏遠당하고 있는 것 같다.

그와 같이 父王과 異端異質이면 離祖하고 別宗으로서 自立하거나 庶出이나 양자의 身分으로서 窮乏하고 孤獨하다.

年月時가 作黨하고 日主가 孤獨하면
異姓과 同居하지 않으면 求乞하거나 寄生한다.

가령 戊戌年 己未月 癸巳日 己未時生이라면 年月時는 土象을 이루고 作黨作旺한데 反하여 日主만이 홀로 水體로서 生扶해 주는 것이 없고 土象과는 相剋된 孤獨者인 경우엔 君臣이 서로 分離相反된 異端과 反目의 對立形局으로서 主君은 平生의 지가지가 없다. 異姓과 同居하지 않으면 求乞하거나 寄生蟲처럼 남에게 의지할 수 밖에 없다.

我合者는 爲妻요 我剋者는 爲財이며 貴氣가
重疊이면 苗不秀하고 秀不實하다.

庚日生이 乙을 보면 合이니 妻가 되지만 甲은 我剋者로서 妻星

- 245 -

이다. 妻는 有情하지만 財는 情이 없다. 그래서 正財는 有情하고 財는 無情하다. 財官의 貴氣가 太過하고 그를 감당할 苗根인 月支가 旺하지 못하면 설사 旺盛(秀)하다해도 貴多 身弱으로서 結實과 成事가 어렵다.

      時에 吉神이 聚하면 聚福集善하고
      時에 凶神이 聚하면 聚禍集惡한다.

時는 人生의 열매요 吉凶 禍福의 集散市場이다. 時에 吉神이 盛하면 福과 吉善이 雲集하여 웃음과 기쁨의 꽃이 滿發하고 到處春風이요 泰平盛世다. 反對로 時에 凶神이 盛하면 禍와 凶惡이 會集함으로서 절망과 슬픔의 한숨이 휘몰아치고 秋風落葉처럼 災難과 風波가 꼬리를 문다.

      丙辛化水者는 壬爲精神한다. 戊申과 庚申을
      같이 보면 長生이 겹치니 生하고
      또 生하는 지라 吉凶이 重疊한다.

化者는 化神이 精이요 神이다. 甲己化土는 戊가 精神이듯이 乙庚化金은 庚이 丙辛化水는 壬이 精神이다. 五行은 長生에서 生氣와 形體를 얻는다.

戊申(土)의 申과 庚申(木)의 申이 겹치면 長生이 겹치니 氣와 體가 겹치듯이 吉이 겹치는 反面에 土는 剋水하고 木은 洩水함으로서 凶이 隨伴하여 吉凶이 겹친다.

丁壬化木이 寅亥卯未를 얻으면 化而又化하고
　　　　　또 生地를 얻음으로서 渺茫하고 不成한다.

　丁壬化木은 寅에서 得地하고 亥卯未에서 得局하며 亥에서 長生한다. 化木이 寅과 亥卯未를 만나면 旺하고 또 旺하니 化하고 또 化하며 亥에서 長生하니 化했다 生했다 하여 化而不化하고 生而不生한다. 그와 같이 氣가 너무 넘치고 퍼져서 매듭과 成事를 이룩할 수 없다.

　　　　　得天時(節)者를 得時라 하고
　　　　　得生旺者와 乘建祿者를 得位라 하며
　　　　　乘財官 貴人者를 得權이라 한다.

　五行이 때와 철을 만난 것을 得時라 하고 長生과 建祿帝旺을 얻은 것을 得位라 하며 財官과 貴人을 얻은 것을 得權이라 한다.
　得時하거나 得權하거나 得位하면 有權하고 有勢하며 有能함으로서 賢明하고 勇敢하며 能小能大하고 有力한 동시에 富貴를 이룩할 수 있다.

　　　　　丙辛化水가 戊癸化火를 보면 財가 되고
　　　　　甲己土를 보면 官이 되는데 이는
　　　　　眞財眞官으로서 造化와 秀氣의 極致를 이룬다.

　萬有는 造化의 形象이듯이 五行 또한 化者를 眞五行으로 삼는다. 六神 또한 마찬가지다. 丙辛化水가 戊癸火의 財를 보거나 甲己土의 官을 보면 造化된 水가 造化된 財官을 보는 것이니 眞財眞官이요 陰陽의 極致인 造化와 五行의 極致인 秀氣가 完全無欠한 極致에 이룬 것으로서 萬事亨通한다.

    丙辛化水가 戊癸火를 보고 또 火局을 이루면
    成器가 完全하고 淸純하고 無比하다.

 化水가 化火의 財를 보고 火局을 보면 財局이 이뤄진 것이니 財器가 完成될뿐더러 全體가 財局이요 財器이니 淸純하고 無欠하다. 그와 같이 化土의 官을 보고 土局을 보면 官局이 完成된 것이니 官局과 官器가 完全無欠하고 淸純하기 그지없으며 能小能大하다.

    務小棄大는 不可하고 捨本逐末亦不當하며
    太滿하면 傾하고 太盛하면 折한다.

 枝葉的인 小事를 固執하고 根本的인 大局을 버리는 것은 大本을 外面하고 末端을 쫓는것처럼 어리석듯이 命은 大局과 根本을 바탕으로 관찰해야 한다. 氣가 지나치게 旺滿하면 과격하고 참을성이 없어서 일을 저지르고 禍를 초래하듯이 物이 지나치게 豊盛하면 가지가 무거워서 나무가 뿌려지듯이 物慾이 지나치면 敗하고 禍를 당한다.

    年月日에 貴氣가 있으면 三元이 福祿하고

時坐一位는 主體의 端이니 吉凶은 時로서 弁明한다.

年은 根이요 月은 苗요 日은 花요 時는 實이다. 年月日에 財官과 喜神이 있으면 年月日의 三元에 福祿이 振振하듯이 父母兄弟 夫婦가 賢明하고 和睦하며 相助한다. 그러나 最終의 吉凶은 時의 結實에서 判斷하니 時에 吉神이 있거나 年月日에서 時를 生扶함을 가장 기뻐한다. 時는 主體의 首部요 審判者이기 때문이다.

年月日中 時와 和한 者가 一位면 平이고 二位면
小亨하고 富貴하며 三位면 大發하고 大富大貴한다.

四柱가 저울이면 年月日은 物體요 時는 저울눈인 錘다. 物의 重量은 錘로서 定한다. 錘와 連結된 物을 和合이라고 한다. 그와 같이 年月日三物中에서 時干과 相生 또는 六合한 和者가 一位면 平坦하고 二位이면 有益한 貴重品이 많고 計算高가 높으니 物과 錢이 亨通하고 富貴하며 三位가 모두 和合하면 三者가 모두 有實樹로서 豊作이니 大發하고 大富大貴하다.

이는 年月日은 果實樹요 時는 果實임을 銘心하면 쉽게 풀이할 수 있다. 果實은 陰陽의 配合에서 이뤄지는 造化之子이니 時干과 和合한 者는 陰陽이 配合되니 열매가 생기고 不然인 것은 無祿이듯이 無實이다. 命의 富貴는 時의 果實을 根本으로 하니 富貴貧賤은 時와의 和不和에서 算出된다. 같은 果樹이지만 日干은 가장 緊要하고 氣深하며 月은 氣緩하고 年은 氣淺하니 日과의 和合이 가장 豊盛하다.

> 用水者는 申子辰地에 이르고 用木者는
> 亥卯未地에 이르러서야 得地하고 發身한다.

　水를 宰相으로서 用臣하는 者는 水臣이 得勢하는 申子辰鄕에서 最大의 忠誠을 다함으로서 日君이 發身하듯이 木을 手足으로 用臣하는 者는 木臣이 立權하는 亥卯未運에서 能小能大한 才能을 다함으로서 日君이 富貴영화를 누릴 수 있다.

> 有氣하면 能히 造化하고 無氣하면 造化가 不能하며
> 中和되면 造化가 無雙하고 失和되면 晦滯한다.

　五行이 得時하고 得氣하면 造化가 有能하여 뜻을 이루고 富貴를 成就하며 반대로 失時하고 無氣하면 造化가 無能하여 萬事不成이다. 陰陽이 中和되고 五行이 有氣하면 天地가 有情하고 萬物이 團合함으로서 造化가 非凡하고 能小能大하니 大發하고 大富大貴하다. 反對로 陰陽이 偏枯하여 失和하면 五行이 有氣해도 不具者로서 萬事不成하고 塞滯한다.

> 年이 長生이고 日時에 帶殺하면 眞長生이
> 되고 月日時의 氣가 年으로 모아지며 四柱엔
> 一位의 長生만이 必要하고 그 長生地에
> 氣와 精神이 모여든다.

　年에 長生이 있고 日時에 殺이 있으면 眞長生이다. 年에 長生이 있으면 月日時의 모든 氣가 年으로 流通하고 會集하며 再分配된다.

　四柱엔 一位의 長生만이 貴하고 所重하다. 長生은 氣의 샘이니 長生이 하나만 있으면 四柱의 氣와 精神이 모두 長生地에 集結되고 交流함으로서 生生不息하다.

　　　　　印은 長生이요 偏印은 沐浴이며 比肩은
　　　　　建祿이고 劫財는 帝旺이며 衰는 正財요
　　　　　病은 食神이며 死는 傷官이요 墓는 正財요
　　　　　絶은 七殺이며 태는 正官이다.

　六神과 十二運은 其性質이 相通한다. 印은 長生이듯이 長生은 印이니 印과 長生은 共通的이다. 그와 같이 沐浴은 偏印과 같고 比肩은 建祿과 같으며 劫財는 帝旺과 같고 衰는 正財와 같으며 病은 食神과 같고 死는 傷官과 같으며 墓는 正財와 같고 絶은 七殺과 같으며 태는 正官과 같다.

　一扶一抑이 兩立하면 勝負가 分明치 않고 마치 陰陽의 氣가 오르지도 내리지 못함과 같다. 生과 剋이 竝出하면 生인지 剋인지를 분간하기 힘들 듯이 强도 아니요 弱도 아니다.

　生은 剋 때문에 無力化되듯이 剋은 生 때문에 無氣力해지니 生과 剋의 어느쪽이 强하고 弱한지를 분별하기 힘들다. 마치 陰과 陽이 서로 팽팽히 맞서 있음으로서 陽氣가 오르지 못하듯이 陰物도 내리지 못하는 서로 묶여 있는 상태와 같다.

　　　　　正五行의 氣가 不足하면 納音五行으로서

能히 補完할 수 있고 不足과 休囚가 완만해진다.

五行은 正五行과 化五行 그리고 納音五行의 세가지가 있다. 비록 이름은 다르나 五行 그 自體는 똑같다. 때문에 正五行土氣가 不足하다면 納音五行土氣를 利用하고 補氣하면 急한 것은 免하고 不足되거나 衰病死絶의 氣는 어느 程度 補完되고 復活됨으로서 氣虛의 괴로운 고삐를 상당히 늦출수 있다.

        貴氣가 或多或重해도 身이 無氣하면
        不能任하니 如病不能食하고 花不能實하다.

財官의 貴星이 많거나 旺하다 해도 身이 失令하거나 無氣力하다면 어찌 감당할 수 있겠는가? 도저히 감당할 수 없으니 그림의 떡과 같다. 마치 病든 환자가 진수성찬을 차려 놓고도 먹지 못하듯이 꽃은 만발해도 열매가 없는 헛꽃처럼 애를 태울 뿐 成事되는 것이 없다.

        氣壯氣滿하면 和煖처럼 喜悅이 滿局하고
        通濟利物하며 氣虛冷寒한데 帶空休囚하면
        有智術才勇하고 無所地展한다.

氣가 得旺하거나 得多하면 精氣가 充滿하고 生氣가 발랄하니 氣와 마음이 따뜻하게 和合하고 기쁨이 넘치며 萬事亨通하고 厚生利物한다. 反對로 氣가 失令하거나 脫氣한터에 空亡과 死絶까지 겹쳐서 전혀 無氣力하다면 설사 슬기가 있고 術數와 才能이 있으며

勇氣가 있다해도 實踐하고 發展하는 것은 한가지도 없다.

用者가 休囚하면 發身이 遲遲하고
凶者가 旺相하면 生禍가 猛速하다.

用者는 手足이요 忠臣이며 機會다. 用者가 死絶되고 無氣力하면 타고갈 말이 幼弱한 것이니 그 用馬가 크고 힘찰때까지 기다려야 한다. 그러기에 아무리 有能하고 서둔다 해도 늦게서야 기회가 오고 發身한다. 反對로 凶者는 敵이요 逆臣이요 誘惑이다. 凶者가 旺盛하면 지체없이 攻身하고 奸惡하게 誘惑하니 그로 因한 災禍가 번개처럼 빨리 닥친다.

旺相神이 日君과 無情無意하면 吉凶이 相半이며
旺相神을 生扶할 경우 禍가 猛虎처럼 生한다.

命中 가장 有力한 旺相神이 日君을 外面하고 無情하다면 日君은 그 때문에 정신을 차리고 힘을 기르는 吉이 있는 反面에 그 때문에 힘과 마음을 항상 소모해야 하는 凶이 있어서 半吉半凶이다. 그러나 旺相神을 生扶하는 運에 이르면 나를 노리든 敵이 때를 만난듯이 비호처럼 덤비니 災禍 또한 피할길 없이 비호처럼 發生한다.

進神이 帶貴하면 至精至當하다. 第一妙한 것은
納音五行이 剋我 또는 生我하면 全貴之美가
있으며 만약 不生 不剋한다면 貴空하고 我無統이다.

氣盛한 進氣者는 財官을 기뻐한다. 進神이 財官의 貴氣를 가졌으면 執權한 바와 같이 至精하고 至當하다. 執權을 하였으면 지체없이 智略을 發動해야 한다. 가장 妙한 것은 納音五行이 運에서 生我 또는 剋我하면 智略의 動因이 되니 바야흐로 大貴大富할 기회를 갖는다. 그러나 그 生剋이 없다면 無爲하니 權은 허공에 뜨고 統治는 有名無實하다.

　　貴神이 本旬이면 至吉至緊하고 鬼殺이
　　同旬이면 禍速至重하다.

甲戌이 乙亥丙子를 보면 同旬이고 乙亥丙子가 甲戌을 보면 本旬이라고 한다. 甲戌은 旬의 根本이기 때문이다. 貴한 六神이 本旬이면 貴族의 貴公子이니 至極히 吉福하듯이 出世도 빠르다. 反對로 惡殺이 同旬이면 凶惡한 六神이 한배에 吳越同舟한 格이니 禍가 지체없이 빠를뿐더러 至極히 重禍를 당한다.

　　日主와 用神은 君臣之間이니 相扶相濟하고 五行은
　　均停이 第一이요 偏倚하면 濟物하기 어렵다.

日主는 主君이요 用神은 宰相이다. 主君이 건전해야 宰相이 忠誠하고 宰相이 旺相해야 主君이 富하고 貴하듯 君臣은 相扶하고 相濟한다. 五行은 항상 流行하니 어느것 하나라도 傷하거나 無力하면 全體가 停滯된다. 그래서 五行은 中和가 第一이요 部分的으로 旺盛한 偏倚는 禁物이다. 한쪽바퀴가 빠진 不具之形이니 어느

것하나 成事될 수 없다.

> 陰干은 干支前 一位가 皆凶하고 四柱는
> 全的으로 旺과 衰로 配值한다.

陽干이 前一位를 싫어 하듯이 陰干도 前一位는 싫어한다. 乙의 前干 丙은 辛을 合하여 乙을 暗損하듯 丁의 前干 戊土는 丁의 殺인 癸를 暗合하여 丁을 暗損 暗傷시킨다. 陰支卯의 前支辰은 乙木의 羊刃이요 卯의 害이니 不利하듯이 酉의 前支 戌은 辛의 羊刃이요 七殺이 暗藏하여 惡氣가 多端하듯이 온갖 風波가 發生한다.

> 子平은 財官을 本으로 하고 月令을 爲主로
> 했으며 財官을 論하는덴 格局을 따지지
> 않듯이 格局을 論하는덴 財官을 따지지 않했다.

子平의 命理는 財官을 大本으로 하고 月令을 위주로 해서 財官의 厚薄과 吉凶을 관찰했다. 財官이 月令에서 得地하면 富貴하고 反對로 失地하면 貧賤한 命으로 判斷했다. 子平은 財官과 더불어 格局을 大網으로 삼았으나 財官은 格局을 떠나서 그 自體로 관찰했듯이 格局의 成敗는 財官을 떠나서 관찰했다.

> 入格者는 非富하면 貴하고 破格者는 非貧하면 賤하다.

子平은 格局을 四柱의 律法으로 삼았다. 律法을 지키는 者는 벼슬과 祿을 내림으로서 富하지 않으면 貴하고 律法을 지키지 않는 者는 刑과 罰을 내림으로서 貧하지 않으면 賤할 수밖에 없다. 그와 같이 四柱가 律法인 格局을 바로 形成한 者는 富者가 아니면 貴者인데 反하여 律法을 破하듯 格局이 成格되지 못하고 失格한 者는 貧하지 않으면 賤者다.

一等 二等格者는 王侯 公卿이 아니면 宰相이요
三等 三等格者는 財官이 不純하니 刑卒이나 九流다.

格이 純粹하고 財官이 旺盛하면 一級格이니 王侯之命이요 格이 純粹하고 財官이 有力하면 二級格이니 三公의 宰相之命이며 格局은 人格이나 財官이 混雜하면 三流級이니 刑卒之命이요 格局과 財官이 모두 不純하면 四流級이니 自由業이요 庶民業인 九流之命이다. 이와 같이 天命의 富貴貧賤은 先天的으로 格局과 財官에 의해서 이미 定해진 것이다.

亡神이란

亡神은 日支三合神의 建祿에 해당한다. 亥卯未日은 寅이 巳酉丑日은 申이 申子辰日은 亥가 寅午戌日은 巳가 亡神이다. 天下壯士인 建祿이 亡神을 당하는 것은 너무 自負하고 過信하다가 믿는 도끼에 발찍히는 것이니 放心하다가 큰 실수를 저지르는 것이다.

劫殺이란

劫殺이란 日支三合의 絶地이니 亥卯未日生은 申이 巳酉丑日은 寅이 申子辰日은 巳가 寅午戌日은 亥가 劫殺에 해당한다. 가장 無氣力한 絶地에서 갑자기 변을 당하는 것이니 束手無策이다.

不意의 逢變이나 事故를 당하는 것을 意味한다.

天乙貴人이란

甲戊庚日生은 丑未가 丙丁日은 亥酉가 乙己日은 申子가 辛日은 寅午가 壬癸은 卯巳가 天乙貴人이 된다. 이는 물에 빠진 사람이 干合에 의해서 구제되는 것을 意味하여 貴人이라고 칭하는 것인데 사실은 亡神, 劫殺과 같이 별다른 작용을 하지 않는다.

乙酉가 戊戌을 보면 戌中丁火가 乙酉金을 傷害한다.
六害之墓에서 火發하기 때문이다.

乙酉는 陰金에 屬한다. 戊戌木을 보면 金剋木하지만 酉의 六害인 戌의 火墓에서 戌中丁火가 發生하고 陰木이 生火하니 火氣가 生生不息한다. 그 災火에 乙酉가 火傷을 입고 損身하며 坐不安席할 것은 당연하다. 그와 같이 運勢는 正五行보다도 納音五行의 妙理를 精察해야 한다.

辰戌丑未를 四印이라 한다. 戊己土가
이를 얻으면 偏主信하고 甲乙木은 鄙貪하며
丙丁은 多貧病하고 庚辛은 爲母生兒하나

> 丑多則短命하며 壬癸는 未詳이다.

辰戌丑未의 四庫를 四印이라고 한다. 墓는 老衰者이니 無氣力하고 인색한 것이 特色이다. 戊己土가 이를 가지면 人性이 卑賤하고 貪欲이 많으며 甲乙木의 경우는 命主가 偏見的이고 偏頗的이며 丙丁火의 경우는 貧困하고 多病하며 庚辛金의 경우는 生兒가 많으나 丑多하면 短命하다.

> 年月時에 閑神이 많으면 停滯와 塞困이
> 甚하니 養病하고 傷身하며 甲寅이 壬寅을
> 보면 僧道之命이다.

閑神은 手足이 없는 六神이니 年月時에 閑神이 많으면 主君이 手足이 없는 不具者와 같다. 四肢五體가 停止하고 塞滯하니 가난할 뿐아니라 五장六부가 非正常인지라 疾病이 發生하고 肉身이 損傷된다. 甲寅은 身旺하다. 丙丁火를 通해서 꽃이 피고 才能을 發揮하는데 壬寅을 보면 丙丁의 기회를 完全히 閉塞함으로서 俗世에서는 無用之物이니 僧道之命이다.

> 甲寅見壬寅하면 僧道로서 出世하고
> 甲寅見庚寅하면 破祿하니 吉凶相半이다.

甲寅운 身旺하니 財官을 기뻐한다. 다시 壬寅을 보면 食傷이 動할 수가 없으니 비록 多學多才하나 쓸모가 없다. 차라리 入山修道

하면 得道할 수 있으니 高僧으로서 發福한다.

甲寅이 庚寅을 보면 身旺者가 得殺하니 奮發하여 두각을 나타내는 反面에 寅祿을 破壞함으로서 기반을 傷하고 手足이 萎縮되니 吉凶이 半半이다.

沐浴은 好淫한다.

沐浴은 未成年의 男女로서 愛情至上인 동시에 好奇心과 感情이 豊富하여 多情多感하니 欲情에 빠지기 쉽고 淫濫하다.

丁化木이 辛化水를 보면 受氣가 되니 沐浴에 해당한다. 沐浴은 生해주는 受氣로서 生氣가 발랄한 동시에 未熟한지라 誘惑에 빠지기 쉽다. 甲은 子에서 沐浴인데 水多하면 木浮하여 물결따라 나무가 움직이듯 異性의 誘惑에 쉽게 빠진다.

驛馬는 歲支를 本으로 하고 日支에 有馬하고 重疊되면 도리어 賤局이다. 驛馬는 歲支를 爲主로 하여 歲支三合神을 冲하는 者를 驛馬로 삼는다. 驛馬는 十二運星의 病星으로서 항상 東奔西走한다. 日支에 驛馬가 있으면 命主가 坐不安席으로 奔走한데 다시 또 驛馬를 보면 더욱 바쁘게 뛰는 몸이니 賤한 身分임을 알 수 있다.

日支에 財馬가 있고 歲支에 有馬하면
비록 重馬라 해도 有用하고 貴氣가 있다.

財는 市場이다. 市場을 가려면 車馬를 타고 가야하기에 馬라고 한다. 日支에 有財하고 年支에 有財하면 市場이 비록 여럿이나 日

支市場은 命主의 市場이요 年支市場은 君王의 市場으로서 我市가 郡王의 市場과 通商하는 것이니 크게 번창하고 發展함을 暗示하는 동시에 貴賓을 相對로 하는 貴貨를 다루게 된다.

　　　　　祿上 干神을 祿賓이라 하고
　　　　　祿上干神을 起用하면 祿이 發福한다.

祿은 가장 健壯한 臣下로서 그가 섬기는 祿上干神은 祿의 貴賓으로서 가장 有能한 手足이다. 萬一 그 貴賓을 喜神으로서 起用한다면 祿이란 千里馬인 祿이 발탁됨과 더불어 勇將이 크나 큰 功勳을 세우게 된다.

　　　　　丁巳年辛亥月丙日生이면 方外娶妻한다.

丁巳年辛亥月丙日生은 辛을 妻로 삼는데 丁이 辛을 沖하니 辛妻가 온전할 수 없고 멀리 奔走한다. 그 멀리간 妻星을 만나려면 나 또한 멀리 가야하니 고향을 떠나 머나 먼 客地에서 得配한다. 그러나 항상 시달리는 辛金과 더불어 妻星이 坐不安席하니 百年皆老하기가 어렵고 妻星과 더불어 東奔西走한다.

　　　　　貴氣는 專用해야 한다. 二三處分用則衆人之物이요
　　　　　平生多爭多訟하며 彼重我輕하면 더욱 심하다.

財官等貴神은 日主가 獨占해야 한다. 萬一 比劫이 있어서 兩分

또는 三分하면 衆人之物처럼 허공에 뜨고 임자없는 物件이 되고 만다. 서로 빼앗고 占有하려는 爭奪과 訟事가 平生 잇달아 發生하니 하루도 조용할 수가 없이 파란萬丈이다. 만일 比劫이 重하고 我輕하면 더욱 심하고 敗北한다.

　　　　用神이 剋戰하고 無倚하며 休囚無用하거나
　　　　死絶地에 臨하면 獨身이다.

　用神은 宰相이요 手足이다. 忠臣이 剋戰에 몰두하고 그를 도와줄 喜神이 全혀 없으며 用神의 根氣가 허약해서 無用之物이거나 死絶地에 이르러 無能하면 主君을 全혀 공경할 수 없으니 主君은 四顧無親이다. 가난하고 賤하며 의지가지없고 쓸모없는 고독한 人生으로서 獨身을 免하기 어렵다.

　　　　貴氣가 滿局이고 身弱하면 不能任하니
　　　　富貴하되 壽夭하다.

　四柱에 財官이 滿發하면 貴氣가 滿堂이다. 그러나 身弱하면 이를 도저히 감당할 수 없으니 그림의 떡이다. 비록 富貴하나 몸이 病든 患者로서 富貴의 영화를 누릴 수 없는 동시에 短命하여 夭折한다. 만일 가난하고 賤하다면 壽는 오래도록 지탱할 수 있다.

　　　　流年運勢의 風波成敗는 蓋由根基하니
　　　　元有得力貴氣하고 行運에서 贊助하면

無風成事한다.

　流年에서의 成敗와 風波는 모두가 行運의 主體인 命의 根氣에서 연유한다. 나무가 튼튼하면 비바람이 불어도 不動하듯이 元命이 有力하고 貴氣가 있으며 行運에서 이를 돕고 破壞하는 惡神이 없다면 어떠한 風波도 能히 감당하고 뜻하는 바를 아무런 탈없이 이룩할 수 있다

　　　　申子辰月生은 壬癸를 月德으로 삼고
　　　　丙辛水를 秀氣로 삼는다. 命에 德秀가
　　　　많으면 文業으로 通達하고 聰明 曉事之人이다.

　申子辰月生이 壬癸水를 보면 水宮에서 德氣가 滿發했으니 德이 滿開한 것과 같으며 丙辛化水는 造化의 秀氣가 滿發한 것이니 才氣가 非凡하다.
　四柱에 德과 秀가 많으면 精氣와 才致가 화려하게 만발한것이니 才氣의 妖花인 文業으로 名振하고 事理에 能通하여 크게 出世한다.

　　　　德秀者는 聰明無比하고 休囚者는
　　　　晦懶하며 八字가 純陰純陽者는 偏氣라 한다.

　月令의 五行이 開花된 德과 化五行으로 造化를 이룩한 秀氣가 있으면 聰明함이 非凡하고 出衆한데 反하여 五行의 氣가 廢死하고 無氣한 者는 어리석고 게으르며 쓸모가 없다. 四柱八字가 모두 陰

이거나 陽이면 氣가 偏重한 것이니 偏氣라고 한다.

　　　　偏氣가 俱强하고 財官의 貴氣가 欠如하면
　　　　豪而鄙俗하고 非俊秀才器하다.

純陰純陽의 偏氣가 强成하면 한쪽으로 기울어지듯 偏見的이고 偏頗的이다. 이를 바로 잡을 수 있는 財官의 貴氣가 不足하고 無力하면 野性動物처럼 호탕하고 勇猛하나 배운 것이 없으니 賤하고 野卑하며 俊秀하지 못하니 才器가 될 수 없다.

　　　　主象이 無黨하고 主氣가 無貴하며 閑神이
　　　　많고 刑沖이 있으면 馳逐하나 多謀小立한다.

命主가 孤獨하고 財官이 없으며 無用之神이 많고 刑沖되었으면 無能無力하고 四顧無親이며 坐不安席하다. 항상 뛰어다니고 발버둥치며 作事를 즐기고 모사를 많이 하나 이루기가 힘들고 식소사번이다. 가난하고 賤하며 외롭고 薄福하다.

　　　　得時하면 勇猛剛强하며 金神白虎와
　　　　刃殺刑害之神을 帶命하면 强盜掠奪이나 屠殺에
　　　　종사하고 殺人害物하지 않으면 도리어 被殺된다.

得令하고 三合之勢를 이루면 勇猛하고 剛强하며 眼下無人이다. 萬一 庚辛金이 巳酉丑時生이며 羊刃七殺과 刑破沖害를 보면 더욱

氣高萬丈하고 無賴하니 凶한즉 强盜로서 掠奪을 일삼고 善한즉 屠殺로서 生計를 유지하나 원래 氣質이 剛暴한지라 殺人害物하지 않으면 도리어 凶器에 被殺된다.

> 臨事有斷하고 機變通利하는 것은
> 皆由凶殺之神이며 不滯不塞한 것은
> 輔佐用神의 所行이다.

어려운 일을 당하여 果斷性있게 處身하고 臨機應變하여 得利하는 것은 모두가 凶殺의 所産이며 平生 滯하지도 塞하지도 않고 순조로히 享通하는 것은 喜神이 主君을 誠實히 補佐하는 때문이다.

> 貴氣는 있으나 刃殺이나 輔佐의 喜神이
> 없으면 臨事無威勇하고 作爲殊
> 하여 相應合한다.

財官의 貴氣는 有力한 者만이 감당하고 누릴 수 있다. 刃殺이나 生扶하는 喜神이 없다면 어찌 財官을 다룰 수 있겠는가? 萬事에 우유부단하고 주저하니 威勇이 없고 欠陷이 許多하며 主體性과 主見이 나약하여 환경에 호응하고 동조할뿐 進取性이 없다. 만일 刃殺이 扶貴하면 반드시 決斷性이 있고 作事에 能하며 大業을 成就할 수 있다.

> 卑微한 出身에서 財祿이 發하는 것은

庫墓中雜氣財官印이 日主에 有益하고
　　　親厚한 때문이요 歲運에서 다시 相扶하면 尤吉하다.

　卑賤한 身分으로서 發身하고 財祿을 누리는 것은 財官印의 貴氣가 庫墓에 있고 그 雜氣가 厚하고 日主에 有益한 때문이다. 庫墓에 있는 貴氣는 쓰레기 속에 매장된 種子가 애서 몸부림치다가 싹이 트는 것처럼 微賤한 身分에서 出發하여 온갖 風霜을 겪은 뒤 햇빛을 보는 것이다. 歲運에서 相扶하면 回春하듯 가장 吉하다.

　　　身强力健한데 財源이 貯藏되었으면 露刃해도 能히
　　　奪回하여 斂物하니 露刃이 反宜하나 刃旺地는 不好하다.

　力强者는 刃劫을 가장 두려워한다. 그러나 財가 支藏되었으면 能히 刃劫을 누르고 收財할 수 있으나 刃劫이 露出됨을 도리어 기뻐한다. 財物을 刃劫과 다투자니 무척 인색하고 物慾이 강하나 蓄財는 能하여 成財할 수 있다. 萬一 柱中에 刃露한데 刃旺地에 이르면 刃이 優勢하여 掠奪하니 도리어 刃露함을 두려워하고 刃旺地에서 크게 敗財한다.

　　　貴氣가 多處則 如密雲不雨하니
　　　秀而不實하고 多學不成이다.

　財官의 貴氣는 淸純해야 한다. 같은 貴神이 二, 三處에 群臨하면 서로 시기질투하고 不和하여 萬事不成이다. 마치 구름이 密集

한채 비가 내리지 않는 것처럼 秀才이면서 結實이 없고 多學博識하면서 한가지도 이루지 못함과 같다.

> 平頭日生이 帶殺刃華蓋하면 妻가 改嫁人이거나
> 殘疾 또는 愚鈍人이며 美貌則必淫하다.

甲丙丁은 字樣이 平頭하니 平頭干이라고 한다. 平頭日生이 刃殺이나 華蓋가 있으면 妻가 改嫁한 女人이 아니면 改嫁하게 되거나 殘疾이 甚하지 않으면 愚鈍한 女人이다. 萬一 妻가 美人이라면 반드시 多淫하다.

> 己亥 己卯 己未日生이 日時에 羊刃이
> 있으면 妻와 生離死別한다.

己亥 己卯 己未日生이은 日支에 坐殺하니 財가 설기됨으로서 財星이 無氣力하다. 萬一 月時에 羊刃이 있으면 剋財하니 財氣의 剋洩이 甚하다. 月時에 羊刃이 있으면 貼身刃이라 하고 妻宮이 不好하니 妻가 生離死別한다.

> 財가 庫地에 있는데 無剋沖하고
> 身弱하면 度量이 좁고 인색하며 鄙劣하다.

財가 庫藏에 있으면 반드시 刑沖되어야 流通되며 身旺해야만 開庫할 수 있다. 萬一 刑沖이 없고 身弱하면 財의 流通이 閉塞되니 마음도 답답하다. 度量이 좁고 고집통이며 인색하고 천박하다. 金庫가 凍結되고 流通이 不通이니 마음도 얼고 도량과 그릇도 일그러진 것이다.

　　　　水帶貴氣하고 有扶하며 有堤한
　　　　則 智謀가 過人이요 才略과 機變이
　　　　能하여 不在人下다.

水는 老年期다. 身老하나 精神은 老鍊하다. 身老하니 肉體的 活動은 不可能하고 오직 머리로서 萬事를 料理하려니 슬기가 極度로 啓發된다. 그래서 水는 智라고 한다. 水日生이 財官이 있고 印比가 있으며 戊土의 堤防을 얻어서 成湖得家하면 智盛하고 力旺하니 智謀가 湖水처럼 치솟고 無窮하여 過人이며 才略과 臨機應變이 卓越하니 出世가 빠르고 決코 手下노릇은 하지 않는다.

　　　　格局이 不實하고 有財助身하면 伶俐하여
　　　　街頭店을 經營하고 洩氣가 많고
　　　　無生扶하면 江湖를 奔走한다.

命象이 不實한데 財星이 있고 比印이 하나 둘 있으면 人品은 없으나 영리하고 才致가 있어서 市街店을 通해서 商才를 能히 發揮한다. 格局은 人生의 品位요 人格이니 格局이 不實하면 品格은 不實한지라 實利만을 追求한다. 四柱에 食傷이 많고 印星이 없으면 出血이 甚하고 渴症에 쫓기어서 江湖를 東奔西走하고 언제나 坐不

安席이다.

> 亥子는 江湖이니 其氣가 氾濫하면
> 風餐露宿하고 天羅地網이 全하면
> 利名이 碌碌 無成이며 剋身則 夭亡한다.

亥子는 江湖를 이룬다. 水氣가 露出하고 氾濫하면 天下가 물바다이니 물에 쫓기어서 東奔西走하고 집없는 나그네로서 가난과 疏食과 露宿을 일삼아야 한다. 戌亥는 天羅요 辰巳는 地網이다. 惡氣를 잡으려는 天地의 그물이니 萬人이 싫어하고 貴氣는 얼신도 않는다. 無人地帶에 利名이 있을理 없으니 아무리 몸부림을 쳐도 한가지 成事되는 것이 없다. 萬一 凶殺이 剋身하면 더 이상 견딜 수 없으니 夭折한다.

> 驛馬干神은 能剋身한다. 驛馬가
> 生我하면 遠方에서 外財를 多集하고
> 邊境에서 得財祿한다.

驛馬는 病星으로서 항상 奔走하다. 驛馬星上의 干神은 馬上의 騎手이니 能히 剋身할 수 있다. 驛馬가 印星이면 喜神이니 驛馬로서 東西南北의 外財를 벌어드리고 發身한다. 驛馬는 멀리갈수록 收入이 늘어나니 外地나 멀리 떨어진 변地에서 크게 得財하고 出世한다.

> 驛馬가 空亡이면 敗地로서 凶하나

金火는 喜空하니 乘旺하면 도리어 官貴하다.

驛馬가 空亡이면 虛空에 뜬 驛馬이니 無用之馬이요 落馬로서 크게 傷하기 쉽다. 그러나 金火는 도리어 內空함으로서 소리가 나고 點火하니 空亡을 기뻐한다.

만일 金火의 空亡이 得令하면 旺氣로서 千里를 달릴 수 있으니 官貴를 能히 얻을 수 있고 크게 出世할 수 있다. 空亡이 沖이 되어도 亦是 有用하고 功成할 수 있다.

貴地가 破象되거나 財星이 死絶되면
家計가 貧寒하고 貴氣가 落空하거나
用神이 死敗되면 無生意한다.

官印의 貴星이 剋傷되거나 財星이 死絶地에 있으면 財官印이 無用之物이니 貧寒을 벗어날 수 없고 官印이 空亡이거나 用神이 死浴地에 있으면 의지가지가 없고 束手無策이니 意慾을 잃고 生氣가 없다.

太歲와 六合되면 闕門이라고 한다.
入格者는 食祿과 職任을 朝堂要路에서 얻는다

歲君과 日君이 六合되면 君臣慶會로서 臣이 君王의 宮殿에 入闕하는 것이 闕門이라고 한다. 貴格이고 身旺하면 入格者이니 반드시 君王의 부름을 받고 朝廷의 要職에 拔擢되며 厚한 職任과 食祿을 받는다.

　　　　太歲와 沖되면 祖上基業을 離破하고
　　　　歲前五位는 命宅이요 歲後五位는 祿宅이라고 한다.

　歲君은 一年之君王이니 太歲를 沖하는 것은 곧 剋君하는 것이다. 君王이 極刑으로 다스리니 祖基는 몰수되고 破壞되며 멀리 떠나거나 도망칠 수밖에 없다. 年柱에서 앞으로 五位는 命宅이라 하고 반대로 뒤는 五位는 祿宅이라고 한다. 命宅은 家宅이요 祿宅은 田莊과 丘陵墓를 말한다.

　　　　子午卯酉가 全하면 謂之 遍野桃畵요
　　　　廉貞沐浴이며 暴敗桃花라하니 風流와
　　　　芸術을 즐기고 性巧性急하며 是非中立身하고
　　　　水主는 尤淫한다.

　子午卯酉는 帝王으로서 完全自由와 最大의 享樂을 要求하며 一切의 支配와 干涉을 배격한다. 子午卯酉가 모두 있으면 東西南北의 帝王이 會合하여 富貴榮華를 다투어 즐기니 天下의 風流와 芸術이 滿發하고 好色多淫하며 서로가 잘난채 是非하는 가운데 才能의 꽃을 피우고 出世한다.
　이를 暴敗桃花, 遍野桃花, 廉貞沐浴이라 하고 水日生은 가장 多淫하다.

　　　　桃花者는 風流를 즐기고 酉人이 寅申巳亥를
　　　　보거나 丑人이 辰戌丑未를 보면 回頭破碎가 된다.

桃花의 沐浴이 있으면 風流가 卓越하고 風流에 耽溺한다. 酉日生이 寅申巳亥를 보면 白虎가 幼兒를 놀리는 格이요 丑人이 辰戌丑未를 보면 老虎가 老人을 弄落하는 格이니 回頭破碎다 刑害되면 狡猾하고 夭折하며 輕한 則 發身을 못하고 가난하다.

亡神을 官符라 한다. 官符가 落空하면
語多妄誕하고 萬一 天乙과 같이
있으면 性好謳吟한다.

亡神(亥卯未日生寅爲亡神)을 官符라고 한다. 官符가 空亡이면 無政府無法狀態이니 수다하고 터무니없는 거짓말을 서슴치 않으니 방약무인격이다. 그러나 後見人의 별인 天乙貴人이 官符와 같이 있으면 貴人의 加護와 총애를 받으니 노래를 즐겨 부르고 性品도 착하다.

用神이 歲運에서 剋傷되면 失意抱怨한다
身旺하면 飮酒醉眩하고 歲運이 扶身하면
淫蕩狂妄한다.

主君의 手足이요 宰相인 用神이 歲運에서 剋傷되어 無氣力하면 그에 의지하든 命主는 失意와 더불어 怨恨을 품게된다. 萬一 身旺하면 失意에 잠긴 勇士처럼 飮酒에 바져서 醉興을 즐기고 酒色에 浪費를 일삼는가하면 歲運에서 生扶하면 더욱 淫蕩하고 狂人처럼 妄動하여 家業을 破産 탕진한다.

　　　　　白虎가 帶刃하면 罵殺時人이요 日時에서
　　　　　剋年하면 妻緣이 不分明하고 因妻禍多하다.

　金人이 帶刃하면 猛虎가 武器를 휴대한 格이니 殺氣가 등등하고 性暴如虎하다. 日時에서 年上을 剋하면 父君에 剋上하고 不服하며 自由放縱하니 妻의 得配가 禮法을 無視한 一方的 娶妻로서 分明치 않을뿐더러 妻로 因해서 訟事를 당하는 등 妻德이 없을 뿐아니라 妻로 因한 禍가 많다.

　　　　　華蓋와 身墓가 有氣하면 命主가 福壽하나
　　　　　封爵은 없고 僧道로서 名望이 높다.
　　　　　萬一 帶鬼咸池하면 非芸人則 村巫하다.

　日支三合의 墓인 華蓋와 日干의 墓인 身墓가 다같이 有氣有力하면 壽福을 누리나 官職의 貴는 누릴 수 없고 僧道로 名望을 떨친다. 그러나 七殺이나 沐浴을 띠었으면 芸能人이거나 巫堂에 속한다.

　　　　　華蓋와 身墓가 生旺하고 歲運과 日主가 和合
　　　　　또는 成局하면 淸高之福을 極하고 不然則
　　　　　僧道九流人이며 非自墓則村巫다.

　華蓋와 自墓(身墓)가 生旺하고 歲運에서 日主와 和合하거나 三合成局이 되면 最大의 淸高한 福을 누릴 수 있다.
　萬一 生旺하지 않으면 僧道나 九流人으로 풀리고 庚辰日生처럼

自墓가 不成이면 村巫이거나 手作이 거칠고 서툴다.

　　　　水火之象이 輕淸하면 文章異術에 能하고
　　　　刑沖되면 道德과 禪門에 能하다.

　水火가 和合되고 輕淸하면 文章등 異術에 能하고 地支에 刑沖되면 道德과 佛門에 熱中한다. 水火가 中和됨을 旣濟라 한다. 水火가 旣濟되고 氣가 淸純하면 文章이 魁衆이요 氣가 輕하면 術業에 非凡하며 空亡이면 仙道와 風流를 즐기고 刑하면 道法과 貴符등에 能하며 剋하면 禪宗空寂과 野宿을 즐긴다.

　　　　金土之義는 以賤生貴之功하되 氣老則成就其物하고
　　　　在庫則富藏 宅하니 壯觀이다. 萬若에 衰絶或氣初則
　　　　經商手芸工作之人이다.

　土金은 壯年이요 經濟이며 收藏의 五行이다. 微賤한 出身으로서 富貴를 이룬다. 陽氣는 春木에서 初하고 夏火에서 旺하며 秋金에서 老하고 冬水에서 衰絶하며 季土에서 庫한다. 氣가 秋老에 이르면 萬物이 成熟하고 季庫에 이르면(財庫) 宅에 萬金을 收藏하니 壯觀이 아닌가? 土金은 西地에서 成物하고 季地에서 成富하며 北地나 東地에선 經商이나 手芸 工作에 종사한다.

　　　　華蓋와 身墓와 天月德合등 세가지가
　　　　柱有하면 반드시 水邊이나 石上의 宿緣이

있고 佛道를 求한다.

四柱에 華蓋와 身墓와 天月德 도는 合德을 고루 지니고 있으면 老衰한 몸이 天理를 깨닫고저 하는 一念이 强한지라 물가나 바위돌위에서 修道와 기도를 드리면서 道術과 仙術을 求하기에 一片丹心이요 道學君子로서 이름을 떨칠 수 있다.

辰爲강이요 戌爲魁이니 最大의 權威와
力量을 가지고 있다. 日君과 和協하면
主必富貴하다. 長生 天乙祿을 福氣라하니
無福者는 福이 不久하고 貧하다.

辰은 강이요 戌은 魁라고 한다. 魁강은 首 로서 權威와 力量이 卓越한 勇將이다. 主君과 有情하고 和合하면 크게 富貴할 것이 틀림이 없다. 長生과 天乙과 建祿은 福의 根氣로서 이를 가진 者는 福이 厚長하고 富한데 反하여 이를 얻지 못한 者는 福이 薄하고 가난하다.

倒食을 呑啖(통채로 삼킴)이라고 한다.
만약 倒食이 有力有勢有權 生旺하다면
非偏房則乏乳하며 孤寡六害가 倂出則
異性 假合으로 同居한다.

例食은 타고난 衣食住를 통채로 삼키는 것이니 呑啖이라고 한다. 만일 食神을 송두리채 집어 삼키는 偏印이 得勢하거나 得力

또는 得權(旺)하거나 生旺하다면 반드시 어려서 젓이 不足하다.

　萬一 孤寡六害등이 偏印과 같이 있다면 異性이나 婚禮없이 假合으로 同居하는 自由放蕩人이다 巳亥二位와 同干同支가 二三位있으면 必是雙生 또는 父母를 中拜하거나 巫醫, 酒色, 藥術을 業으로 하고 萬若亡劫咸池刃帶者는 狂妄詭詐하고 迷花戀酒等九流才之人이다. 四柱에 巳亥가 있고 甲甲, 子子등 干支同類者가 있으면 쌍둥이거나 父母를 中拜하게 되며 巫卜醫藥術이나 酒色業을 갖게 된다. 만약에 亡神, 劫殺이나 咸池(沐浴)羊刃등 惡殺과 같이 있으면 터무니없는 거짓과 妄動을 일삼고 酒色을 貪하며 九流之人이면서 才能이 없는 愚者다.

　　　　子午干上에 鉤合則水火有情하니
　　　　至老迷戀花酒하고 淸한 則 風流之人이요
　　　　濁한 則 卑賤하다.

　子午沖의 干上과 干下가 暗合함을 鉤合이라 한다. 가령 壬子가 戊午를 보면 子中癸가 戊와 暗合하고 午中丁火가 壬과 暗合하니 鉤合이다. 水火가 은은히 有情하니 老年에 이르러서 酒色에 빠지기 쉽다. 은밀히 꽃과 술을 즐기고 그에 눈이 어두워진다. 命象이 淸하면 風流를 즐기고 反對로 濁命이면 부끄러움을 모르는 卑賤한 爲人이다.

　　　　日旺하고 浴多하면 福氣가 散漫하고
　　　　滯酒情花하고 長生의 德과 帝旺의 秀를 가진
　　　　者는 文芸로서 特達한다.

身旺한 者는 沐浴에서 生扶하니 더욱 旺盛하다. 身旺한데 沐浴이 많으면 旺氣를 浪費하니 福氣가 分散되고 오로지 酒色에 耽溺한다. 天下壯士가 美女의 誘惑에 홀딱 빠진 格이다. 長生과 帝旺의 德秀를 가진 者는 氣盛하고 秀才이니 文學의 才能과 芸術로서 時達하고 出衆의 出世를 한다.

丙子, 丙午, 戊寅, 辛卯, 辛酉, 丁未丁丑
壬辰 壬戌 癸亥 癸巳 日生은 陰錯陽差로서
孝服과 官訟이 많다.

丙子 丙午 辛卯 辛酉 戊寅 戊申 癸巳 癸亥 壬辰 壬戌 丁丑丁未 日生은 陰錯陽差로서 平生에 喪服과 訟事의 災難이 많고 그로 因해서 散財와 苦痛이 많다. 結婚前後 百日內에 親家妻家에서 갑자기 喪服이나 官訟이 發生하고 外家가 無力하거나 無外家하며 妻舅(시아버지구)가 不和하거나 兩家重父母하고 妻家에 無財하거나 半眞半假하며 만일 桃花가 있으면 結婚이 不分明하거나 非良婦이며 桃花가 旺하면 因妻起訟 또는 妻妾相爭한다.

日主化氣所生者爲子요 時上化神所生者爲子요
剋我者爲子요 六合者爲子요 本氣所生者爲子也

子星은 五法이 있다. 剋我者인 官殺을 子로 삼듯이 日干과 六合되는 五行(甲日生己土)을 子로 삼는 것과 日主의 化五行이 生하는 食傷五行(甲日化土則金)을 子로 삼거나 時干化神이 生하는 食傷

五行(乙時化金則生水)을 子로 삼는 것과 日干正五行이 生하는 食傷五行(甲日正木則生火)을 子로 삼는것등 다섯가지가 있다.

> 子星은 時上에 引用하여 旺弱을 가린다.
> 時上에서 生旺者는 多子하고 衰敗者는 少子하며
> 日時에 亡劫孤寡三刑七殺이 있고 有救하면
> 子多不孝하고 無救則 孤貧一生空房이다.

子星은 時支에 引用해서 旺弱을 分別한다. 가령 甲子生은 金을 子星으로 삼는데 申酉時인 경우엔 旺하니 多子하다.

日時에 亡神劫殺이나 三刑 또는 七殺이 있는 경우 이를 制化하는 救神이 있으면 子는 많으나 不孝하고 救神이 없으면 平生孤貧하고 無子하다.

> 日剋年하고 亡劫建祿帝旺이 있으면
> 剋妻하고 納音五行으로 年에서 日을 生扶하면
> 再娶 또는 少年得妾한다.

日主가 年柱를 剋하고 祿旺하며 亡神劫殺이 있으면 下剋上하니 父母가 定해준 正室을 剋한다. 萬一 納音上으로 年柱가 日主를 生扶한다면 더욱 極盛하여 唯我獨尊이니 兩娶하거나 少年때부터 妾을 거느리지 않으면 妾으로 正室을 삼는다.

> 年上의 祿馬나 貴人, 食神 六合이
> 日柱에 있으면 妻賢得財하고 時上에

凶殺이나 落空이면 主必無子하며 만약에
食神을 生神하거나 日에서 沖尅하여
解空하면 必是養子를 둔다.

年의 財官이나 天乙貴人 또는 食神이나 六合이 日柱에 있으면 年의 君王과 日의 王妃가 有情하니 妻가 賢明하고 妻財를 얻을 수 있다. 時上의 子宮에 凶한 惡殺이나 空亡이 있으면 子宮이 破壞되고 虛無하니 필경 無子하다. 만약에 食神을 生助하여 制殺하거나 日支에서 沖尅으로 空亡을 除去한다면 養子를 둘 수 있다.

咸池가 日時에 있으면 歲殺이라하니 主父가
惡死하고 다시 惡殺이 있다면 의심할 여지가 없다.
가령 金主는 刃兵으로 火主는 火厄으로 水主는 水厄으로
土主는 染病(염병)으로 木主는 枷杖으로
主父가 惡死한다.

沐浴의 咸池가 日時에 있으면 歲殺이라 한다. 日時에 歲殺이 있으면 父가 惡死하며 萬一 惡殺이 또 있다면 父의 惡死는 의심할 바가 없다. 惡死의 形態는 金主는 刃兵에 의해서 火主는 火災로 因해서 水主는 水難에 依해서 土主는 胃腸의 熱病에 依해서 木主는 칼을 씌우고 매질하는 枷杖으로 惡殺한다.

日時에 華蓋 또는 陰錯陰差가 있으면
因妻醜辱을 당하고 萬若貴豪之家면

妻父母兄弟親屬이 內亂을 일으킨다.

日時에 咸池나 刃多者는 多能하다해도 宿疾이 있다. 또한 日時에 咸池와 華蓋 또는 陰錯陰差가 있으면 妻로 因해서 醜惡한 恥辱을 당한다. 萬一 貴族이나 豪族의 家門이라면 妻家의 父母兄弟 등 妻의 親屬이 亂動을 부리고 그 때문에 크나 큰 恥辱과 破産을 당한다.

戌人이 巳를 보거나 巳人이 戌을 보면
自縊殺이라 한다. 만약 金神白虎나 亡劫, 鬼空,
刃殺死絶之地에 있으면 亡身한다. 用神이
太歲를 犯하거나 太歲가 大運을 刑해도 自縊身亡한다.

戌이 巳를 巳가 戌을 보면 自縊殺이라 한다. 萬若 白虎나 金神을 비롯해서 鬼殺이나 空亡, 羊刃, 死絶이 있거나 其他에 이르면 몸을 亡친다. 用神이 太歲를 剋沖하거나 太歲가 大運을 刑하는 경우엔 亦是 自縊로서 身亡한다.

丙子는 旺水요 癸未는 東井이며 癸丑은
三河라 한다. 만약 咸池와 金神 陽刃 亡神등을
띄었으면 水中之魂이 되기쉽고 그 原因은 酒色에 있다.

丙子는 號가 旺水요 癸丑은 三河이며 癸未는 東井(東方의 샘)이라고 한다. 이 三日生이 咸池나 金神 또는 羊刃 亡神殺을 가졌으면 水厄으로 橫死하는 경우가 많은데 其原因은 大部分 酒色에서 發端되고 惹起된다.

　　　　　聾盲은 用神이 死敗 또는 失令하거나
　　　　　惡神에 의해서 身을 剋竊되는 경우 發生한다.

用神은 宰相이요 手足이며 耳目口鼻다. 用神이 死나 浴 또는 失 令하고 無力하면 耳目口鼻가 마비된 것이니 벙어리나 장님이 되고 惡神이 日主를 剋하거나 洩氣하면 눈코를 뜰 수가 없고 無氣力하 니 聾盲이 된다. 手足의 用神이 마비되거나 主人體가 만신창이가 되면 官能을 상실함으로서 聾盲으로 化하는 것이다.

　　　　　腰駝나 足跛者는 貴氣가 休囚 또는 主體가
　　　　　惡神에 剋制되거나 倚托이 死絶 또는 惡氣가
　　　　　出現하고 刃殺이 刑我한 때문이다.

腰駝(꼽사)나 절뚝발이는 官印의 貴氣가 死絶되거나 日主가 惡 神에 依해서 甚하게 傷害되고 의지하는 用神이 또한 死絶되거나 惡氣가 滿堂이고 刃殺이 날뛰어서 꼼짝할 수 없는 상황에서 발생 한다. 左右에 惡神이 공격하고 主體와 手足이 死絶되면 束手無策 이니 四顧無親하고 꼽사 또는 절뚝발이의 不具가 되는 것이다.

　　　　　轉轉相剋하면 鬼嘯이라 하고 凶神이 作黨하여
　　　　　剋日剋生하면 貧難으로 少年에 亡한다.

甲이 庚을 보고 庚이 丙을 보면 轉轉相剋하고 七殺이 連鎖反應하는 것이니 鬼嘯이라고 한다. 凶神이 會合作黨하여 日의 主體를 剋洩하고 日主의 命根인 年干을 剋害하면 어려서부터 달달복기고 四顧無親이니 가난과 受難이 겹침으로서 마침내 少年에 夭折한다.

> 申亥를 天地包藏이라하니 有明有力하면
> 天地具包藏之德이요 子人이 見申辰하면
> 拱將이라 한다.

申은 坤地요 亥는 天門이니 四柱에 申과 亥가 뚜렷하고 有力하면 天地의 德을 감쌀 수 있는 雅量과 能力이 있다. 子는 申子辰水局의 將星이니 子가 申辰을 보면 拱將이라고 한다.

> 甲人이 以子拱將하면 謂之拱印이라고 한다.
> 만약 財官의 貴氣가 있으면 富貴를 造化하고
> 印食을 俱有한 者는 福益하니 有福人이라고 한다.

甲人이 子로서 拱將하면 拱印이라고 한다. 子는 印星이기 때문이다. 萬一 財官이 有力하면 能히 富貴를 이룰 수 있다. 印母와 主身과 食神의 子星이 三全하면 三代가 有情하고 生生不息하니 福益이 많은지라 有福人이라고 한다.

> 寅巳二位가 有力하면 能合申亥하고 三合拱申亥하고
> 無雜하며 乘貴氣하면 出衆之造化다.

寅巳二支가 無刑沖하고 有力하면 支合으로서 能히 申亥의 天地를 갖출 수 있고 子辰과 卯未의 三合으로서도 能히 申亥를 拱出할 수 있다. 萬一 申亥가 無刑沖하고 貴氣를 간직하고 있으면 반드시 出衆의 造化를 이루며 特히 翰苑에서 門長으로 名聲을 떨친다.

子午二位를 或有正拱 或有三合外拱하면
如有貴氣集上하니 勳業名家人이다.

丑亥拱子하고 未巳拱午함을 正拱이라 하고 申辰拱子하고 寅戌拱午함을 三合外拱이라 한다. 方局拱은 正이요 三合拱은 外라는 뜻이다. 正이든 外이든 子午二位를 갖추면 마치 貴氣가 會集한 것과 같으니 반드시 大業을 이룩하고 天下를 다스리는 名家人으로서 出世한다.

壬癸가 巳卯拱辰하고 丙丁이 酉亥拱戌하면
謂之夾貴라하니 魁강으로서 威權振作한다.

壬癸人이 卯巳로 拱辰하고 丙丁人이 酉亥로 拱戌하면 辰戌二位의 貴를 夾하는 것이니 謂之夾貴라고 한다. 辰戌은 魁강으로서 勇敢하고 出衆하니 美風良俗과 國憲을 바로잡고 刑을 다스리며 權威가 千里에 떨치니 權府에서 크게 出世한다. 辰戌二位가 明露하고 重集해도 亦是 風憲提刑으로서 威權을 振作한다.

寅辰二位를 龍虎라 한다. 正拱이나

外拱으로 2位를 갖추고 貴氣와
吉神이 聚上하면 玉堂拜相한다.

寅은 虎요 辰은 龍이다. 三合이나 方局으로서 寅辰을 拱俱하고 寅辰上에 貴와 吉神이 集合되었으면 猛虎出林하고 飛龍在天하듯 朝廷에서 要職을 얻어 크게 榮華를 누린다.

偏陰偏陽해도 其氣多하면 奮發하니
貴氣가 旺相하면 精進하여 極品者로 榮達한다.

四柱가 偏重해도 氣旺하면 中和를 얻으려고 더욱 奮發한다. 마치 天下壯士가 기울어지는 車船을 바로 잡기에 奮發하고 마침내 成事하듯이 貴氣의 印官이 旺相하면 勇氣있게 奮發精進하여서 마침내 極貴의 벼슬에 오르고 榮華를 누린다.

偏氣者는 好爭하고 挺然不屬하며
雄豪力大하다. 偏官者는 發起가 빠른
同時에 退速 또는 非命하다.

陰이든 陽이든 偏重된 偏氣者는 中和를 잃고 고집이 강한 동시에 마음을 즐기고 누구에게나 君臨하며 굽히지 않는 英雄豪傑로서 大膽하고 强力하다. 偏官者는 不屈의 鬪志로서 發奮하여 發身이 빠르나 敵이 많아서 後退도 빠르다. 前進할뿐 後退를 모르는지라 强者앞에 버티고 싸우다가 非命橫死하기 쉽다.

正官者는 穩而隨分 遷擢하나 生殺權이 없다.

　正官者는 法度요 君子이니 온건하고 分守를 지키며 能力에 따라서 應分의 出世를 하되 生殺之權에 對해선 관여하지 않는다. 卯는 日出之門이요 酉는 月出之門이다. 卯酉사이에 貴氣가 있거나 拱貴하면 外國에 出征하여 王權을 輔佐하거나 邊鎭을 지키게 된다.

　　　用神이 力拙하거나 被剋竊氣 또는 陰藏不沖合하면
　　　鈍而不利하고 歲運에서 生扶하면 枯木逢春처럼
　　　暢意하고 悠悠蕩蕩하다.

　主君의 宰相이요 手足인 用神이 劣弱하거나 剋하고 洩氣하여 氣가 弱化되거나 支藏된채 沖合으로 發起시키지 못하면 爲人이 鈍하고 萬事에 不利하다. 그러나 歲運에서 用神을 生扶하거나 沖合해서 發起시키면 마치 목타는 고기가 물을 얻고 枯木이 逢春한 것처럼 홀연히 生氣가 발랄하고 힘차게 發身한다.

　　　用神이 有力하거나 得時情合해도 運에서 阻壞되면
　　　東碍西撞하여 不能順行하니 謂之曲港行舟다.

　用神이 無刑沖해서 有力하거나 得令해서 旺盛하고 六合으로 有情하다해도 歲行運에서 沖剋으로 其氣를 무너뜨리고 마치 左沖左突하고 東西에서 치고 받는 形局이니 順行할 수가 없다. 뱀처럼 이리 굽히고 저리 꾸부려서 가까스로 빠져나가는 것이니 일컬어

曲港行舟라 한다. 用拙해도 運扶하면 順風하고 用强해도 運拙하면 逆風한다.

  運은 支를 根基로서 重用하고 歲는 干을 重用한다.
  運支가 太過하면 宜折이요 不及則宜扶하다.

大運은 活動舞臺의 季節과 方位이니 方支를 根基처럼 重視하고 愛用한다. 支가 太過하면 抑制하고 不及하면 生扶하는 歲運에서 發福한다. 歲는 統治하는 君王이니 干神의 氣勢를 爲主로 한다. 때문에 大運은 먼저 支를 소중히 쓰고 다음에 干을 觀察하는데 反하여 歲運은 먼저 干을 觀察하고 다음에 支를 살핀다.

  流年은 太歲干神과 緊密한 關係가 있다. 歲君은
  1年間 萬神과 吉凶을 主司하니 日剋歲則災하고
  合則晦하며 有情有化則有好事하다.

歲君은 一年間의 온갖 神殺과 吉凶을 관장하는 最高의 統運者이니 行運과 日主는 歲干과 緊密한 關係가 있다. 日干이 歲干을 剋하면 下剋上이요 不忠이니 災禍를 당하고 歲干과 六合하면 한눈을 팔고 本分을 忘却하니 어리석다. 오직 日主와 相生하고 和合하는 데서 造化를 이루고 發身한다.

  日爲身이요 貴爲用이며 日主爲體요 貴氣爲用이니
  中和되고 用神이 貴氣하면 如登程行李器物糧草之類다.

日은 主身이요 主體이며 貴神은 登用하는 宰相이니 用이라 한다. 君臣이 中和되고 宰相이 賢明하고 忠誠한 貴人이면 富貴榮華를 누리고 泰平盛世를 謳歌할 수 있다. 用神의 貴氣는 마치 旅程에 오르는데 必須品인 고리나 그릇이니 식량과 燃料처럼 아쉽고 소중한 것이다.

運은 住宅公署요 所泊之所다. 吉凶二象이
運元에서 末萌하면 非歲則不能激揚하다.

運이란 삶의 보금자리인 住宅이요 정치하는 官公署이며 航行하는 運脚이요 나그네의 宿所와 같다. 吉凶의 싹이 運支에 暗葬된채 運干에 露出되지 않았을 경우엔 歲干에서 透出하지 않는한 暗葬된 吉凶은 具體化하지 않으며 아무리 吉運이라해도 激揚할 수 없다.

唯獨歲君마는 가장 嚴하고 간절한
것이며 至威至重하고 特握特急하다.

大運은 배요 歲君은 船長이니 가장 至嚴하고 至尊한 大權을 掌握하고 있다. 生殺與奪權을 執行하는 歲君은 一年間 萬神과 吉凶禍福을 관장하고 處理함으로서 죽이고 살리고 罰하고 賞주고 웃기고 울리며 成敗興亡의 一切를 自由自在로 料理한다.

身旺太過하고 用神怯弱則 喜剋身而衰地
又扶用地하며 身弱氣虛하고 用神太過者는

不能勝任或鎭亂則喜扶抑用地하다.

身旺한데 比肩이 太强하고 用神이 虛弱하면 君主는 極盛하고 臣下는 病衰한 것이니 身을 剋洩하여 힘을 빼고 用神을 살찌우는 抑强扶弱運에서 發福하고 反對로 身弱한데 用神이 太過하면 君主는 衰退하고 臣下는 肥大한 것이니 臣을 감당할 수 없고 마침내 힘에 겨워 정신착란증을 일으키게 되니 扶身하고 用神을 抑制하는 身旺地에서 發身한다.

今人論命 拘泥格局 遂執假而失眞
必先觀氣象規模 富貴貧賤之剛領
次論用神出處盡死生窮達之精微

今世의 命理는 格局에만 얽히고 사로잡혀서 形式만 치중하고 實質을 外面한다. 本是命理는 陰陽五行의 造化이니 먼저 음양의 氣象과 五行의 짜임새부터 觀察하고 人品과 富貴貧賤을 가려낸다. 연후에 六神中 最貴한 用神을 擇하여 死則生하고 窮則通達하는 機微를 精密히 살펴야 한다.

八字只要五行和氣 務要鉤之素陰發表
少陰産於老陽하고 一陽解凍하며 三伏에 生寒하다.

四柱八字는 오직 五行의 中和를 至上으로 한다. 겉으로 나타난 五行보다도 속깊이 숨어있는 五行의 氣根을 細密히 분석하고 밝혀서 五行의 質量을 分別해야 한다.

陽이 老하면 少陰으로 變하듯이 陰이 老하면 少陽이 生한다. 少가 極하면 老하듯이 老가 極하면 還少한다. 一陽이 生하면 子水가 解凍하듯이 一陰이 生하면 午火의 熱氣가 解消되고 生寒한다.

亢陽無制하고 不包藏陰物而運行東南則 陽剛
失中하며 孤貧凶暴하고 水火之間에서 死한다.

四柱가 純陽으로서 極盛하고 陰物이 하나도 없으며 陽氣를 剋洩하는 制動이 없는데 다시 陽地인 東南으로 行運하면 極盛之敗로서 마침내 陽이 지나쳐서 偏枯하고 主君을 害치니 孤貧하고 性品이 과격 凶暴하며 水地에선 龍虎相搏格으로 물불을 가리지 않고 날뛰다가 橫死한다.

五陽이 陰月에 生하고 干支에 夾合陰柔之物하며
運亦行陰地하면 吉하다 雖出寒賤이나 終必榮華하다.

甲丙戊庚壬의 五陽干이 丑卯巳未酉亥의 陰月에 出生하거나 干支에 陰支를 夾 또는 合으로 얻고 陰地로 行運하면 陰陽이 中和되니 뜻을 이루고 發身한다. 陽은 物이 困하니 비록 寒賤한 出身이지만 自力으로 奮發하고 開拓하여 마침내 榮華를 이룩한다.

柔弱하고 偏枯하면 小人之象이요 剛健하고
中正하면 君子之風이다. 陰柔하고 干支에

無陽則終日柔懦하고 爲人이 小心陰毒하다.

　四柱가 身弱하고 偏枯하면 小人之象으로서 小心하고 고집불통이며 性品이 冷靜하다.
　反對로 身旺하고 中和된 四柱는 君子之象이니 大汎하고 圓滿하며 能小能大하다. 陰日生으로서 身弱하고 陽이 全無하면 나약하고 간사하며 기회를 노리는 才致는 非凡하나 無能無力하고 음험하며 心毒해서 害人害物이 심하다.

露陽藏陰하면 剛柔得制하고 破剋刑冲이 없으면
君子之命이요 剛健中正으로서 德行過人이다.

　陽命이 陰을 暗藏하였으면 剛柔가 兼全하다. 刑冲破剋이 없다면 君子之命이다. 陽의 剛과 陰의 柔가 中和되니 剛健하면서도 重庸을 지키고 過不及이 없다. 爲人이 非凡하고 智와 勇을 兼備하여 德을 行하는데 果敢하고 慈悲를 베푸는데 積極的이다.

寒冷이 지나치면 설사 行和暖地亦終難奮發하고
燥烈이 지나치면 비록 逢水激處亦反有凶災하다.

　冬生之命이 金水가 太過하고 寒冷이 極甚하면 凍氷처럼 完全히 生氣를 잃고 無力하기 때문에 설사 東南鄕으로 行運한다해도 意慾이 脫盡하여 끝내 奮發하기가 어렵듯이 夏命이 木火가 太過하고 燥烈이 極甚하면 腎血이 枯渴되고 生氣를 잃은 焚木처럼 無氣力하여 비록 西北鄕에 들고 水盛地에 이르러서도 回生하기 어려울뿐더러 도리어 枯木逢激流처럼 凶災가 發生한다.

四柱가 純陰이고 亥月生이며 五行根氣가
空絶되고 身弱하면 和暖之鄕亦 終難發達하다.

亥月生命主가 純陰이고 五行의 氣가 空亡死絶로서 無力하며 身이 太弱하고 强健한 氣가 全無하면 生氣를 잃은 偏枯者이니 설사 春夏의 和暖之運을 만난다해도 元來 陽의 根基가 없음으로서 發身할 수가 없다. 마치 冷凍한 生鮮이 熱氣를 만나면 腐敗하듯 無氣力하고 無用之物이다.

夏至前四柱가 純火이면 火性이 燥烈하니
歲運에서 逢水해도 不能制過하고 反致害이니
夭折孤貧하고 多犯水則刑厄이 있다.

夏至前의 夏命이 純火인즉 火氣가 極烈하니 萬一 水鄕에 이르면 制火는커녕 도리어 狂하듯 激戰을 벌리니 火의 害毒이 甚하고 戰傷으로 夭折하거나 平生 孤貧하다. 만일 水盛하면 水火의 對決이 極烈하니 刑厄을 免하기 어렵다.

過於有情하면 志無遠達하고 過於用力하면
成亦多難하며 過於貴人하면 逢災自愉하고
過於 惡殺하면 逢福亦 難享이다.

甲子日見 己丑하면 上下가 多合有情하다. 다시 內外에 合이 있고 無財官印이면 多情有恨하다. 情에 빠져서 混迷하고 不能自脫하며 外無所見이다. 用財하는데 成財局하거나 食傷生財하면 用力이 지나쳐서 成就하기가 어렵고 終不爲美하다. 貴人이 原多하고 天月二德이 扶財官하며 無刑破하면 凶神을 만나도 無危自救하는데 反하여 惡殺이 原多하고 三刑六沖에 財官이 反背하면 財官地에서도 福을 누릴 수가 없다.

　　　　子多母病하니 如佃甫田하고 母多子病하니
　　　　如臨深淵하며 母多子衰者는 妬生邪謀하다.

甲人이 火多하면 子多母病하다. 마치 큰 밭을 매는 머슴이나 小作人처럼 苦되고 지쳐 쓰러진다. 反對로 甲人이 水多하면 母多子病하다. 마치 水盛한 深淵에 빠져서 허위적거리듯 쓰러진다. 母多子病하면 二母가 爭權하고 질투하며 邪謀하고 姑息太過하니 마침내 母失愛子한다. 다시 子星이 病死地에 臨하면 朝夕으로 異變이 發生한다.

　　　　戌爲文庫하니 不沖不鑑則無文之人이요
　　　　無財官印食而無生氣無文之人이며
　　　　暗有傷官或隱印而不明者는 聰明하고
　　　　刑沖庫而東南行運則發火光明하고
　　　　文章이 盛하며 翰苑에 高擢된다.

戌中丁火가 文才이니 戌은 文庫다. 萬一 刑沖하여 文才를 밝힐

수 없다면 永永文才가 없다. 財官印食은 才氣이니 四柱에 그 才氣가 없거나 主의 生氣가 虛弱하면 亦是文才가 없는 鈍才다.

萬一 傷官이나 印星이 暗藏되었다면 聰明하고 文庫를 刑沖하고 木火鄕地로 行하면 文才가 發顯하니 文章이 뛰어나서 文壇에 名振四海한다.

丑爲武庫하고 帶秋氣申酉庚辛爲殺하다. 偏官羊刃見者는 無懼好戰之人이요 子巳酉神合局하고 東南木火鄕에서 制頑金하면 武發하다.

丑中辛金은 武器이니 辛의 墓인 丑은 武庫라 한다.

秋生의 申酉庚申은 모두 武器이니 殺이라 하고 羊刃은 武器요 七殺은 武人이니 刃殺者는 好戰者로서 두려움을 모른다. 萬一 子가 丑과 合하거나 巳酉가 丑과 三合한 경우엔 東南木火地에서 以火制金할 때 비로서 武才를 發하고 名振四海한다.

辰爲龍 亥爲天하고 壬爲雲하니 辰得壬則
飛龍在天하고 水旺 會局하면 龍心隨入淵하다.

辰은 龍이요 亥는 天이며 壬은 雲이다. 辰이 壬을 보면 龍이 구름을 얻은 것이니 潛龍이 昇天하고 辰이 三合水局을 이루면 大海를 얻으니 入淵潛龍한다. 年에 亥天이 있고 月에 辰龍이 있으며 年月上에 透壬雲하면 飛龍在天하고 年亥 時辰하고 日月會水局하면 龍入淵潛한다. 干支에 刑沖剋破害가 있으면 龍이 安泰할 수 없고 日時上서 壬雲이 있으면 龍心隨雲上天한다.

龍者以水爲家하고 得天則飛龍하며 得水則潛龍하며
文章이 蓋世하고 有塞有通하여 臺閣出世亦終歸林宗하고
柱有巳午則 貧薄下流之命이다.

龍은 水를 집으로 삼는다. 亥와 壬을 얻으면 飛龍하고 水局을 얻으면 潛水한다. 飛龍과 潛龍이 反復되니 塞하면 通하고 通하면 入閣名振해도 끝내는 野人으로 隱居한다. 萬一 柱中에 巳午가 있어서 冲亥冲子하면 龍이 失天失雲하고 龍家가 破하니 平生 貧困薄命하다.

年無亥則 用巳反冲起亥亦吉하다
出寒借人力奮發功名한다. 萬若
壬之敗絶地(巳酉)에 臨하면 喪家罷職하니
謂之 壬騎龍背格이다.

年에 亥가 없고 巳가 있으면 反冲으로 起亥得天하니 飛龍할 수 있다. 이는 貧寒하고 賤하며 無依한 出身으로서 남의 힘을 빌리고 自力으로 奮發하여 功名을 이루고 君王의 近侍者로 大貴를 누린다. 萬一 行運이 亥를 冲하는 巳나 壬水의 絶敗地인 巳酉地에 이르면 龍家가 破壞되니 喪家罷職한다. 이를 壬騎龍背(壬午)格이라 한다.

子午는 端門으로서 正而不偏하니
無破損而有力하면 聰明勳業하고 正外拱亦同하다.

子는 一陽來復하는 陽門이요 午는 一陰이 潤生하는 陰門이니 陰陽의 正門이요 不偏不黨한 陰陽의 中和다. 空亡이나 刑沖破害가 없고 主君이 有力하다면 聰明하고 奮發해서 大業을 이룬다. 亥丑拱子하고 寅戌拱午하는 夾拱에 依한 子午亦是 空亡과 破剋이 없다면 能히 偉業을 成就한다.

　　　　四柱俱帶水者爲五湖之水요 深淵之龍象이니
　　　　有庚辛生水則如出入動搖山岳之大貴格이다.

〈壬辰辛亥癸亥癸亥〉
　王陽明四柱처럼 年月日時에 모두 水가 있으면 四海五湖가 하나로 뭉친 深淵에 龍이 造化를 부리는 形象이다. 萬一 庚辛金이 다시 生水한다면 水는 더욱 盛하여 龍이 出入하는데 마치 바다와 山岳이 搖動하듯 그 氣勢가 大貴之象이다.

　　　　寅巳二位有力則能合亥申하니 無沖雜而 乘貴氣하면
　　　　才調出群하고 申亥明而有力則顯達한다.
　　　　拱起하고 不落空亦顯谿한다.

　寅巳二位가 無刑沖하고 有力하면 能히 巳申合 寅亥合으로 申亥를 合起登用할 수 있다. 亥는 乾이요 申은 坤地이니 天地를 얻는 것이다. 萬一 合起하는 申亥二位가 無刑沖하고 不混雜하며 財官의 貴氣를 간직하고 있으면 才能이 出衆하고 크게 大成한다. 申亥가 나타나고 有力하거나 正外拱出하고 無空亡해도 亦是 도량이 넓고 뛰어난 出世를 한다.

巳爲風門이요 卯爲雷門이니 貴人이 있거나
歲運에서 沖起巳卯하거나 拱出해도 必能發達한다.

巳는 異風이나 風門이요 卯는 震雷이니 雷門이라 한다. 風雷가 有力하고 天乙貴人이 있으면 風雲兒처럼 勇躍出世한다. 歲運에서 巳나 卯를 沖起하거나 正拱外拱으로 拱巳卯해도 有力하면 風雷가 激發하듯이 크게 發身한다.

八字가 純陽이면 偏黨이다. 子寅辰午申戌의 陽支가
丑卯巳未酉亥의 陰支를 暗拱하니 二象이 相濟하면
도리어 天地의 正氣가 온전하다.

四柱八字가 純陽이면 偏黨이라 한다. 그러나 支에 子寅辰午申戌이 있으면 丑卯巳未酉亥의 陰支를 暗拱하여 陰陽이 交感相濟하고 天地의 正氣가 亨通한다. 果然 그 理致를 아는 사람이 몇이나 될 것인가? 만일 空亡이 없고 干에서 生氣를 얻으면 權威를 邊地까지 떨치는 公候로서 發福이 非凡하니 이를 가리켜 純陽之戶包陰하니 兵權이 赫赫하다고 한다.

歲月에 一寅이 있고 時見天門(亥)則謂之獨虎天門이니
虎必朝天嘯日한다. 若有卯未合局則 木盛生風하고
風從於虎하니 豈不偉也 若有刑沖破害하고

不得財官印하면 無用之物이다.

　年月에 寅이 있고 時에 亥를 보면 獨虎가 天門에 飛躍하는 象이니 반드시 朝廷에 名振한다. 만일 卯未가 있어서 亥와 三合木局이 되면 壯觀이다. 木盛하면 生風하고 風은 虎를 따르니 威風이 猛虎와 같다. 그러나 刑冲破害가 있거나 財官印이 없다면 虎와 風이 無氣力하니 無用之物이다.

　　　身坐學堂하고 驛馬交馳하며 一沖一合하고
　　　得高大氣象하며 帶財殺貴人則最高文章이요
　　　瀟灑出塵한다.

　日支에 長生이 있고 驛馬가 있으면 東西와 社交하며 沖合이 交叉하고 氣象이 高大하며 財殺과 貴人을 帶命하면 氣象이 늠늠하고 雄志를 가다듬어서 天下의 名文을 거침없이 내뿜으니 絶世의 文章이요 俗世의 온갖 티를 깨끗이 덜어버린 산뜻하고 淸雅하며 質이 뛰어난 謂之文質이 彬彬하다.
　日坐咸池하면 江湖花酒요 男女淫亂하며 因花因酒로 多落江湖한다. 若見財官貴德 東宮則反得標格이요 淸奇富貴安享한다. 大忌刑合이요 只喜空亡이다.
　沐浴을 咸池 桃花殺이라고 한다. 沐浴은 멋의 王者이니 品位와 貴氣가 있는 財官과 天乙 天月德等 좋은 環境에서 品性을 가다듬으면 天下의 師表的인 一品의 멋으로서 富貴榮華를 누리고 反對로 刑冲破害나 刃殺등 凶殺이 많고 環境이 나쁘면 花酒와 淫亂등 못된 멋만 부림으로서 香氣없는 惡花처럼 타락한다.

    日時驛馬者 帶合則 謂之聯 轡 而聚大財福馬
    逢刑沖則馬頭帶箭新 斷轡 象而 他鄕喪亡

 日時에 驛馬가 있으면 하루도 쉴새없이 뛰어야 하니 合을 하는 것이 좋다. 合은 묶어놓는 것이니 驛馬에 고삐를 메어놓은 形象이다. 外部로부터 많은 財貨를 싣고 들어올뿐 도망치지는 못하니 크나큰 財와 福을 누리게 된다. 驛馬는 刑沖을 가장 두려워 한다. 채찍을 후려치는 것이니 놀래 도망치듯 平生을 東奔西走하다가 客死하게 된다.

    馬無合則 放縱하고 刑沖則疾行而終無安頓하며
    刑沖之神이 三合六合하면 不爲加鞭이다.

 驛馬에 합이 없으면 고삐가 없으니 제멋대로 날뛰고 붙잡을 길이 없다. 더욱이 刑沖의 채찍을 만나면 번개처럼 疾走하니 끝내 安定할 수 없고 一生을 東奔西走하고 몸부림치나 한가지도 成事되는 것이 없다. 만약에 刑沖之神이 三合이나 六合되었다면 刑沖이 고삐에 묶인 格이니 채찍으로 볼 수 없듯이 東奔西走하지 않고 平安히 살 수 있다.

    用神濁則無用이나 暗藏淸氣하면 外陋內敏하고
    用神淸則持立이나 暗藏濁氣하면 貌美失學하다.

用神이 刑沖되거나 混雜 錯亂되면 濁하고 쓸모가 없다. 그러나 支藏中 用神이 있고 無刑沖하면 淸한 것이니 겉으로는 소박하고 고루해 보여도 속으로는 영특하고 기민하며 모사에 非凡하다. 反對로 用神이 無混無刑沖하면 淸하고 非常한 出世를 한다. 그러나 濁氣가 暗藏되었으면 病根이 內藏된 것이니 겉은 秀美하나 不學無實하고 酒色에 빠져 탕진한다.

貴重之神은 將이요 緊要之處는 關이며
妬我者는 邪요 混雜은 亂이다.

官殺이 混雜하거나 生旺하면 亂을 일으킨다. 이를 制壓하는 食傷은 亂을 다스리는 將師이자 干城이다. 官殺이 亂入하여 剋身하면 危急하니 그 緊要之處를 關이라 한다.

主君을 害치는 것이 病이요 그 病을 고치는 것이 藥일진대 病은 곧 危急한 之處인 關이요 藥은 治亂하는 將이며 官殺의 病을 돕는 財는 간사한 邪物이다.

甲己化土則 甲木從妻家 爲脫比輩
若見甲乙寅 卯則不能相成 反有離間之恨

甲己化土가 成立되면 造化가 멋지게 完成되고 妻家에 따르니 和睦하다. 我執을 完全히 脫皮하고 大我에 順應하는 것이다. 만약에 命이나 行運에서 甲乙이나 寅卯地를 만나면 妬合과 奪財의 亂이 發生하니 陰陽의 造化는 깨지고 夫婦가 生離死別하는 痛恨을 겪는다.

乙庚化金則 爲化斯神 化斯神者
　　　　喜見斯神化神者空亡忌而大
　　　　見殺比肩爭妬則不成名卿

　乙庚化金格은 化五行을 主體로 한다. 일단 化神을 主體로 삼았으면 主體의 旺地를 기뻐한다. 化神이 가장 싫어하고 두려워하는 것은 造化를 無能케 하는 空亡이다. 만일 比肩이나 七殺을 만나서 妬合이나 官殺混雜으로 亂을 일으키면 化神인 德望이 無色하게 破損됨으로서 名卿이나 臣公이 失格되어 孤兒나 異性之兒로 轉落한다.

　　　　戊辰日月生則 金者生於土 養於辰하니
　　　　少時倚 母而自强하고 土生於申하니
　　　　老得子하고 有依하다.

　金은 土에서 生하고 辰에서 養하며 土는 申에서 長生한다. 申月生戊辰人은 以金爲子하니 子旺하고 金養於辰하니 어려서 偏母슬하에서 生長하고 成熟한다. 따라서 申은 戊土의 子息이자 長生地이니 그 아들이 成長해서 늦게야 得子하는 동시에 그 아들에 老年을 의지할 수밖에 없다. 行運에서 申을 破하는 것을 크게 두려워하니 破則生患한다.

　　　　丙子日酉月生則 夫家以養其身하고
　　　　妻財而以活其命하며 用財官則貴하고
　　　　刑沖을 大忌한다.

火는 金을 妻로 삼고 辛金은 子에서 長生하며 火는 酉에서 亡한다. 酉月生丙子人의 경우 火人의 妻 辛金은 子에서 長生하고 酉에서 得令하니 夫君의 집에서 發身한다. 反對로 丙人은 酉에서 死하고 오직 金만이 旺盛하니 妻를 기른 다음 無氣力해지는 동시에 妻家와 妻財에 의지하여 發身한다. 財官에 依持하고 得貴하니 酉의 刑冲을 大忌한다.

癸屬腎爲一身之基요 兩目之本이며 瞳屬水하니
水困하고 腎虛하면 瞳無所倚다.

癸水는 腎의 根源이요 腎血은 一身을 保全하는 根基이며 두눈을 밝게 비치는 기름처럼 火光의 根本이 된다. 눈동자는 腎血의 꽃이니 腎의 源宗인 水가 渴되고 腎血이 貧弱하다면 어찌 눈동자가 온전할 수 있고 의지할바가 있겠는가? 必然的으로 失明하게 된다.

雙眼無瞳은 火土煞이 乾癸水한 때문이요
大腸이 有病함은 丙丁火가 庚을 剋損한 때문이다.

雙眼의 根源인 癸水가 火土의 財殺이 甚하여 만신창이가 되면 眼根이 무너짐으로서 雙眼의 눈동자가 失明한다. 庚金은 大腸의 本體이니 丙丁寅卯나 火局이 剋金을 심하게 하면 大腸이 損傷되고 疾病이 發生한다. 庚金이 有根하다해도 火局이나 刑冲 또는 木火運에 이르면 腸疾이 發生하니 水土運을 기뻐한다. 水土가 衰하고 木火가 旺盛하면 庚이 의지할 곳이 없듯이 大腸이 고단하다.

戊土屬脾則 柱不生旺通根而 生遇陰濕之時
　　　又加水浸土虛而行運濕地 歲見剋土
　　　則脾土受傷而有疾

　戊土는 脾胃의 根本이다. 萬一 四柱에서 戊土가 生旺하고 通根하지 못하거나 水旺節에 出生하고 干支에서 水多하여 浸土하거나 水旺節에 行運하고 歲에서 剋土하는 甲木을 만나면 戊土는 크게 損傷된다. 脾胃의 本體가 傷하면 脾胃의 疾病이 必然的으로 發生한다. 土는 水旺地에서 傾根한다.

　　　歲日互換貴人하고 得財官居正位 帶合有根得時하며
　　　不逢空亡 剋害殺刃則富貴하고 權掌
　　　兵刑하는 非常之命이다. 貴人頭上에 帶官하면
　　　門充馴馬하니 見財함이 尤要하다.

　年의 貴人이 日支에 있고 日의 貴人이 年支에 있으며 財官이 透出하고 得立한 동시에 根氣와 帶合등 有氣有情하고 得旺하며 空亡과 剋沖殺刃등 凶害가 없으면 天下의 兵刑權을 잡고 富貴榮華를 누리는 非凡한 吉命이다. 天乙貴人干上에 官星이 나타나고 有力해도 大爵을 누리나니 財를 보면 더욱 出世한다.

　　　長生建祿帝旺이 帶亡劫則拔山之勇과
　　　出衆之武略이 있고 比劫多而無財者가
　　　歲運에서 逢財則貪財亡身하고 貪祿避位한다.

長生이나 建祿 帝旺宮에 亡神이나 劫殺이 같이 있으면 拔山의 勇氣와 出衆한 武略이 있어서 能히 三軍을 號令하는 權柄을 잡는다.

四柱에 比劫이 重重하고 身旺하며 無財하면 群比가 財를 虎視耽耽한다. 만약 歲運에서 財를 보면 劫奪과 貪財로 亂이 發生한다. 重則 損命하고 喪家하며 輕則休官하거나 罷職된다.

    辛酉人이 酉多沖卯하면 比多剋財하듯
    兄弟로 因하여 破財하고 滿盤比肩而日
    坐專祿하고 無財官則無用이며 比成黨
    則喜沖破하고 財旺地에서 發身한다.

支에서 比多하고 財支를 沖하면 兄弟로 因해서 財를 잃거나 財로 因한 爭訟 또는 破産을 당한다. 辛酉人이 酉多沖卯하고 庚申人이 申多沖寅함이 그것이다. 四柱에 比劫이 干支에 가득하고 日支에 建祿이 있으면서 財官이 없다면 所用이 없다. 이와같이 比劫이 黨을 形成하고 無財官하면 比劫을 形沖하거나 空亡으로 無力化시키는 것이 吉하고 比劫이 기뻐하는 財旺地에서 發身을 할 수 있다.

    歲運에서 陽人傷官이 入庫하면 喪亡橫禍가
    많으나 陰人傷官이 入庫하면 無咎하다.

傷官은 自由奔放하는 過敏의 별로서 入庫하여 얽매이는 것을 極忌한다. 陽日生은 强하고 性急過烈하니 急速의 傷官이 急停車하는

傷官의 墓地에 부딪치면 곤두박질하여 크게 傷身하거나 死亡하는 橫禍를 겪는다. 그러나 溫柔하고 緩慢한 陰日生은 平素에 조심하고 緩行함으로서 傷官의 墓地에 갑자기 부딪쳐도 橫禍나 過誤는 저지르지 않는다.

> 刃者는 幇身之物이니 身旺者가 得刃함은
> 大忌다. 殺重得刃하면 殺化爲權이나 官刃이
> 相戰하면 刃化惡殺한다.

羊刃은 兵器이니 身弱者에겐 더없는 護身利器다. 身弱者가 殺을 만나면 路中虎難을 만난 格이니 이때에 兵器인 刃이 있으면 大虎를 制伏함으로서 一躍勇猛과 權威를 四海에 떨친다. 그러나 身旺者가 兵刃을 가지면 眼下無人으로 殺傷을 恣行하니 큰 禍를 當한다. 官星은 羊刃과 相沖하니 兵刃이 官을 보면 猛虎로 凶暴化함으로서 護身아닌 亡身의 凶器로 變質한다.

> 謀略은 多因於壬癸하고 威猛은 必本於丙丁이요
> 甲乙은 順而仁慈하고 庚辛欠則果斷無剛하며
> 火盛者는 燥敗하고 金多者는 隱忍하다.

壬癸水는 智謀에 能하니 謀略은 壬癸에서 多出하고 丙丁火는 公明正大하니 勇猛과 權威는 丙丁에서 多産하며 甲乙木은 溫柔하니 順應의 美德과 仁慈의 根本이요 庚辛金은 武器요 勇斷이니 金이 破損되면 勇斷이 欠乏된다. 火盛하면 極盛하니 燥急하여 失敗하고

金多者는 强忍하니 萬事에 隱忍自重하는 根氣가 强하다.

宅舍가 有氣하고 有吉하면 家門과 子孫이 華顯한다.

　命前(日支에서 앞으로)五位를 宅舍라고 한다. 가령 寅日生은 未가 卯日生은 申이 辰日生은 酉가 巳日生은 戌이 午日生은 亥가 未日生은 子가 申日生은 丑이 酉日生은 寅이 戌日生은 卯가 亥日生은 辰이 子日生은 巳가 丑日生은 午가 바로 宅舍가 된다. 宅舍는 生活의 보금자리로서 家宅과 家門과 子孫을 象徵한다. 宅舍가 有力(無刑沖破害하거나 得令함)하고 吉神(天乙貴人 天德月德等)에 해당하면 家宅이 潤澤하고 家門이 융숭하며 子孫이 繁昌한 동시에 평생 안정되고 부유한 生活을 할 수 있다. 가령 甲申日生은 丑이 宅舍인데 丑은 甲의 天乙貴人이니 吉神에 해당한다. 만일 丑月生이라면 甲의 冠帶이니 有氣하고 貴人이 兼했으니 吉星이다.

　宅舍가 無氣(刑沖破害하거나 失令)하고 凶神에 해당하면 生活의 보금자리가 無力하고 凶하니 家宅이 온전할 수 없고 家門 또한 부실하며 祖業이 虛無하고 子孫 또한 無力하다. 特히 宅舍를 沖하는 命後(日支에서 뒤로)一位는 破宅殺로서 가장 싫어한다. 만일 破宅殺이 와서 宅舍를 沖하면 生活의 보금자리가 뿌리채 흔들리고 무너지는 것이니 祖業이나 相續이 없고 平生 家宅이 安定될 수 없으며 客地에서 떠돌다가 客死하기 쉽다.

　宅舍가 空亡이거나 劫殺 亡身이 되어도 凶하니 家宅이 不安하고 變動이 심하며 萬事가 순탄하지 못한다. 納音上으로 宅舍五行이 身主를 剋하면 家宅이 身主를 누르는 것이니 豪華住宅임이 分明하고 反對로 身主가 宅舍五行을 剋하면 家主가 家宅을 누르는 것이니 집이 허물어지고 破産한다.

가령 甲子金(音)日生은 己巳木(音)이 宅舍인데 卯月生이라면 家宅木이 旺하니 宅舍가 身主를 剋하는 것이요 申酉月生이라면 身이 旺하여 宅舍를 剋하는 것이다. 그와같이 戊午火(音)日生은 癸亥水(音)가 宅舍인데 戌月生이면 水는 冠帶요 火는 墓이며 亥月生이면 水는 建祿이요 火는 絶이며 子月生이며 水는 帝旺이요 火는 胎가 되니 宅水는 旺하고 身火는 弱하다. 宅舍가 剋身하니 반드시 身主를 눌러 앉힐 수 있는 훌륭한 家宅과 家門을 造成할 수 있다. 反對로 剋宅하면 처음엔 좋은 집을 마련하나 뒤엔 破落하여 家宅이 무너지고 집고생이 많다. 宅舍는 沖과 破를 가장 두려워한다. 甲子人은 己巳가 宅舍이니 亥가 沖이요 申이 破가 된다. 亥와 申을 보면 家宅이 不安하고 반드시 異變이나 근심이 생긴다. 祿과 命의 吉凶은 宅舍로서 分別한다. 祿豊하고 好命이면 家宅이 潤宅하고 祿貧凶命하면 家宅이 부실하듯이 宅舍가 沖破되면 好命이라 해도 좋지 않다.

　　　　田園이 有氣有貴하면 田畓이 들에
　　　　가득차듯이 五穀이 倉庫에 가득하다.

命後(日支에서 뒤로)五位를 田園이라 한다. 가령 寅日生은 酉가 卯日生은 戌이 辰日生은 亥가 巳日生은 子가 午日生은 丑이 未日生은 寅이 申日生은 卯가 酉日生은 辰이 戌日生은 巳가 亥日生은 午가 子日生은 未가 丑日生은 申이 田園에 해당한다. 甲子日生은

未가 田園이니 未月生이면 田園이 得令하니 旺하고 甲은 未에서 天乙貴人이 되니 有貴하다. 田園이 有力하고 有貴하면 田園과 穀倉이 充滿하고 豊足하다. 反對로 田園이 無氣力하거나 凶神에 해당하면 田園이 메말르고 박복하며 창고가 텅비어 있다. 가령 戊子日生은 癸未가 田園인데 午未가 空亡이니 田園이 空亡에 해당한다. 田園이 空亡이면 無力하니 平生 田園과의 인연이 박하고 衣食이 박복하다.

      命宅과 祿宅이 帶亡劫하면 平生多費財造
      屋置田하고 身主를 破하며 刑沖은 尤甚하다.

命宅과 祿宅이 亡神이나 劫殺과 같이 있으면 田莊에 凶神이 侵犯한 것이니 平生 집을 짓고 田畓을 마련하는데 모든 財産을 기우리는 동시에 그로 因해서 破産하고 亡身한다. 萬一 命宅이나 祿宅이 刑沖되면 크나 큰 災難을 당하고 그 災害가 막심하다.

納音五行通變篇

六十甲子盛大者忌變爲小弱 小弱者欲變爲盛大
先貧賤後富貴而榮華 先富貴後貧賤而卑辱

納甲은 喜盛忌衰하고 喜大忌小한다. 盛이 衰化하는 것은 大忌하고 小가 大化하는 것은 기뻐한다.

가령 庚寅辛卯의 松柏木은 盛木之木이요 壬午癸未의 楊柳木은 小弱之木이며 戊辰己巳大林木은 盛木이요 壬子癸丑은 송백목이요 庚申辛酉의 石榴木은 小木이다. 年柱에 大木이 있고 月日時胎에 小木이 없으면 大木으로 君臨하나 萬一 月日時胎에 小木이 있으면 捨大就小하니 忌하고 反對로 年柱에 小木이 있고 月日時胎에 大木이 있으면 小變爲大하니 기쁘다.

年爲先하고 月日時胎爲後하니 先大後小則爲小하고
先小後大則爲大한다. 氣始於東方而右行하고
音起於西方而左行한다.

納甲은 年을 先으로 하고 爲主로 하며 月日時胎를 後로 하고 枝葉 또는 客으로 삼으니 先大後小하면 大가 무너져서 小로 變한 것이요 先小後大하면 小가 成長하여 大로 化한 것이다. 陽의 氣는 해가 뜨는 東方에서 시작하고 發生하여 右로 進行하는데 反하여 納音의 소리는 西에서 發生한다. 金은 西方에 位置하고 음은 金에서 發生하니 納音은 西方에서 울여퍼지고 左로 運行한다.

- 307 -

　　　　　始於乾하고 終於坤하며 金木은 不變이나
　　　　　土는 木으로 水는 火로 火는 土로 變한다.

　納音은 金에서 始作하고 土에서 終結한다. 金은 乾이요, 土는 坤이니 納音은 乾에서 시작하고 坤에서 끝이다. 納音五行中 金木은 不變이나 土水火는 變化한다. 金과 木은 그대로 使用하나 土는 水로 變하고 水는 火로 둔갑하며 火는 土로 變한다. 때문에 納音이 土가 되면 水로 쓰고 火가 되면 土로 쓰며 水가 되면 火로 고쳐 써야한다.

　　　　　納音의 根源인 大衍數는 50이나 其用49하니
　　　　　先布49하고 除太元數(先天數)한다.
　　　　　太元數는 甲己子午9 乙庚丑未8 丙辛寅申7
　　　　　丁壬卯酉6 戊癸辰戌5 巳亥4다.

　納音은 大衍數에서 太元數를 除한 나머지 數로서 구성한다. 大衍數는 50이나 實用은 49이니 太元先天數를 49에서 除한 端數로서 音五行을 구성한다. 太元先天數는 甲己子午가 9요 乙庚丑未가 8이며 丙辛寅申은 7이요 丁壬卯酉는 6이며 戊癸辰戌은 5이고 巳亥는 4이다. 端數는 音母이니 納音은 그 母生子로 擇한다. 가령 端數가 5이면 土이니 納音은 土生金인 金이 된다.

　　　　　天地自然之數는 河圖와 洛書之數다.
　　　　　河圖는 生數하니 宮土에서 始하여

左旋하고 洛書는 剋數이니 宮土에서 右轉한다.

天地自然의 數는 河圖洛書의 16水 27火 38木 49金 50土다. 河圖는 生數요, 洛書는 剋數다. 兩者는 다같이 宮土에서 始作하나 生數는 相生의 原理에 依해서 土生金 金生水 水生木 木生火 火生土로 左回旋하고 剋數는 相剋의 原理대로 土剋水 水剋火 火剋金 金剋木 木剋土로 右回轉한다.

納音出處는 黃帝임이 分明하다. 萬物은
本於天地하고 運於四時한다.

納音은 黃帝에서 始作된 것이 分明하다. 萬物은 天地를 根本으로 하여 發生하고 四時에 依해서 榮枯盛衰한다. 春은 萬物을 滋長시키고 秋는 萬物을 凋零시킨다. 艮은 春土요 坤은 秋土다.
萬物은 土에서 生하며 土로 歸하듯이 艮土는 生物의 始點이자 成長地요 坤土는 萬物의 終點이자 成物地다. 生하고 沒하는 곳이 土이듯 萬物은 한時도 土를 떠나서 살수는 없다.

甲子는 干支皆首다. 地於子에서 一陽來復하고
天於甲에서 一陽來復하니 甲子는 天地의 起數다.

甲은 十干의 首요 起이며 子는 十二支의 首요 起다. 天陽은 甲에서 天氣를 發生하고 地陰은 子에서 地氣를 生하니 天地의 生氣는 甲子에서 一陽來復하고 始動한다. 그래서 甲子는 六十甲子의

首位에 君臨한다.

甲己子午는 九요. 乙庚丑未는 八이다.

子는 一陽이요 一陽은 乾으로서 父에 屬한다. 子는 壬이니 甲에서 壬은 九位에 속한다. 甲은 己를 婦로 하고 子의 一陽은 一陰인 午를 婦로 삼는다. 그래서 甲己子午는 모두 先天數를 九로 삼는다. 그러나 實際의 太元數는 成物의 絡點인 坤申을 基點으로하고 起와 終의 位數로 따진다.

申은 子에서 九位에 해당하니 甲子와 그의 干支夫婦는 모두 9數가 되듯 乙丑의 丑에서 申까지는 8位에 해당함으로서 乙丑의 夫婦인 乙庚丑未는 모두 8의 先天數를 갖는다. 丑은 二陽이요 未는 二陰이니 丑乾未坤이다. 그와같이 丙寅의 寅은 申까지 7位임으로 丙의 妻辛과 寅(三陽)의 妻申(三陰)은 모두 太元數가 7이 되고 丁卯의 卯는 申까지 6位 임으로서 戊의 先天數가 6이면 戊辰의 辰은 申까지 5位임으로서 戊의 妻癸와 辰(五陽)의 妻戌(五陰)은 모두 五의 太元數를 갖는다.

巳는 干이 없다. 巳에서 申까지는 4位임으로서 巳(6陽)는 그의 妻인 亥(6陰)와 같이 太元數에 속한다. 夫婦는 同一體이듯이 支의 夫婦는 陰陽의 同數로서 結合한다.

洛書數는 始於一하고 終九하는데 太元數는
唯獨四에서 起하는 理由는 一爲天 二爲地
三爲人하여 三生萬物하기 때문이다.

洛書는 一數에서 始作하여 九에서 끝이 나는데 太元數가 4에서 시작하는 까닭은 무엇인가? 天은 子에서 開하고 地는 丑에서 闢하며 人은 寅에서 生하니 一爲天이요 二爲地이며 三爲人한다.

萬物은 三에서 生하니 人의 造化인 太元數는 4에서 시작하는 것이다.

　　黃帝甲子分輕重配成六十하니 號曰花甲子다.
　　五行在天爲五星이요 於地爲五岳이며 於德五常이요,
　　於人爲五藏이다.

黃帝는 十干十二支의 輕重을 가려서 六十으로 按配하고 花甲子와 號를 지었다. 五行은 하늘에서 金水木火土의 五星이 되고 땅에선 東西南北과 中央의 五岳을 이루며 倫理上으로는 仁義禮智信의 五常을 이루고 사람에겐 心肝脾肺腎의 五藏을 形成하다.

　　子丑二位에서 陰陽이 始孕하고
　　寅卯二位에선 陰陽이 漸闢한다.

納音은 十二支에서 取象하였으니 十二支의 참뜻을 理解하는 것이 重要하다. 子丑은 天地가 開闢하고 陰陽이 처음으로 잉태한 곳이니 여기서 人生은 胞胎하고 萬物은 뿌리를 간직하게 된 것이다. 寅卯는 陰陽이 점차로 열리고 싹트며 成長하는 곳이니 여기서 人生은 生長하고 草木이 흙속에서 地上으로 머리를 쳐들고 싹트는가 하면 온갖 꽃봉우리가 바야흐로 피어 오른다.

辰巳二位에선 陰陽이 氣成하고
午未二位에선 陰陽이 彰露하며 申酉二位에선
陰陽이 肅殺하고 戌亥二位에선 陰陽이 閉塞한다.

　辰巳二位에서 陰陽은 旺盛한 氣運을 내뿜으니 萬物이 滿發하고 秀氣를 다투어 立身하고 進取하는 3, 40代의 人生이요 午未는 陰陽이 滿發하여 임이 果實이 成物되니 豊凶과 富貴貧賤을 分別하는 5, 60代의 人生期이다. 申酉二位는 陰陽이 시들고 쇠퇴하며 萬物을 수렴하고 安靜을 꾀하는 中老의 人生期요 戌亥는 陰陽이 閉塞되고 天地의 氣가 物의 根으로 歸藏하여 休息과 冬眠을 즐기는 萬有의 休息期다.

六十花甲 聖人不過借其象 以明其理
五行性情 材質 形色功用 無不曲盡而
造化無餘也

　花甲은 聖人이 天地陰陽의 象을 取用하여 만든 것이다. 五行의 성정과 萬物의 材質形色 그리고 자연의 功用을 하나 하나 살피고 관찰해서 輕重과 明暗과 旺衰와 長短을 가리고 陰陽五行의 理致를 究明하고 發露한 것이니 그 理致가 무궁하듯이 그 造化 또한 無盡한 것이다.

甲子爲從革之金 其氣散 得戊申土
癸巳水相生則 吉

甲子는 海中金으로서 金生水하니 金氣가 分散되어 虛弱하다. 戊申土는 土가 長生하고 金이 建祿하니 土剋水하여 海水를 누르고 金이 旺地를 얻으니 沈金이 出海하고 旺氣가 넘치는 동시에 戊土는 子에서 得旺하니 土金이 다같이 共旺共榮한다. 그래서 甲子金이 戊申土를 얻으면 相扶相助하고 魚變成龍하듯 크게 出世한다. 甲子가 癸巳를 보면 癸는 子에서 得旺하고 金은 巳에서 長生하니 서로가 힘을 얻어 發身한다. 따라서 戊申土는 甲子金을 生하고 甲子金은 癸巳水를 相生하니 順하고 吉하다. 丁卯 丁酉 戊午火는 沈金을 剋害하니 싫어한다.

乙丑爲自庫之金 火不能剋 是退藏之金
若無刑冲 破害則末不顯榮하고
己未己丑之火는 忌한다.

乙丑金은 海中金이자 묘고에 退藏된 金이니 火가 剋하지 못하며 刑冲破害로 開庫하지 않으면 無用之物이다. 그러나 金은 丑土가 正印이 되니 福德을 갖추고 있으며 秋冬生은 福貴하고 壽長하고 春夏生은 吉凶이 相半한다. 金은 東南地에서 無氣하기 때문이다. 甲子乙丑의 海中金은 本是 成器가 되지못한 未成物이니 火에 依해서 成器됨을 기뻐하고 火多益善이다.

丙寅火는 赫曦之火로서 無水則 燔灼炎烈之患이 있고 水가 太過함을 싫어하며 火含靈明하고 冲粹之氣이니 四時生生之德한다.

丙寅火는 빛나는 太陽으로서 水로 制하지 않으면 불에 끄실르는 災患이 發生한다. 그렇다고 水가 지나치면 도리어 水火相戰을 招來하니 禍患이 發生한다. 또한 太陽火는 靈明하고 精粹한 和氣이니 春夏秋冬 萬物에 德과 生氣를 베풀고 生生不息한다. 文彩가 뛰어나고 出衆한 頭領으로서 크게 出世할 수 있다.

    丁卯火는 伏明之火이다. 氣弱하니 宜木生之火요,
    遇水則凶하며 乙卯 乙酉水가 最毒이다.
    丁卯는 또한 沐浴之火요, 含雷動風作之氣이니
    水濟則達하고 土載則基厚하며 以木資火則文彩하다.

丁卯火는 伏明의 爐中火로서 氣弱하니 木으로서 生扶하는 것이 좋고 水를 만나면 더 氣衰하니 凶하다. 특히 乙卯 乙酉水를 만나는 것을 가장 두려워 한다. 火는 卯에서 沐浴이니 丁卯는 沐浴之火다. 卯木은 震雷와 風의 根氣로서 언제 폭발할지 모르는 風雲을 간직하고 있으니 水로서 滋養하고 土로서 培根하는 것이 아쉽다. 爐中火를 木으로 生扶하면 文彩가 크게 빛난다.

    丙寅丁卯 爐中火는 秋冬에 잘 보존해야 한다.
    火無西旺하고 火無北盛하니
    秋冬엔 火勢不久하다.

爐中火는 氣弱하고 燃料가 없으니 春夏의 木火로서 生扶하는 것을 기뻐한다. 爐火를 가장 기뻐하는 것은 秋冬의 寒人이지만 火는

西에서 시들고 北에서 滅함으로서 오래 保存하기가 힘들다. 萬一 秋冬生爐火가 得木生火한다면 火氣가 生生不息하니 크게 施德功 成하나 金水가 重重한다면 어찌 生命을 扶持할 수 있겠는가?

> 戊辰木은 兩土之下의 木이니 衆金도
> 不能剋이요. 得水則爲佳하다. 生於春夏則
> 能特獨立奮하고 隨變成功하며
> 更乘旺氣則 雄志發身한다.

戊辰木은 上下土에 쌓인 地下木으로서 萬金이라도 剋이 不能하다. 水를 얻어 生扶하면 크게 成長하듯 大成한다. 木은 春에서 旺하고 夏에서 盛하니 春夏生이라면 能히 獨立하여 發奮하고 功成하여 出衆의 立身을 할 수 있다. 靑龍이 구름을 얻은 듯이 造化가 無窮하니 萬一 水木의 氣가 旺地에 이른다면 飛龍하듯 雄志를 이룩할 수 있다. 木은 金地에서 絶滅허나 秋生이면 뜻을 피울 수 없고 伸長이 어렵다.

> 己巳木은 近火之木으로서 根危易拔하고
> 生旺之火를 두려워하며 東南方에서 成材한다.

巳는 용광로이자 巽爲風이다. 火中之木이요. 風上之木이니 언제 火에 傷하고 風에 쓰러질지 不安하다. 金은 巳에서 長生이나 火盛한지라 木은 傷하지 않으나 火가 旺하면 焚木하니 두려워한다. 木의 고장인 春東과 木이 꽃피는 夏南에서 크게 成長하고 有能한 人

材로서 立身할 수 있다. 萬一에 生扶가 없이 洩氣만 하는데 다시 金이 攻木한다면 氣진脈진이다. 어찌 用材가 될 수 있겠는가?

戊辰己巳의 木林木은 乾亥宮에서
長生하고 脫厄하며 發身한다.

辰巳는 巽爲風이요. 木은 風體이니 大林木은 큰 바람을 타고 水氣가 不足이다. 亥宮에 이르면 巳를 沖함으로서 鎭風하는 동시에 豊富한 水源을 얻어서 能히 生長하고 靑龍이 得天하니 能히 飛龍할 수 있다. 特히 木은 金을 만나면 絶地에 이르고 온갖 橫厄이 會集하는데 亥宮에 있으면 金이 化水하고 無殺하니 能히 脫厄하고 保身할 수 있다.

庚午辛未土는 始生之土이니 木不能剋하고
忌水多하며 木多却有歸土한다.

庚午辛未의 路傍土는 戊申己酉의 大驛土와 같이 厚德한 土다. 萬物을 能히 含容하고 和氣속에 融合하며 언제나 鎭靜하니 福祿이 優裕하다. 厚土인지라 木이 敢히 剋하지 못할뿐더러 설사 木多한다해도 木은 未에서 入墓하니 結局엔 歸化하여 土藏된다. 그러나 路傍土는 始生之土요. 路土인지라 水多하여 失土 또는 沒土함을 싫어한다.

壬申金은 建祿之金이니 利見水土하고

忌丙申 丙寅 戊午之火다.

壬申의 金은 申에서 祿地를 얻으니 天將之威와 旺氣를 가지고 있다. 金은 殺之氣이니 秋冬生이면 能히 生殺之權을 掌한다. 金은 春夏에서 絶敗하니 春夏生은 吉이 하나면 凶이 셋이듯 吉小凶多하며 壬申劍鋒金은 이미 成器된 武器이니 다시 火를 만나는 것을 싫어하고 水로서 磨刃하고 土로서 生扶함을 기뻐한다. 特히 丙申 丙寅 戊午之火를 만나면 劍鋒의 威가 꺾이니 크게 끄린다.

癸酉金은 堅成之金이자 自旺之金이요
純粹하니 春夏엔 英明하고 秋冬엔 大貴하다.

金은 酉에서 旺하고 成物하니 癸酉金은 堅固하고 旺盛한 純粹之金이다. 本是 旺氣인지라 春夏의 絶敗地에서도 能히 英斷과 明哲을 발휘하고 秋冬地에선 旺威를 떨치어서 大貴를 누린다.
火는 酉에서 死하니 火가 어찌 旺金을 傷害하겠는가? 그러나 劍鋒金은 火를 두려워하니 丁酉火를 싫어한다.

壬申癸酉劍鋒金은 이미 金旺之位에 있으니
다시 旺地에 이름을 忌하듯 見火亦忌한다.

壬申癸酉의 劍鋒金은 申酉의 旺地를 얻어서 旺盛한 威力을 간직한다. 다시 旺地에 이르면 極盛하여 自制하지 못하고 傷物하니 災難을 自招한다.

더욱이 火를 보면 旺을 믿고 덤비니 마침내 火殺에 自傷한다. 自重自愛하는 것이 가장 賢明한 處身이다.

        甲戌火는 自庫之火이니 不嫌衆水하나
        只忌 壬戌之水이며 乙亥火는 伏明之火이자
        自絶之火이니 藉木生火함을 기뻐한다.

戌은 火庫요. 亥는 火의 絶地이니 甲戌은 庫中之火요. 乙亥는 絶處逢生의 伏明之火다. 庫火는 水가 剋할 수 없으니 衆水를 두려워하지 않으나 壬戌의 大海水는 같은 墓에서 水生하니 庫火가 禍를 당해도 도망칠 길이 없다. 乙亥火는 絶地의 伏明之火이니 火光이 不發한 즉 己亥 辛卯, 己巳 壬午 癸未之木이 生火하면 精神이 旺相하여 發身하고 道德君子로서 名振한다. 癸水 丙午水가 侵火함을 두려워하고 夏生은 炎烈하니 吉中凶이 있다.

        丙子는 流衍之水이자 自旺之水로서 不忌衆土하고
        春夏에 流物하며 丁丑은 福聚之水이자
        渙溺之水로서 最愛金生하고 忌相刑破하다.

水는 子에서 旺하니 丙子의 潤下水는 旺盛하고 精神이 俱全하며 天資가 曠達하고 識見이 深淵하며 萬物을 潤澤케하는 流衍之水로서 水多益善의 春夏에 利澤濟物의 功이 크다. 衆土를 不忌하나 庚子土는 忌한다. 丁丑은 乙酉와 같이 넘쳐흐르는 渙溺之水로서 陰盛陽弱하니 器識이 淸明하나 多慧小福하고 陰陽이 中和되면 크게

顯達한다. 그러나 潤下水는 萬田衆生을 潤擇케하는 福水이니 金이 生扶함을 가장 기뻐하고 辛未 丙辰 丙戌의 土가 刑破함을 싫어한다.

戊寅土는 受傷之土이니 以火資扶함을
기뻐하고 逢木함을 忌하며 己卯土는
自死之土로서 得火生扶해야 福을 누린다.

寅卯는 木旺地이니 戊寅己卯의 城頭土는 傷處투성이요. 死地에 臨한 無氣力狀態로서 火土가 生扶하고 土의 生旺地에 行함을 기뻐한다. 萬一에 己亥 庚寅 辛卯之木을 만나면 夭折하고 死絶地에 臨하면 不歸客이 되기쉽다. 그러나 寅中丙火가 殺印相生을 하니 絶處逢生하듯 印之厚德을 간직하고 道德蓋世로서 貴極하며 始終安逸하고 福壽하다. 親王貴公子 出身이 많다. 忌木하는 城頭土는 水를 더욱 두려워한다. 寅中丙火를 剋하기 때문이다.
그래서 戊寅은 忌水하고 己卯는 死絶地를 두려워한다.

庚辰金氣聚之金이니 其氣自成하고 不用火制하니
火盛反喪其器하며 辛巳金은 自生之金이니
精神具足하고 體氣完備하니 炎烈亦不亡하다.

金은 辰에서 養하고 巳에서 장생한다. 庚辰辛巳의 白랍金은 땜질에 쓰는 납으로서 火를 보면 그대로 녹아 없어진다. 그러나 金氣가 充足되고 自成하여 剛健하니 聰明하고 精神과 肉身이 具足하니 厚德하다. 旺地에 이르면 兵權을 弄하고 行學英偉하며 淸貴하다. 秋冬生은 充實秀穎하고 春夏生은 起伏과 禍福이 無常하며 乙巳甲辰火와 丙寅 戊午火를 大忌한다. 다만 辛巳金은 長生하니 炎火도 不忌하는 體氣完全者로서 復生과 敗絶地를 싫어한다.

壬午木은 柔和之木이니 枝幹이 微弱하고
火多함을 忌하며 癸未木은 自庫之木이니
生旺則佳하고 春夏에 榮貴한다.

木은 午에서 死하고 未에서 入墓한다. 壬午癸未의 楊柳木은 元來柔弱한데 死墓地에 臨하니 外華內困하다. 빨리 金으로서 번잡한 가지를 전지하면 外모도 秀麗하고 水氣도 절약되니 一擧兩得이다. 水土를 만나서 滋養하는 것도 貴하다. 楊柳木은 春旺하고 夏盛하니 春夏生은 富壽하고 建立功行하나 秋冬生은 貧夭하다. 壬午木은 甲午金만은 傷身하니 忌하고 癸未는 庚戌乙未金을 싫어한다.

甲申水는 自生之水이니 其氣流衍하고
智慧가 無窮하며 乙酉水는 自敗之水이니
喜藉金生水하고 土盛則夭折窮賤한다.

水는 申에서 長生하고 酉에서 敗하니 甲申은 自生之水요. 乙酉는 自敗之水다. 自生하는 泉中水는 항상 치솟고 흐름으로서 泉인 金만 있으면 衆土亦 두려워하지 않고 天眞學堂으로서 智慧가 聰明無窮하다. 다만 戊申 庚子土는 大忌한다. 乙酉의 自敗之水는 金으로서 生水해야 復活하니 金多益善이요. 土를 보면 敗水가 滅하니

- 320 -

大忌한다. 特히 己酉. 戊申. 己卯. 庚子. 辛丑之土를 보면 埋母剋我하니 夭折하거나 窮賤하다.

丙戌土는 祿厚之土이니 木不能剋하고
火盛大貴하며 忌旺金하고 丁亥土는
臨官之土이니 木不能剋하고 喜火生土하며
忌金多한다.

土는 戌에서 得旺하고 亥에서 建祿한다. 丙戌丁亥의 屋上土는 戌亥에서 旺氣를 얻으니 木이 敢이 剋土할 수 없다. 屋上土는 무너지는 것을 가장 두려워하고 더욱 生扶함을 기뻐하니 金으로서 洩土함을 忌하고 火로서 生扶함을 즐긴다. 特히 生旺한 金을 大忌하고 得火生旺하면 大貴하다.

丁亥土는 內剛外和 上下의 水火로서 內外를 濟之하며 己亥 辛卯之木을 忌한다.

戊子火는 水中神龍之火로서 精神이 輝光하고
氣全하며 四時生福하고 己丑火는 天將之火로서
其氣漸隆하고 發越俊猛하다.

戊子己丑의 霹靂火는 子丑의 水地에서 發生하는 水中神龍의 火이자 天將之火이며 胎養之火다. 火는 子에서 胎하고 丑에서 養하니 火氣는 漸隆하여 四海에 光輝하고 衆生에 四時福을 베푼다. 水中生火하니 水力電氣로서 逢水하면 貴하고 氣全하니 大人君子의

器量을 가지며 非凡하고 俊猛하여 丙寅戊午之火를 얻으면 能히 濟物之功을 이룬다.

> 庚寅辛卯木은 歲寒之木이니 春夏에
> 建功하고 秋冬엔 折挫不伸한다.

木은 寅에서 祿하고 卯에서 旺한다. 庚寅辛卯의 松柏木은 雪霜에도 不屈하고 常綠함은 바로 이러한 旺氣를 간직했기 때문이다. 雪霜으로도 剋하지 못하는 旺木을 어찌 春의 困金으로서 剋할 수 있겠는가? 그러나 秋生者는 金旺하여 木을 亂伏하니 어찌 伸長하고 安泰할 수 있겠는가? 春夏生은 氣盛하니 能히 非凡한 功을 세우고 立身出世할 수 있으며 松柏木은 金이 아니고도 自然成材할 수 있다.

> 壬辰水는 自庫之水로서 池沼水積하니
> 潤沃之德하고 癸巳水는 自絶之水로서
> 金生水하면 源宗이 混混하고 進取한다.

水는 辰에서 入庫하고 巳에서 絶하니 壬辰癸巳의 長流水는 終點에서 貯水하고 再生하는 去 迎新의 물결이다. 壬辰庫水는 池沼에 貯水하여 成湖한 淸明하고 豊富한 湖水로서 沃土와 萬物을 潤澤케 하니 心識이 如鏡하고 度量이 廣大하여 春夏生은 大福慧를 누리나 不用水하는 秋冬生은 奸詐하고 薄德하며 水土는 기뻐하나 金이 生水氾濫케 하는 것은 禁忌다. 癸巳自絶水는 奔流하니 三合金이나 生

旺之金이 生水하면 絶處逢生하여 水源이 넘쳐 힘차게 흐르니 道德君子의 風體로서 功德이 크다.

> 甲午는 自敗之金이나 强悍之金으로서
> 以旺火成器하고 具剛明之德하며
> 乙未는 偏庫之金이니 以火制金하고
> 以土生金하면 福壯하다.

金은 午에서 敗하고 未에서 冠帶하며 午未는 白沙之土이니 甲午는 財金이요 乙未는 庫金이며 甲午乙未는 沙中金이라 한다. 庚金은 午中丁火에 依해서 成器成强하니 甲午는 비록 敗金이지만 其性情이 强悍하며 生旺한 火로서 成器하면 剛明한 德을 베푼다. 金旺한 秋冬生은 吉하고 金弱한 春夏生은 凶하고 不實하며 壬子水을 기뻐하고 丁卯丁酉戊子之火는 忌한다. 乙未는 木庫之中의 白沙金으로서 土生金하고 以火制金하면 仁厚하고 義强한 不世出의 英雄으로서 福壯하다.
帶殺하면 小人中의 君子이며 己未 丙申 丁酉火를 忌한다.

> 丙申火는 自病之火로서 以木爲明德하고
> 以水爲광달하며 丁酉는 自死之火로서
> 以木相助則 其氣方生하고 有道君子다.

火는 申에서 病이요, 酉에서 死하니 丙申은 病火요, 丁酉는 死火이며 申酉의 西山에 기우러진 丙申丁酉는 山下火다. 病死之火는

其氣가 極微하니 生扶하여 氣를 回生시키고 火德을 宣揚하는 것이 急先務다. 丙은 太陽이니 丙申火는 以木生扶하면 文明의 德을 베풀고 壬水에 相映하면 光明이 광달하면 土를 보면 福과 슬기를 내리나 오직 金마는 暴虐만을 造成한다. 甲申乙卯之水를 忌한다. 丁酉死火는 外和內剛하고 정적을 즐기는 道德君子로서 以木生火하면 총명한 君子之道를 밝힌다.

戊戌은 土中之木이니 忌重見土하고 晉土多則 一生屯塞하면 己亥는 自生之木으로서 根盛하니 不忌衆金하고 得時則淸貴하다.

木은 戌에서 培養하고 亥에서 長生한다. 戊戌은 天地가 皆土요. 土盛地이며 戌에서 金氣가 散하니 戊戌平地木은 金을 두려워하지 않을뿐더러 도리어 기뻐한다. 土厚하니 다시 土重함을 싫어하고 一生塞滯된다. 木多 또는 木旺하면 土盛木旺하니 大發하고 以水滋養하고 以火木長하면 英明하고 福祿이 始終하다. 己亥長生木은 水盛木健하니 挺秀英才하여 大貴하고 衆金을 能히 弄絡한다.

乙卯丁未水와 癸末木을 기뻐하고 辛亥 辛巳 癸酉之金을 싫어한다.

庚子는 厚德之土로서 能剋衆水하고
不忌土木하며 愛木憎水하고 辛丑은
福聚之土로서 衆木이 不能剋이요
旺氣則 威名功烈한다.

土는 子에서 旺하고 丑에서 熟하니 庚子는 厚德한 旺土요 辛丑은 福祿이 會聚한 沃土다. 庚子의 厚土는 能히 衆水를 다스리고 以木疏通함을 기뻐한다. 木은 子에서 敗하니 無氣力한지라 剋土를 못하고 耕土를 할뿐이다. 金으로 漏氣하면 明顯하니 壬申金을 보면 壬은 子에서 庚은 申에서 得祿함으로서 大貴한다. 丑은 金庫이니 能히 制木하고 秀氣를 含藏하니 德厚하고 性이 剛和하며 以水潤土하고 以火生土하여 旺氣를 얻으면 功名이 威烈하다. 庚子辛丑의 壁上土는 土厚함을 忌하고 濕亦忌하니 喜木忌水한다.

> 壬寅은 自絶之金이요 癸卯는 自胎之金이자
> 氣散之金이다. 壬寅癸卯의 金箔金은
> 虛薄하니 衆火를 忌하고 土水를 즐긴다.

金은 寅에서 絶하고 卯에서 胎하니 壬寅은 絶金이요 癸卯는 胎金이며 壬寅癸卯는 絶胎의 얄팍한 金箔金이다. 壬寅의 絶金은 以土生金하고 以水潤金함을 기뻐하고 衆火가 剋金하면 喪身하니 忌한다. 癸卯의 胎金은 氣散하고 虛薄하나 母胎가 養金함으로서 丙寅丁卯의 爐中火를 만나면 成器하고 志節이 英明하다. 木旺節의 金이니 仁柔와 義剛을 兼全하여 英秀하다. 秋冬生은 剛健吉祥하고 春夏生은 外吉內凶하며 帶殺하면 凶暴하여 不能善終한다.

> 甲辰은 偏庫之火요 以木生火하고
> 以火扶火則吉하며 乙巳는 臨官之火이니
> 水不能剋하나 得水濟之則純粹하다.

甲辰은 水庫中의 火이니 以木生火하고 火多助扶함을 기뻐한다. 特히 戊辰 戊戌之木을 最喜하고 壬辰 壬戌 丙午 丁未水를 最忌한

다. 그러나 辰巳는 巽爲風으로서 火가 峻烈하니 甲辰은 天將之火로서 敏速하고 文學의 魁首로서 立身한다. 秋冬은 吉하고 春夏는 不利하다. 乙巳의 覆燈火는 得祿旺盛한데다가 得風하니 純陽氣盛하여 光輝가 充實하나 水가 絶하니 偏枯하다. 得水하고 中和되면 濟物하고 安泰하다.

> 丙午丁未는 銀河水로서 天上水이니
> 土不能剋하고 地金不能生水하며
> 生旺이 太過하면 萬物을 傷하고
> 死絶이 太多하면 萬物이 不生한다.

午는 日이요 未는 月이니 午未는 日月의 天位다. 그래서 丙午丁未는 天上의 銀河水요 地의 土金으로선 剋하지도 生하지도 못한다. 天水가 지나치게 太過하면 地上의 萬物이 모두 떠내려가고 만신창이가 되며 反對로 天雨가 너무 가물면 地上에 生物이 生存할 수가 없다. 丙午는 南方의 烈火로서 陰水와 自體中和가 되니 스스로 得道하고 衆生의 魁로서 出衆하며 丁未는 三才가 具全하니 精神이 氣全하고 淸高하며 變化가 自在한다.

> 戊申은 重阜之土로서 木을 두려워 하지않고
> 金水多則富貴榮華하며 己酉는 自敗之土로서
> 氣不足하니 藉火相助함을 기뻐한다.

土는 申에서 長生하고 酉에서 敗하니 戊申은 生生不息의 重厚한

阜土요. 己酉는 敗土다. 阜土는 以金洩氣發才하고 以水潤土함을 기뻐하니 金水가 多益하고 富貴를 兼全하며 木을 두려워하기보다 도리어 기뻐하고 火土를 싫어한다. 土가 지나치면 塞滯하기 때문이다. 그러나 己酉는 氣를 낭비하여 分散시키는 敗土로서 氣가 不足하니 火土로서 生扶함을 기뻐한다. 丁卯 丁酉之火를 반기고 死絶地를 大忌하며 辛卯辛酉之木을 보면 有災有塞하고 夭折한다.

庚戌辛亥의 釵釧金은 堅成之金이니 不可見火하고
得水土則吉貴하며 逢火傷身함을 두려워한다.

庚戌은 火庫中의 金이니 이미 成器되고 剛然하며 自恃의 氣가 暴함으로서 秋冬生은 沈厚하니 君子로서 兵刑權을 장악하고 春夏生이면 過烈하니 悔吝이 많다. 다시 불을 보면 비녀등이 녹아 無用之物이 되니 火를 두려워하고 土水로서 制火하고 生金潤澤케하면 大貴하다. 辛亥는 乾金이 得位하니 中正之氣로서 健全하고 絶明하며 火旺의 여름 外에는 常吉하고 仁義를 지킨다.

壬子는 專位之木이요, 癸丑은 偏庫之木이니
生旺則貧賤하고 死絶則 富貴하며 水多則
夭折하고 金多土盛則 吉하다.

木은 子에서 敗하고 丑에서 冠帶하니 뿌리를 박거나 巨木이 될 수 없다. 그래서 壬子癸丑은 桑자木이요. 水多하거나 木盛함을 싫어하고 土金이 旺盛함을 기뻐한다. 壬子는 陰盛陽弱한 幽陰之木이니 優柔가지나쳐서 難立하고 仁而高明할 따름이다. 火土가 多多益善이고 丙午天水를 얻으면 神仙異土로서 非凡하나 水旺之木이니 地水는 大忌한다. 癸丑木 또한 丑中辛金과 癸水의 寒冷에 떨고있으니 火土로서 中和함을 기뻐한다.

> 甲寅은 自病之水요 乙卯는 自死之水이나
> 木旺則 以土不能剋水하고 以金生水하면 優裕하다.

水는 寅에서 病이요, 卯에서 死하니 甲寅은 病水요, 乙卯는 死水다. 비록 病들고 死地에 이른 弱水지만 木旺하니 土는 敢히 侵犯할 수 없으나 氣不足한 弱水가 旺木을 滋養하니 以金生水함이 時急하다. 壬寅癸卯의 金이 生扶하면 悠長하고 優雅하며 裕福하다. 그러나 甲寅과 壬戌의 兩水는 伏水로서 制陽하니 奸邪하고 害物을 즐기며 火土로서 扶陽制陰하면 大器가 될 수 있다.

> 丙辰은 自庫之土이니 厚壯하나 生扶함을
> 즐기고 木의 剋土를 忌하며 丁巳는
> 自絶之土이니 火多益善이요,
> 木者의 剋을 싫어한다.

土는 辰에서 墓하고 巳에서 絶한다. 丙丁火가 天에서 灼熱하고 辰巳의 風氣가 地에서 吹火하니 丙辰丁巳의 土는 白沙처럼 뜨거운 煉土다. 이미 煉瓦의 工土로서 成器되었으니 火土로서 生扶함을 기뻐하고 火多益善이며 木으로서 剋損함을 大忌한다. 特히 戊戌己亥 戊

辰, 辛卯之木을 두려워하고 辰을 沖하는 戌이 多하면 僧道之命이다.

　　　　戊午는 自旺之火요. 己未는 偏庫之火다.
　　　　火居旺地則 其氣極盛하고 水有亦無傷하나
　　　　天上水는 忌한다.

　午未는 日月의 天上이니 戊午己未之火는 天上火로서 旺盛하고 地水로서는 不能制火하나 天上水로선 能히 制火하니 두려워한다. 戊午火는 炎烈하니 衆生과 治物에 薄情하다. 秋冬生이면 以水土로서 中和하고 濟物하니 豁達高明하고 福力이 堅壯하나 春夏生이면 火光이 冲烈하니 命이 不久하다. 己未는 衰火이나 木火를 含精하니 明達俊敏하고 福慶이 深遠하나 秋夏生은 吉凶이 相半한다.

　　　　庚申은 自絕之木이요. 辛酉는 失位之木이며
　　　　金上之木이 自得成器하니 金을 再見함을
　　　　忌하고 木의 生旺을 기뻐한다.

　庚申辛酉의 木은 絕地의 金石上에 있는 石榴木으로서 이미 金으로서 成器가 되었으니 다시 또 金을 만남을 싫어하고 木의 生旺地에서 旺盛함을 기뻐한다. 甲申乙酉之水로 扶하면 大貴하고 自得成器하니 非凡하고 出衆하며 不嫌死絕한다. 肝木이 絕하니 魂遊於天하고 英傑之才로서 不世之功을 세운다.
　辛酉의 氣絕之木은 金鄉에서 身困하고 涉世에 多艱하며 發卯金을 만나면 剛柔가 相濟하여 發身하고 水木의 生旺地에서 立身한다.

壬戌은 偏庫之水요. 癸亥는 臨官之水다.

干支納音皆水하니 忌見衆水하고 生旺則氾濫無所歸하다.
亥子는 水의 正位이고 壬戌癸亥는 天地가 皆水하니 以火土로서 制水成湖하면 大器가 된다.
生旺地에선 水氾하여 害物하고 死絶地에선 中和되니 濟物하며 土盛함을 不忌한다. 壬戌은 伏土하니 不順하고 干上에 有火土함을 기뻐하며 癸亥는 純陽之數를 內包하니 天資至仁하고 志氣가 浩然하며 功業利澤으로서 發身한다.

五音中 宮土者君이요. 商金者臣이며
角木者民이다. 商太過則臣强하고
角太過則君弱하니 金木生旺은 切忌하다.

納音五行은 土를 君으로 삼고 木을 民으로 삼으며 木을 다스리는 金을 臣으로 삼는다. 金이 太過하면 臣이 强하니 治民은 能하나 凌君하고 木이 太過하면 民이 極盛하니 君이 危殆롭다. 金木이 生旺하면 從과 民이 得勢하니 不忠不順하고 國基가 紊亂하다. 비록 金木이 生旺하나 剋破則 不生旺하니 不然하다.
庚申은 絶木이요. 壬寅은 絶金이니 事君不逆하고 忠順之道를 지키니 큰 信任을 얻어서 微官에서 高官으로 出世하고 富貴하다.

庚申木 乙巳火는 土金生而還不生하고
生處逢受制하니 得之者는 夭壽한다.

土는 申에서 長生하나 庚申은 木이니 土不生하고 水亦申에서 長生하나 戊申은 土이니 水不生하며 火는 寅에서 長生하나 甲寅水에선 不長生하고 金生於巳하나 乙巳火에선 剋金하니 不生金하며 木生於亥하나 辛亥金에선 不生木한다. 이는 長生地에 音殺이 있어서 生處逢鬼하여 反傷하니 生而 不生하는 것이다. 그 命主가 어찌 夭壽하지 않고 長壽하겠는가?

　　　　丙午水 癸卯金은 死而還不死한다.
　　　　死處에서 得生하니 得之者는 長壽한다.

水는 卯에서 死하는데 癸卯는 金이니 反生하여 不死하듯이 土亦死於卯하나 丁卯火에선 得印回生하고 木死於午하나 丙午水에선 反生하고 金死於子하나 庚子土에선 回生하며 火死於酉하나 辛酉木에선 木生火하여 不死하고 回生한다. 이는 死地에서 納音의 印星을 만나니 死處逢生하여 生生不息하는 것이다. 어찌 長壽하지 않겠는가?

　　　　丙午天水는 十二辰의 天后이니 得者高明하고
　　　　戊子의 水中之火는 君火이니 得者自明하며
　　　　戊子得丙午則 無不貴한다.

丙午는 干支皆火로서 音屬水하니 火中之水다. 天后인 天河水가 아니고는 있을 수 없듯이 戊子는 干支가 皆北方水地인데 音屬火하여 水中之火다.

- 331 -

神龍의 君火가 아니고는 있을 수 없다. 天后는 高明豁達하고 穎異非凡하니 丙午人은 出衆하고 君火는 自神自明하니 戊子人은 非凡하고 自通한다. 萬一 丙午가 戊子를 얻으면 水火가 旣濟하니 精神과 運動이 非凡出重하고 大貴하지 않은 사람이 없다.

辛丑之土 不忌木하고 戊戌之木忌金하며
庚寅之木不嫌金하고 丁巳之土 不嫌木하며
庚午之土 不忌木하다.

丑中엔 金庫가 있으니 辛丑土는 木을 能治하고 戌中엔 火庫가 있어서 能治金하나 戊戌은 二土一木으로서 土盛木弱하니 金이 도리어 受殃한다. 寅에선 金絶하니 庚寅之木은 金鬼를 能治하고 巳中엔 金이 있고 木의 病地이니 丁巳之土는 木을 能制한다. 治하고 制하면 不能剋身하니 어찌 두려워하겠는가? 그와같이 午에선 木이 死하고 生土하니 庚午之土는 木을 能制하고 不忌한다.

丁巳見癸亥하고 壬子見戊午하면 于支受傷하고
六根이 不足한즉 有始無終하고 丙午得壬子하고
丁巳得癸亥하면 水火旣濟하니 不爲沖하고
精神相資한다.

丁巳對癸亥와 壬子對戊午는 天地沖하니 根氣가 散失하여 無力하고 有始無終하다. 그러나 丙午가 壬子를 얻고 丁巳가 癸亥를 얻은 것은 水火가 旣濟하고 中和하니 도리어 陰陽物心이 相資하고

有無相通한다. 그러나 壬子見丙午하고 癸亥見丁巳하면 火水未濟이니 차라리 丁巳見壬子 丙午見癸亥함만 못하다.

　　　　八卦之眞源은 演五行之成敗 剛柔의
　　　　相推에 있고 甲寅見庚申 乙卯得辛酉는
　　　　女木男金하고 魂魄相合하니 不爲刑鬼하다.

易의 八卦는 方位를 通해서 五行의 成敗와 剛柔를 視察하는데 있다. 壬子之水는 北方之坎에 應하고 丙午之火는 南方離宮을 充實한 것이요. 庚申辛酉之金은 西方之兌宮에 應하고 甲寅乙卯之木은 東方之 雷의 象인 것이다. 甲寅木과 庚申金 乙卯木과 辛酉金이 相見하면 金木이 相冲한 것이지만 그 實은 男金女木이 相合하고 木之魂과 金之魄이 相合한 것이 도리어 神의 造化로서 有情하고 相助한다.

　　　　戊辰戊戌 土得正位而 魁강相會則不爲冲而
　　　　厚德覆載 己丑土爲天乙貴人 己未土爲太
　　　　常福神則 解百殺之凶而 得橫財之喜
　　　　戊辰爲勾陳 戌戌爲天空 土多遷改居師
　　　　外潘出金眞邊防 丁巳爲등 蛇
　　　　以凶用凶 以吉承吉 多熒惑之憂 滑稽之性

戊土는 辰戌이 正位이니 戊辰 戊戌은 各己正位를 얻었고 魁강이 되니 冲은 하지 않으며 土의 德이 厚하고 滿載하다. 己丑土는 天

乙貴人이 己未土엔 太常福神이 숨어 있어서 百殺之凶을 解消하고 橫財를 베푼다. 戊辰은 勾陳이요. 戊戌은 天空이다.

天空은 자주 옮기고 이사하니 邊方을 잘 鎭壓하고 다스린다.

丁巳는 龍을 닮은 神蛇로서 현혹이 많고 재산도 많으며 익살스러워서 善者엔 善心을 惡者엔 惡魔로서 對한다.

丙午는 朱雀로서 陽明하고 文詞가 藻麗하며
甲寅은 靑龍으로서 博施濟衆하고 得財之利하며
乙卯는 六合之神으로서 和弱順黨하고 榮華롭다.
壬子는 天后之神이니 陰駕天德하고 容美多權하다.

丙午는 太陽의 朱雀로서 公明正大하고 文質이 彬彬하며 甲寅은 仁慈한 靑龍으로서 衆生에게 德을 베풀어 救濟하며 乙卯는 溫和와 榮華를 누린다. 壬子는 太陰인 天后之神으로서 衆生에게 天德을 베풀고 용모가 아름다우며 玄武로서 權謀術數에 能하고 韋權한다.

癸亥는 玄武之神이니 陰陽의 終極이요.
有潛伏之氣하며 從下如流하다. 庚申은 白虎이니
利於武而不利於文하고 辛酉는 太陰이니
懷肅殺之氣하고 有淸白之風하다.

癸亥는 六十甲子의 終章이자 陰陽의 終極으로서 玄武之神이요. 陽氣가 內伏하고 있는 外陰內陽體로서 비록 大智는 가지고 있다하나 쓰기가 힘들다. 現實에 順應하면 平安하나 逆하면 奸邪하다.

庚申은 白虎의 勇猛者이니 武에는 能하나 文에는 鈍하며 孤獨한 性品과 道心을 품고 착하면서 嚴하고 仁義와 幽僻을 즐긴다. 辛酉의 太陰은 숙살의 기질로서 淸廉潔白한 氣風을 즐기고 文章과 能弁에 不世之才를 가지고 있다. 海中金은 寶藏龍宮하고 珠孕하다. 甲子는 無形金이니 非空沖則 不能出現이고 乙丑金庫는 非旺火則 不能陶鑄하다. 海中金은 龍宮에 收藏된 寶物이다. 甲子金은 無形의 沈金이니 空亡이나 沖이 아니고는 건져낼 수 없는 無用之物이요. 乙丑의 庫金은 旺盛한 火力이 아니고는 鑄器할 수가 없다. 그래서 甲子乙丑의 海中金은 空亡과 沖과 旺火를 가장 기뻐한다.

萬一 甲子의 沈金이 癸亥의 大海水를 만나면 永永 無用之物이 되고 甲子가 己未를 보면 干合되고 相互貴人이 되니 吉하다. 海中金은 爐中火로서 煉金하니 最喜하고 甲子沈金이 戊寅庚午之土를 보면 以爐煉金하고 天上三奇하니 貴하다.

甲子見乙丑則 金神格이니 好火하고
制金하는데 丙寅은 旺火이니 不宜木助하고
丁卯는 敗火이니 却宜木助하며 覆燈天上山下
山頭火는 性微하니 喜木助하고 벽력 火는
主昏蒙하며 再逢火則大凶하다.

甲子가 乙丑을 보면 干支連珠한 金神格이니 非得火則 不能成器하고 無用之物이다. 같은 火라해도 虛弱한 覆燈火(甲辰, 乙巳)나 山下火(丙申丁酉) 山頭火(甲戌乙亥)는 木이 있어야만 制金할 수 있고 天上火(戊午己未)는 地金을 녹힐 수 없다. 벽력火(戊子己丑)는 너

무 과렬해서 主가 놀래서 昏蒙하며 다시 또 見火하면 氣絶한다.

　海金이 木을 보면 不能制木하니 아무런 造化도 없고 成器와 制物이 不可能하다. 日月에 登火하고 時에 得木하면 財官이 有情하니 吉命이다.

　　　　海金無火則 水不宜하고 土亦不宜하며
　　　　河金亦不宜하고 同金相助는 有情하며
　　　　城頭路傍土는 有情하다.

　海金은 沈金이니 건저내기가 어렵거니와 火가 없으면 成器가 不能하니 無用之物이다. 그 火를 剋制하는 晉水는 더욱 不利하며 晉土亦制水는 하나 火를 洩氣하니 不好하다. 다만 庚午辛未의 路土는 甲子乙丑과 天地沖하고 特히 甲子對庚午는 水火相濟하며 乙丑對庚午는 官貴互換하니 吉하다. 戊寅己卯의 城頭土는 海金을 城上에 引揚하니 有情하고 金이 金을 보는 것은 相助하니 기쁘다. 甲午乙未의 河金만은 같은 未成器이니 서로 有益하고 不宜하다. 甲子見甲子하고 乙丑見乙丑하면 同類相資하니 기쁘고 戊寅을 보면 가장 기쁘다.

　　　　壬寅癸卯金箔金은 杯盤을 潤色하고 增充한다.
　　　　打薄須藉別金하고 措彩必假人力하며
　　　　非木則無所依하고 有火則 夭하다.

　金箔金은 종이처럼 얇은 金으로서 잔과 쟁반을 윤색하고 광채를

나게 하는 장식품이다. 金을 얇게 하려면 두들기는 쇠부치가 필요하듯이 문채를 놓으려면 기능공이 필요하다. 그래서 金箔金은 金屬性과 人工力이 多多益善이며 그로 因해서 成事한다. 金의 財와 市場은 木이니 아무리 훌륭한 金箔도 市場이 없으면 의지가 없는 無用之物이요. 만일 火를 만나면 얇은 薄金이 녹아버리니 夭折한다.

　　　　金箔金은 好山下 山頭火하고 忌爐火하며
　　　　喜井泉 潤下 天河水하고 嫌 長流 大溪大海水한다.

　金箔을 하는데는 山下 山頭火처럼 은은한 火를 기뻐한다. 이는 金으로 義齒를 하듯 얇게 펴는데는 가스불처럼 金은 은은히 녹히는 山下 山頭火가 좋고 용광로같은 爐中火는 金을 녹힘으로서 金箔이 될 수 없을뿐더러 녹아 없어지듯 夭折한다. 金箔은 또한 잔잔한 물인 井泉 潤下 天河水를 만나면 맑고 깨끗해지는 동시에 潤氣가 生生한데 反하여 깊고 큰물인 長流 大溪 大海水를 보면 물결에 휩슬려서 떠내려가듯 漂蕩하며 木을 만나야만 몸을 건저내고 의지할 수 있다.

　　　　金箔金은 好劍鋒 釵釧金하고 忌海中
　　　　沙中白랍하며 喜城頭 壁上土하고
　　　　添燈火하면 光輝하며 丙戌藏火를 싫어한다.

　金箔은 장식품이니 값비싼 장식을 要하는 寶刀의 鋒金과 金비녀인 채천금등을 만나면 서로 造化를 이루어 發身하고 장식할 수 없는 海中金과 沙中金 그리고 땜질하는 白랍金은 百害無益하다.

　火를 만나서 이를 熔金하면 箔金으로 活用하니 救濟되나 無火하면 造化不能이니 끝내 凶하다. 옥류금성인 城頭土의 가치가 있고 이에 玉寶壁上土亦是장식의 金箔을 하면 千金의 가치가 있고 이에 玉燈인 覆燈火로 照光하면 휘황찬란하다. 그러나 丙戌土의 戌中丁火를 만나거나 炎火를 만나면 傷身하니 크게 싫어한다.

　　　　　庚辰辛巳白랍金은 崑山의 片玉이요.
　　　　　洛浦의 遺珍이며 日月之光의 疑聚이요
　　　　　金之正色이니 只喜火煉하고 須要爐中之火다.

　白랍金은 崑崙山의 寶玉이나 洛水의 珍貴한 寶物처럼 求하기 어려운 貴金屬物이요. 陰陽의 精과 日月의 光이 交合하고 엉긴것처럼 天精한 것이다.

　陰陽의 氣가 形體로서 나타난 純潔한 玉體이니 金의 精氣요. 正色이며 아직 未成器의 原鑛이자 땜질하는 鉛金이니 불로서 녹히어 쓰는 것이 가장 急先務다. 金을 덧지게 녹일 수 있는 것은 爐中火이니 白랍이 가장 기뻐하는 것 또한 爐中火다.

　　　　　庚辰見爐而無水則 貧夭하고 辛巳見爐火則
　　　　　無水亦貴하며 白랍이 見山下火則 早貴하고
　　　　　添木則得貴하며 木多則無益하다.

　같은 白랍이라해도 庚辰은 丙寅을 보면 絶地逢殺하니 制殺하는

水가 있어야 成器되고 無水하면 身虛殺强하니 貧夭하며 辛巳는 丙寅과 六合되어 有情하고 化水로서 潤金하니 自貴하다.

丙申丁酉의 山下火에선 身旺殺盛하니 早貴하고 以木助殺하면 貴高하나 木多則反弱身困하니 無益하다.

但 火虛時엔 木多亦不忌하다.

海中金이나 沙中金은 싫어하고 沖刑을 두려워하며 日時에 辛巳 또는 乙巳를 보면 嘯風之猛虎格이다. 庚金이 丁丑을 보면 官과 貴人이 雙全하니 貴하고 辛金이 癸巳을 보면 淸貴하니 不貴則 富한다.

　　　　甲午乙未沙中金은 淘洗爲珍하니
　　　　必須因人始貴하고 非爐則 不能制하며
　　　　甲午見丙寅則過燥하고 甲午見丙午則 大凶하다.

砂中金은 깊은 모래속에 잠겨있는 寶物이니 파내서 물로 씻고 가려야 하며 그러기위해선 人力을 많이 빌려야 한다. 爐中火가 아니고는 制金成器할 수 없으나 甲午가 丙寅을 보면 寅午合局하여 炎盛하니 덩어리아닌 片玉인 砂金이 견딜수 없다. 土로서 中和하지 않으면 燥하여 無氣하고 萬一 木을 만나서 助火하면 暴虐하니 疾多하고 夭折한다. 丙午는 天河水이지만 干支가 皆火하니 砂金이 온전할 수 없고 불속에 뛰어든 나비처럼 그 凶함이 극심하다.

　　　　砂金은 山頭 山下 覆燈火를 기뻐하고
　　　　有木生火하고 淸水濟之하면 少年榮貴하며
　　　　龍火逢則妙而貴하고 海水는 大忌한다.

모래처럼 片片인 砂金은 火氣가 은은한 山頭, 山下, 覆燈火로서 熔解하는 것을 기뻐한다. 木으로서 助火하고 井泉潤下等 淸水로서 中和시키면 少年에 登科하여 크게 出世한다.
　　戊子 己丑의 龍火(벽력火)를 만나면 甲午對戊子의 子午가 相交有情하고 甲午對己丑의 甲己가 합하여 有情하니 妙貴하다. 다시 火를 보는 것은 不好하고 井泉 潤下 天河等 淸淨水를 만나면 吉하다.
　　長流 大溪水는 奔流하니 砂金이 流失되어 不安하고 大海水는 더욱 大忌하다. 다시 見木하면 水勢가 加速하니 危命하다.

　　　　甲午見己巳則 謂採精金於 黃적하니 貴格이요.
　　　　路土와 驛土는 忌하고 有火者喜逢城土하며
　　　　內戌者 火庫則喜하다.

　　白沙가 己巳林木을 보면 소위자갈이나 모래밭에서 精金을 大木으로 採取하는 것이 貴人을 만난 格이다.
　　金은 砂에서 生하나 木이 없으면 造化가 不能하다. 木을 만나야 비로소 造化를 얻으니 吉하다. 그러나 다시 沙土를 만나면 埋沒되니 無用之物이요. 路傍이나 大驛의 厚土를 만나도 埋金되니 塞滯한다. 熔金할 火力이 있고 城頭土를 만나면 마치 靑砂(木上土)에서 精金을 採取하는 格이니 貴하다. 丙戌土는 藏火하여 은은히 熔金하니 기쁘고 淸氣하면 더욱 吉하다.

　　　　壬申癸酉劍鋒金은 白帝가 司權하고
　　　　百煉得剛한다. 非水則 造化不能이며

秋生則更吉하다.

劍鋒金은 金이 得權한 것이다. 그러한 剛者가 되기에는 紅光으로 百煉하며 雪霜처럼 白刃으로 만들고 斗牛龍을 찌를만큼 다듬은 것이다. 칼을 대장간에서 煉剛하는데는 물이 없이는 不可能하니 溪水나 海水를 日時에서 만나면 上格이요. 泉水나 潤水같은 淨水를 얻고 龍火의 번개나 乙卯의 우레를 만나면 奇特하다. 설사 번개불이 없다해도 淸水를 얻으면 金白水淸하니 淸貴하고 秋生이면 더욱 吉하다. 日時에 長流(壬辰)를 보면 寶劍이 되니 靑龍刃요 癸巳水는 長流라해도 造化가 不能하다.

　　劍鋒이 癸丑이나 松柳木을 얻으면 吉하고
　　林木과 平木은 忌하며 龍火는 貴하다.
　　只宜水潤하고 不宜火刑하며 寅巳三刑은 大忌한다.

劍鋒은 癸丑의 桑木이나 松栢, 楊柳木을 만나면 한칼에 처치함으로서 劍威를 떨치는데 反하여 大林木이나 平地木은 애만 쓸뿐 功이 없으니 싫어한다. 桑柳木 亦是 多集하면 베기 어려우니 도리어 氣散하고 龍火를 얻어 번개처럼 造化를 부리는 것을 最上格으로 삼는다. 劍은 이미 成器한 것이니 水로 潤氣하는 것은 기뻐하나 다시 火로서 刑하는 것을 싫어한다.

寅巳刑이 있으면 大凶하고 天火爐火를 만나고 無水하면 夭折한다. 土見하면 埋沒되니 싫어하나 壁土와 城土는 磨鋒하니 기뻐하며 劍見劍하면 錯節하고 無木하면 帶疾한다.

庚戌辛亥의 釵釧金은 美飾用의 寶玉이니
　　　　喜靜水하고 忌火傷하며 見木則 入匣하고
　　　　好微火하고 嫌盛火한다.

　釵釧金은 목걸이, 비취, 비녀등 몸을 아름답게 장식하는 珍貴한 寶玉으로서 집안에 깊숙히 간직한다. 泉潤水나 長流水로서 潤하게 하는 것을 기뻐하나 水多하면 氾하고 海水亦濫하니 貪夭하며 丙午 天水는 辛亥와는 有情하나 庚戌과는 火局하여 干支 모두 傷金한다. 燈火는 照光하니 기쁜즉 庚戌對甲辰, 辛亥對乙巳의 冲은 反吉하고 龍火와 丙午丁未가 같이 있는 것은 非貧則 夭하다. 庚戌釵는 爐火를 最忌하고 辛亥釧은 丙寅爐와 有情하니 不忌한다. 山下, 山頭火는 皆忌하고 以水濟之하면 不忌하며 木을 보면 寶玉이 入匣하니 貴하고 微火는 成器하나 盛火는 破器한다.

　　　　戊子己丑벽력화는 一數毫光으로
　　　　九天을 號令하고 風水雷로서 造化하며
　　　　見木則 才發한다.

　벽력화는 눈깜짝사이의 번개같은 神火로서 九天을 號令하고 구름을 쫓으며 鐵馬를 뛰게한다. 이는 風과 水와 雷의 造化이니 海水를 보면 入聖하고 乙卯의 雷를 보면 造化가 無雙하며 辰巳의 風을 만나면 發身하고 天水를 보면 既濟하니 聰明하며 辛卯의 雷水과 林木平木을 만나면 才發하고 餘木은 無用이며 路土와 辰巳가 兼하면 吉하고 丁巳風과 己卯雷는 貴顯하며 流水와 潤水는 神火

를 生하지 못하거나 剋하니 無用하고 無益하다.

平地木은 戌亥의 天門上木이니 有情하고 吉한 것이다.

　　　　벽력火는 劍加水하고 海金逢風하며
　　　　납金逢潤하면 吉하고 丁卯爐火亦吉하나
　　　　丙寅爐는 太燥하여 凶하며 東南巽地가 最宜하다.

神火는 得水한 劍이나 得風한 海金이나 得潤水한 납金을 보면 火光이 反射하니 吉하고 東南間의 辰巳地에서 最宜하다 天水를 만나면 烈風雷雨格이니 妙貴하나 天火와 부딪치는 것은 刑剋이니 不好하며 日時에 見卯하면 雷天벽력하니 貴하다. 戊子가 丙寅爐를 보면 太燥하니 性格이 凶暴하고 夭折하나 丁卯爐는 得雷하니 吉하다. 戊子가 戊午를 보면 天地가 中分하니 貴하나 辰巳風을 만나면 過烈하여 刑剋하고 戊子는 燈火를 싫어하나 己丑이 丙申火를 얻으면 吉하다.

　　　　丙寅丁卯爐中火는 天地爲爐하고 陰陽爲炭하며
　　　　光輝於宇宙하고 成陶冶 於乾坤하니
　　　　謂之炎上火요 喜得木한다.

爐中火는 天地를 爐로 삼고 陰陽을 薪炭으로 하여 宇宙에서 光輝하고 天地에서 陶冶한다. 天地間에 火光을 生生不息하니 炎上火요 木을 만나서 生火함을 가장 기뻐하되 平地木을 上格으로 한다. 丙寅이 己亥를 보면 貴人이요 戊戌을 보면 火가 入庫하는 歸庫이니 吉하고 丁卯亦 그리하다.

丙寅은 自生火하니 無木해도 無妨하나 丁卯는 火의 敗地이니 無木하면 凶하며 以金用木하니 金木을 兼해야 造化가 奇特하다. 丁卯가 無木하고 有金하면 도리어 勞苦之命이요 丙寅이 木多하면 炎旺하니 無水하면 夭折한다.

　　　丁卯는 木多亦無妨하나 死絶地는 忌하며
　　　丙寅은 海水를 기뻐하고 淸水는 忌한다.

敗火인 丁卯는 木多함을 싫어하지 않으나 自生火인 丙寅은 木多하면 凶暴하거나 疾多夭折하며 丁卯敗火는 申酉死絶地에 이르면 財旺身弱하여 非貧則夭한다. 爐火가 見土하면 太燥하나 金木을 같이 보면 救濟된다. 城, 屋, 壁土는 모두 成器之土로서 爐火를 싫어하니 見水하면 中和之好를 얻는다.

天上水가 吉하다. 丙寅이 癸亥를 보면 官星이 有力하니 壬戌海水와 같이 福을 누리나 泉, 潤, 溪, 流水는 剋爐하니 凶하고 見木生火하면 亨通한다. 無木者는 見水하면 不利하고 坐巽하면 鼓舞된다.

　　　甲辰乙巳覆燈火는 金盞含光의 夜明之火로서
　　　以木爲心하고 以木爲油하며 逢陰則吉하고
　　　逢陽則 不利하다.

燈火는 金盞에 기름을 붓고 심지를 通해서 은은히 타오르는 밤의 등불로서 木을 심지로 삼는다. 불빛은 어두우면 빛나고 밝은 낮이면 빛을 잃으니 晝生者는 不利하다.

 日時에 다시 辰巳風을 보거나 支沖하면 强風으로 燈火가 꺼지니 가장 두려워 한다. 戌亥子丑은 夜陰이요 辰巳午未는 晝陽이나 或者는 未에서 亥까지를 陰으로 子에서 午까지를 陽으로 삼기도 한다. 干頭에 木이 있고 化水가 있으면 尤吉하고 官星祿貴가 相助하면 기쁘다.

燈火는 眞油인 泉, 潤水와 假油인 長流水를
얻으면 燈火添油格이요 天海水는 非油인즉
無用이고 金箔을 보면 光요 淸貴하다.

 泉水와 潤水는 眞油요 長流水는 假油이며 天河, 海水는 不爲油하니 燈火가 眞假油를 얻으면 大發하고 非油는 似而非의 常人이다. 심지인 木이 있어야 用水하고 生火하니 水가 生旺하고 汎람하면 浮木滅光하니 凶하고 金箔을 보면 燈火가 照요하니 가장 淸貴하며 砂金과 釵金亦 吉하고 劍一逢則 燈火拂劍이라해서 尤吉하다. 랍金은 反射가 없으니 不宜하고 土를 보면 失光하니 剋破를 기뻐하며 壁土는 保燈하니 身泰하고 屋土는 天井을 가리니 吉하며 砂土는 有木하면 有用하니 衣食이 足하다.

 神火와 辰巳의 風木을 두려워 하고 天火를 보면 失明하니 最凶하며 甲辰이 午未를 보면 入堂格이다.

戊午己未天上火는 宇宙에 光輝하고

　　　　山河를 溫暖케 하는 日月이요 好東南하고
　　　　釵, 箔劍金을 기뻐한다.

　天上火는 宇宙를 밝히고 山河를 따뜻하게 보살피는 해와 달이다. 戊午는 太陽이요 己未는 太陰이며 戌亥의 天門을 通해서 卯酉의 出入門사이를 往來하고 있다. 東南의 陸地에 行하면 吉하고 日時에 風水를 보면 才發한다. 辰巳上의 林木과 卯酉上의 松, 石木은 貴하고 戌亥上의 釵金과 寅卯上의 箔金 그리고 申酉上의 劍金을 보면 日月之光이 빛나니 少年登第하며 餘他金은 不宜하다.
　太陽인 午는 木多해도 無妨하나 太陰인 未는 木多하면 平生勞苦하며 戊午見丁丑 己未見丙子하면 陰陽이 交互하니 福貴하다. 다시 木을 보면 滋養하고 富貴가 雙全하다.

　　　　天上火는 泉溪水를 기뻐하고 天水와는
　　　　相濟하며 神火帶雲雨하면 日月이
　　　　無光하고 燈頭火를 기뻐한다.

　日月은 卯酉에서 出入하니 卯酉上의 泉水와 溪水는 기뻐하고 丙午天水와는 같은 太陽이니 陰陽이 相濟하고 不剋한다.
　벽력이 비구름을 몰고오면 日月이 無色하니 主君이 昏蒙하고 戊午는 丁未를 기뻐하고 戌亥의 山頭火와 辰巳의 燈火를 사랑한다. 戊午가 丙寅爐火를 보면 太燥하니 無水하면 暴惡하여 犯刑凶死한다.
　丁卯는 火의 敗地이니 不凶하고 路, 城, 屋, 砂土는 모두 吉하다. 金木이 相資하면 大吉하고 太陽인 戊午가 見卯하면 日出扶桑

이요. 月인 己未가 酉를 보면 月出이니 大貴하다.

> 日出見巳午則 日輪當表하고 月出見潭則
> 月桂芬芳이며 己未見木多則 桂林一枝요.
> 戊午는 忌水多하고 己未는 嫌土多하다.

　戊午太陽이 卯에서 日出하고 다시 巳午를 보면 해가 中天에 뜬 것이니 大發하고 己未太陰이 西에서 月生滄海하고 다시 壬癸亥子의 潭을 보면 月色이 호호하니 月桂의 香氣가 그윽하다.
　己未月光이 木多하면 숲에 月色이 가리우니 桂林一枝와 같이 벼슬이 높지않고 木少해야 貴하며 水多해야 貴하다. 戊午日光은 水盛하면 損明하니 薄食한데 反하여 己未月光은 土重하면 月色이 散失되고 損明하니 食福이 薄하다.

> 丙申丁酉의 山下火는 螢火이니 숲의 木과 山
> 그리고 어두운 亥子水를 기뻐하며 風多하면
> 凶하고 天水亦不宜하다.

　山下火는 풀속에 반짝이는 반딧불이니 숲과 물가와 山을 기뻐하고 바람과 비와 太陽과 벽력을 싫어한다. 癸丑은 山이요. 辰巳는 風이니 木이 風을 만나고 山을 타고 있으면 山下火의 보금자리이니 貴하다. 林木과 桑木과 平地木이 最吉하고 泉水와 潤水를 기뻐한다. 水木이 相資하면 到處螢光이니 爵位가 崇顯하고 海水와 天水엔 발붙일 곳이 없으니 不好하다. 天火와 벽력火는 螢光이 無色

하니 忌하고 燈火는 相親하니 光顯하며 甲寅水는 吉하나 乙卯雷는 不宜하고 砂土에 有山有木하면 草茂하니 大貴하다.

　　　　　甲戌乙亥 山頭火는 山野의 타는 불이니
　　　　　山野에 依支하고 風木을 기뻐하며 海水를
　　　　　싫어하고 無山無木이면 無依하다.

　山頭火는 山野를 불태운 山불이자 들불이니 마치 山넘어 해가 지는 모양과 같다. 山과 木과 風이 多益하니 癸丑의 山木과 辰巳風上의 林木과 寅卯雷上의 松栢木을 가장 기뻐하고 山과 木이 없다면 有風한들 무슨 소용이 있겠는가?
　有木하고 得泉水하면 助木生風하니 吉하고 午未에선 火盛物燥하나 天水(丙午丁未)를 보고 泉水를 얻으면 相濟하니 主가 福되어 不濟物燥하면 夭折한다. 海水는 剋火하니 大凶하고 見爐하면 太炎傷物하며 神火를 보면 凶害하고 日光을 보면 昏蒙하며 刑沖은 大忌하고 木火가 太燥하면 禍多夭折한다.

　　　　　壬子癸丑桑자木은 養蠶之木이니 砂土가
　　　　　最好하고 天水滋養을 기뻐하며 先用土基하고
　　　　　刑沖破를 싫어한다.

　桑木은 먼저 土가 있고 水로서 滋養하는 것이 急하다. 土中엔 土水가 兼全한 砂土가 桑田의 根基로서 最高이고 路土와 驛土가 다음으로 吉하며 其餘土는 無益하다. 水中엔 雨露인 天水가 第一이고 流

溪潤泉水도 皆用한다. 그러나 海水를 만나면 桑田이 碧海로 변하여 漂流한다. 桑木은 先田後滋하고 祿貴를 얻으면 錦上添花다. 辰巳는 蠶食之地이니 辰巳上의 燈火를 기뻐하고 桑木의 祿地인 寅卯上의 爐火와 日光의 天火 그리고 神火와는 干合有情하니 得水中和하면 모두 吉하나 火가 겹치는 것과 刑沖破害는 싫어한다.

桑木은 無土하면 夭하고 以金冶木하면 貴하며
得木添土하면 錦上花다.

桑田은 土로서 形成되니 無土하면 無依하니 夭折하고 砂金이나 劍鋒으로서 冶整하면 品位가 있어서 貴하다. 寅卯之上의 松木을 만나면 桑이 松栢에 의지하듯 强木으로 向上된 것이니 以小成大한 貴格이요. 松栢에 接木한 것이니 別途로 砂土는 없어도 吉하다. 그러나 地木과 松木과 石木은 本是以土作培하니 無土하면 凶하다. 蠶位인 辰巳上의 林木은 大桑木이니 以土資生하면 大貴하고 萬一 柳木을 만나면 桑柳成林한것이니 亦是 貴格이다.

庚寅辛卯 松栢木은 山을 根基로 하여
以水滋養하니 丑山과 天水를 얻으면
大發하고 無水하면 夭折한다.

松栢은 雪霜과 風雨에도 屈하지 않는데 그 理由는 木旺地인 寅卯에 位置하기 때문이다. 松栢은 山이 根基이고 水로서 滋潤하니 山水를 兼한 丁丑의 潤水와 雨露인 天水를 가장 기뻐하고 丙子潤

水는 木의 敗地임으로서 不宜하고 寅卯之上의 溪水를 만나면 發身하고 海水라도 有山하면 吉하며 癸亥海水는 淸淨하니 無山해도 吉하다. 平地木과 屋土를 兼有하면 松栢이 棟梁으로 變한 것이니 山水가 無用이다. 山水에 依存하는 松栢은 火를 가장 싫어한다.

松栢木은 爐火를 보면 風木灰飛煙滅하고 無水하면 夭하며 火局을 大忌하고 桑木은 기뻐한다.

松栢은 土水는 기뻐하나 山불을 가장 무서워하듯 火를 싫어 고 特히 爐火를 만나면 木生助火하여 불길이 치솟으니 寅卯의 風과 木과 火가 合勢하여 마침내 灰化한다. 山에 水가 없으면 枯하니 夭折하고 子丑上의 神火는 水木相生하나 見火하면 凶하고 戊午天火와 丙寅爐火가 火局을 이루면 大凶하다.

驛土는 絶地이자 無山하니 貧夭하고 다시 海水를 보면 水氾하니 尤凶하며 乙丑海金은 山水가 兼하니 吉하고 寅卯上의 箔金은 木旺地이니 吉하며 林木과 柳木이 會火焚木함을 大忌한다. 癸丑은 山水之木이니 吉하고 月日時가 屬冬水則 貴命이다.

　　　戊辰己巳大林木은 凌雲蔽日의 巨樹이니
　　　春夏에 成林하고 艮土에 依支하여
　　　不論死活하고 火炎則 凶하고 夭하다.

大林木은 하늘높이 치솟는 巨木이니 木이 旺하고 盛하는 東南과 春夏엔 成林한다. 林木은 山水에 의지하니 癸丑艮山에서 大發한다. 林木은 路土에선 路樹이니 戊辰이 辛未를 己巳가 庚午路土를 보면 貴하고 有福하다. 林木이 壁土와 屋土 그리고 劍金을 兼하면

以金成材하여 家宅의 棟梁으로 起用된 것이니 大貴하고 宅과 劍을 얻지 못하면 山中茂林에 不過하다. 林木은 이미 成木이니 死活은 論하지 않으나 定着할 土를 欲求하니 化土아닌 辰戌丑未의 眞土를 기뻐하며 山불인 山頭火를 만나면 大凶하고 夭折한다.

大林木은 燈火神火 天火를 얻으면 成長하고
天水를 기뻐하며 溪海水가 重重하면
貧夭하고 潤水를 즐긴다.

大林木은 辰巳上의 燈火에서 相生하고 子丑上의 神火와 午未上의 天火에 의해서 成長하나 火盛하면 不好한다. 土와 水가 第一이니 丑山土와 天河水를 기뻐하고 木旺生水하는 溪水와 壬戌海水가 重重하면 無土氾水하니 貧困하고 夭折한다. 得山하면 漂流는 免하고 救濟되니 妙하고 癸亥水는 雨露이니 貴하며 丁丑潤水는 山水를 兼有하니 最吉하다. 乙丑金과 劍金은 有用하나 餘他金은 無用하고 桑木과 松栢木은 癸丑山을 가장 기뻐하고 平地木이 路土를 만나면 平林在野로서 貴格이다.

壬午癸未 楊柳木은 午未의 陽地에서
壬癸의 滋潤에 느러진 실버들로서 砂土와
艮山 그리고 淸水를 기뻐한다.

堤池와 苑塘에서 千사萬桑의 실가닥을 느러놓은 楊柳木은 砂土를 根基로 하고 丑艮山을 기뻐한다. 堤城인 城土에서 觀賞되니 貴

하고 辛丑屋上에서도 吉하다. 砂土가 刑沖되면 무너지니 忌하고 驛土와 丑山이 같이 있으면 山邊之驛이니 그런대로 可하나 無丑山하고 驛만 있으면 天賤하다. 午未의 路土를 보면 死墓가 겹치니 卑弱하고 泉流溪 潤水는 相生潤木하니 모두 吉하다. 丙午丁未는 天水이나 干支가 皆火이니 大凶하나 癸未木은 天水가 重重하니 相濟된다. 乙巳는 風上燈火이니 柳木이 大忌하고 大凶하다.

楊柳木은 爐火에서 反吉하고 子丑上의
神火는 기뻐하며 見松則脫體化神하고
桑山을 보면 成林하니 吉하다.

楊柳는 死墓上의 虛木이니 寅卯旺地를 기뻐한다. 그래서 寅卯上의 爐火는 도리어 旺地逢火格이니 吉하고 子丑의 山水에 자리잡고 神火亦是 得地하니 기뻐한다. 이에 砂土를 添하면 錦上添花다. 子丑을 沖하는 것을 싫어하고 金을 보면 造化不能이다. 그러나 寅卯上의 箔金이나 戌亥上의 釵金은 木의 生旺地이니 成功할 수 있고 寅卯上의 松栢을 만나면 魚變成龍하며 山水를 兼한 癸丑의 桑木을 보면 成林하여 大成한다.
申酉上의 石榴木은 絶處逢殺하니 必賤하나 春夏生은 花紅柳綠하니 不賤하다. 辰月柳木이 時上一金하면 楊柳得金하니 貴하다.

庚申辛酉石榴木은 金盃上의 花木이니
移盆內粧하면 一品이요. 成器之土를
기뻐하고 淸水를 즐기며 海水를 싫어한다.

石榴花는 붉기가 불같고 枝頭에 多子紅色하니 房안이 환하다. 干支가 純芩이나 金盃上의 꽃이요. 玉에 옮겨 가꾸면 室內가 化粧하듯 天下一品이다. 盆은 成器이니 城土가 第一이요. 다음이 屋土다.

寅卯上의 戊己城土는 得地得印하니 大吉하고 戌亥上의 丙丁屋土는 官星을 奉載하니 기쁘다. 路傍, 壁, 驛, 砂土 또한 木得地하니 吉하고 壬寅癸卯의 箔金을 보면 金木이 互換得位하여 脫去本性하고 歸墜하니 造化功成格의 大貴之命이다. 劍金은 相剋하니 大凶하고 午未上의 砂金을 보면 害毒하니 無害하다. 天水와 泉溪潤의 淸水가 滋養하면 吉하고 大海水는 氾濫하니 貧夭하다.

　　　石榴木은 天火神火는 기뻐하나 爐火와
　　　겹치면 不宜하고 桑林 柳木은 皆喜하며
　　　見松則强하고 見地木則大하다.

石榴는 日光과 子丑上의 神火는 開花를 促進하니 기쁘나 寅卯上의 爐火는 木生火하여 火盛焚木하니 같이 겹치는 것을 두려워한다.

午月生石榴가 日時에 一火를 지니면 石榴噴火라해서 貴하고 癸丑의 桑을 보면 得山한 것이 吉하고 戊辰의 林木을 보면 脫體歸林하니 貴하여 午未의 楊柳를 보면 花紅柳綠하니 功名을 이룬다.

寅卯上의 松栢을 보면 得旺하니 强해지고 辰巳의 平地木을 보면 功大하다. 雜神이 없다면 綠遠紅圃하니 富貴하고 大發한다 石榴는 城土를 根基로 하고 水로서 助身하니 兩者를 兼하면 福祿이 長久하다.

　　　戊戌己亥 平地木은 地上의 茂材요.

人家의 屋木이니 以土爲基하고
　　　　以水潤滋하며 以火發精한다.

　平地木은 싹에서 시작하여 가지가 느러지고 雨露로서 成長하고 成熟한 地上의 大木이요. 人家의 屋木으로서 雪霜을 싫어한다. 戊戌은 棟이요. 己亥는 梁이며 土를 바탕으로 하여 日光과 雨露로서 成熟한다. 路土는 正基요 子午는 天地이니 子午사이에 路土를 보면 大貴하다. 城, 屋, 壁土는 相資하니 吉하나 砂, 驛土는 風火가 燥하고 絶地이니 無用이면 日時에 砂, 驛土를 보면 災多夭折한다. 太陽인 天火와 子丑上의 神火는 百花顯光하니 기쁘고 爐燈顯火는 有水則吉하고 無水則凶하다.

　　　　平地木은 已成之木이니 劍不好하고 箔金과는
　　　　有情하며 餘金은 不好하고 天水는 吉하나
　　　　溪海水는 無山則凶하다.

　平地木은 成熟한 棟梁之木이니 劍으로서 전지하는 것을 싫어하고 裝飾하는 箔金을 보면 光輝가 크고 다시 路土를 보면 大貴하며 箔金外의 金은 無用之物이다. 天河水는 潤澤하니 吉하나 溪海二水는 氾하니 無山하면 凶하고 泉, 潤水는 有情하다. 林木은 生風搖動하니 壽命을 減하고 癸丑桑木은 山水가 有情하니 最好하다. 己亥木이 壬子桑을 보면 貴하나 戊戌은 不好壬子하고 松木을 보면 得旺하여 棟梁이 되니 有土하면 貴하다. 忌金 喜水土하니 三冬生으로서 時上에 得寅卯하면 寒谷回春格으로서 貴하다.

庚子辛丑 壁上土는 寒暑와 雪霜을 막는
壁土이니 平地木에 依支하고 薄土를
기뻐하며 好水忌火한다.

　壁土는 棟梁과 柱梁에 의지해서 薄土로서 形成하고 寒暑와 雪霜風雨를 가리는 防壁이니 木이 骨이요. 土가 肉이며, 生木하는 水는 기뻐하나 焚木하는 火는 싫어한다. 벽에 쓰이는 것은 平地木이니 그를 柱로 삼고 子午는 天地의 正柱之位이니 子午와 平木을 보면 錦上添花다. 木은 모두 有用하나 林木은 生風하니 有火無土하면 風火가 燒壁하니 作事難成이요. 貧賤夭折하며 寅卯上의 松栢은 棟梁이니 기쁘나 申酉가 와서 沖破하거나 子卯相刑함을 싫어한다.

壁土는 負載之土이니 路土와 屋城土를
기뻐하고 火를 싫어하며 天水는 吉하나
海水는 凶하며 箔金은 기뻐한다.

　壁土는 나무에 업혀있는 負載之土이니 土役에 常用하는 田野의 路土를 愛用하고 壁을 지켜주는 屋上, 城土를 기뻐한다. 火를 보면 벽의 끈기가 없어지고 木이 炎燒하니 造化가 全無하고 日光과 神火 亦是 照明은 하나 끝내 不利한다. 木이 火를 만나면 焚剋하는데 다시 또 見火하면 禍患이 連發하여 夭折하고 泉水로서 相濟하면 救濟된다. 天水는 生木하니 吉하나 海水는 氾하니 有根해도 流失되어 凶하고 金은 쓰지 않으나 裝飾用인 箔金은 宮室처럼 輝煌하니 朝廷之人物이요 劍은 傷身하고 餘金은 無用之物이다.

　　　　　戊寅己卯城頭土는 天京玉壘요 帝里金城이니
　　　　　以土爲體하고 以木爲骨하며 神火와
　　　　　海水는 싫어한다.

　城은 帝都를 지키는 外廓이니 마치 龍이 서리고 있는 千里之形이요 범이 버티고 있는 四維之勢다. 城은 土로서 구축한다. 路土는 成熟之土이니 以火熟土할 必要가 없지만 餘土는 未成之土로서 반드시 用火成熟시켜야 한다. 城土엔 草木을 가꾼다. 癸未柳木과 癸丑桑木이 가장 吉하고 壬午楊은 江水가 氾하니 忌하고 壬子桑은 그런대로 쓴다. 松栢木은 剋土하니 城이 무너지고 不安하다. 山水가 兼하면 顯貴하고 天水가 滋助함도 吉하다. 천등과 洪水는 싫어하고 壬戌은 不忌하며 驛土가 無山無根하면 貧夭孤寒하다.

　　　　　丙辰丁巳 砂中土는 浪波로 積成한
　　　　　龍蛇이니 淸秀하고 養金함을 기뻐하고
　　　　　淸淨之土를 얻으면 早貴한다.

　砂土는 물결에 휩쓸린 陵谷이 파헤쳐 떠나려가다가 모래로 變遷한 것이니 浪波에 씻기고 몰려서 마치 龍蛇처럼 도사려진 白砂楊이다. 砂土는 砂金을 길르는 것과 桑柳木을 栽培하는 것이 能事이니 釵, 砂, 劍, 箔등 淸秀한 金을 얻으면 寶物의 庫藏으로서 貴하고 다시 得水해서 洗金하면 윤이 나니 上格이다.
　無水하면 日光으로서 照明하여 砂金을 나타내는 것이 出世의 길이요 같은 日光이라 해도 戊午는 太燥하니 壽가 夭하고 己未는 綏

慢하다. 泉流水는 淸潔하니 得金하면 養金하니 貴하고 丙辰砂가 養金하고 癸亥海水를 얻으면 顯榮한다.

　　　　砂土가 山頭, 山下, 爐, 燈火를 보고
　　　　無水하면 壽가 夭하고 桑柳二木을
　　　　기뻐하되 沖波를 忌하며 驛土往來를 大忌한다.

砂土는 桑柳를 보면 功과 德을 나타내어 貴하고 沖破가 있으면 栽培를 할 수 없으니 無功하며 丁巳의 등蛇가 日光인 朱雀를 만나면 朱雀이 등空(天)하는 格이니 貴하나 砂土는 日光外의 火를 싫어하니 山頭, 山下, 爐, 燈火等을 보면 太燥하다. 萬一 無水하면 無濟하니 壽가 夭하다. 金木이 相資하면 福多하고 土와 土가 相刑하면 埋金 埋木하니 大忌한다. 特히 厚大한 大驛土를 만나면 砂土가 埋藏되니 金木水가 있다해도 그림의 떡이니 凶한다.

　　　　庚午辛未路傍土는 大地에 連途한
　　　　平田萬頃이니 火暖土溫하여 能養萬物하고
　　　　以水滋潤하면 禾稼成實한다.

路傍土는 萬頃平地로서 五穀百果와 草木을 資生하고 萬物을 養育하니·暢茂하다. 火暖土溫하고 以水滋養하면 百果가 茂盛하고 得金하면 禾稼成實한다. 庚午見甲申水하고 辛未見乙酉水하면 水中有金하니 無沖破하면 早貴하다. 天水를 보면(庚午見丁未 辛未見丙午) 沃土가 逢天雨하고 逢官貴하니 錦上添花다. 庚午見丁丑潤

水하면 潤土得官貴하고 辛未見丙子水하면 化水生生不息하니 貴하고 長流, 大海水를 보면 氾濫流失土하니 大忌하고 主必凶夭한다.

　　　　路土는 天火를 忌하고 神火는 喜하며 爐亦忌하고
　　　　見木則 發身하고 金水並出하면 大吉하다.

路土는 培養之土로서 天火를 보면 太燥하여 不能生物이니 水潤해야 回生하고 無水하면 夭折한다. 爐火亦是 燥하니 減壽한다. 見木하면 發身하고 松木은 大好하나 林木은 감당치 못하니 凶하다. 砂土를 비롯해서 屋土와 壁土는 모두 吉하고 庚午見辛未하거나 辛未見庚午하면 二儀貴하니 貴하지 않음이 없다. 砂金과 釵金은 淸水를 滋助하니 金水가 같이 있으면 大吉하다.

有水無金하면 金運에 發福하고 庚午가 天水를 보면 大好하고 辰時生이면 馬變成龍하니 貴하다.

　　　　戊申己酉大驛土는 堂堂한 大道요 坦坦한
　　　　平途로서 九州에 通하고 坤位에
　　　　屬하여 負海乘山하고 萬物을 厚載하다.

天下의 大小道路인 驛土는 四通八達하여 九州와 萬國에 通하고 이른다. 驛과 馬와 車가 즐비하고 山과 바다를 넘어온 地球에 뻗치어 있으며 坤方에 位置하고 萬有를 厚載한다.

萬物은 木을 根基로 한다. 長生하는 戊申土는 3, 4木을 能히 滋生할 수 있으나 己酉의 敗土는 木多하면 失氣하여 無能하다.

- 358 -

木林과 合을 하고 逢冲하면 剋冲이 倂發하니 夭折하고 泉潤水를 얻으면 淸貴하고 不燥하다. 가령 戊申이 丁丑潤水나 乙酉泉水를 보거나 己酉가 丙子潤水나 甲申泉水를 보면 貴하고 天水를 보면 貴祿이 兼全하여 福壽한다.

驛土는 喜流水하나 水多하면 不寧하고
溪水는 吉하나 海水는 감당치 못하며
日光과 神火는 吉하고 路土를 最好한다.

驛土는 長流水를 보면 길과 江이 同伴하니 吉하나 水多하면 汜하니 不安하고 溪水亦하나라면 즐거운 同伴者다. 海水는 길을 막으니 日時에 逢海水하면 浸路하여 夭折한다. 山을 만나 防水하면 若干 減厄한다. 그러나 戊申이 癸亥를 보면 地天泰하니 도리어 吉하고 日光과 神火를 보면 聖火라 해서 路面을 照光하니 能小能大하다. 水는 기뻐하나 木火가 지나치면 太燥하니 凶하고 夭하며 道路의 날개인 路土를 가장 기뻐한다.
屋土와 砂土와 壁土는 驛土를 뒤엎으니 得木制土亦塞滯한다.

丙戌丁亥屋上土는 屋上身이니 木을
根基로 하고 冲破를 大忌하며 火를 싫어하고
水를 기뻐하나 海水는 두려워 한다.

屋土는 진흙을 이기고 火로서 구어낸 土瓦로서 雪霜과 風雨를 막는 功을 세운다. 木이 아니면 기와를 올릴 수 없으니 木을 根基

로 한다. 家材인 平木을 가장 기뻐하고 다음이 木林이며 化木亦是 有用하다. 沖破하면 木이 쓰러지고 기와도 무너지니 大忌한다. 기와는 이미 불로써 成器된 것이니 다시 見火하는 것은 싫어한다.

爐火는 기와를 녹히니 丙寅은 大凶하고 丁卯는 들하다. 日光과 神火는 相資照明하니 吉하고 山下山頭火는 見木生火하면 傷瓦하니 禍가 미친다.

燈火를 보면 火土가 入堂한 格이니 貴하나 木多하면 不吉하다.

屋土는 淸水는 吉하나 先用木해야 하고
流, 溪水는 不好하며 海水亦不好하고
路土와 壁土는 宜用하다.

屋土는 泉, 潤, 天水는 흙을 이기는 用水로 쓰되 먼저 기와의 根基인 平地木이 있어야만 大貴하고 흐르는 流, 溪水엔 기와가 떠내려가니 無木하면 夭折한다. 그러나 丙戌이 逢癸巳流水하고 丁亥가 甲寅溪水를 보면 祿地와 印星을 만나니 도리어 吉하다. 流溪水外에 또 逢水한다면 어찌 온전하겠는가? 海水를 보면 水葬되니 山이 없다면 凶하고 路土와 木을 얻으면 資源이 豊足하니 貴하다. 壁土亦有用하나 餘土는 기와를 埋沒하니 凶하다. 木虛하고 三刑이 會集하면 路壁土가 있어도 凶하고 丁巳砂는 無妨하다.

屋土가 釵金을 보면 光輝하니 기쁘고 鋒金을 보면 威高하니 吉하다. 丁亥가 壬申劍을 보면 干上化木하고 地支에선 日光이 入乾戶하니 大貴格이다. 丁亥가 庚戌釵를 보고 丙戌이 癸酉劍을 보면 月入乾戶하고 日入死地하니 不好하다.

金箔은 裝飾用으로 有用하니 吉하나 餘他金은 기와에 쓸모가 없으니 無用之物이다.

　　　　丙子丁丑潤下水는 山環細浪의 淸澄水로서
　　　　喜金生水하고 忌土濁流하며 嫌火土混雜하고
　　　　木多不好한다.

潤水는 山골짝이에서 구비구비 흘러내리는 깨끗하고 맑은 잔잔한 물로서 金을 얻어 生水해 주는 것을 기뻐한다. 生水하는 砂金과 金旺地인 劍金을 가장 기뻐한다. 물은 刑을 만나면 破水生波하니 丁丑이 庚戌釵金을 보면 相刑인지라 不宜하고 丙子가 辛亥釵金을 보면 化水하니 尤貴하다. 潤水는 弱水인지라 生扶는 多益하나 冲剋은 禁物이다. 木이 하나 있으면 막히고 여럿이면 平生 勞苦하며 土를 보면 濁하고 塞滯하니 苦生이 많고 火가 生土하고 火土가 混雜하면 만사가 虛名虛利하다.

　　　　潤水는 火多하면 荒淫하고 天水等 扶水는
　　　　기뻐하나 溪流水는 不好하며 土盛하면 昏迷하다.

潤水는 辰戌丑未等 土局을 이루면 水濁土渾(濁)하니 大凶하고 이때에 木이나 化木을 보면 淸吉하다. 砂屋土는 生水不濁하니 不忌이나 驛路土는 甚濁하고 散氣하니 甚한즉 散財하고 生禍하며 天火는 旣濟中和되나 神火는 相爭하니 最忌하며 雙火가 竝出하고 無金하면 財多身弱하니 荒淫하고 山下, 山頭火는 金旺地이자 乾方이

니 吉하나 日時에 竝臨하면 凶하다. 天水를 보면 大發하고 海水를 보면 大貴하며 性急한 溪水와 不靜한 流水를 보면 風波가 生하니 不吉하다. 丁丑見壬戌하면 淫合相刑하니 風聞이 不美하다.

　　　　　甲寅乙卯大溪水는 靑山里碧溪水로서
　　　　　刑冲과 風地를 忌하고 金水를 즐기며
　　　　　土盛濁流함을 싫어한다.

　溪水는 크나큰 溪谷의 急流水로서 소리쳐 구비치고 或은 激浪을 或은 瀑布를 이루면서 千山의 그림자를 휩쓸고 간다. 金을 얻어서 힘을 기르고 바다에 이르러 化龍하는 것이 榮華다. 申酉가 寅卯를 冲動하거나 辰巳의 風을 만나면 怒濤와 같이 파란萬丈하니 漂流不靜하고 泉水나 潤水 또는 天水를 만나면 水豊力盛하니 悠長하며 大海를 만나면 朝廷에 이른 것이니 大發한다. 辰巳上의 長流를 만나면 風高濁流하니 不宜하고 淸金(砂, 釵金)으로 淨化하면 貴하다.

　　　　　溪水는 海金에서 歸源하고 납金은 有用하나
　　　　　箔金은 無能하며 土者는 無益하고
　　　　　天火와 神火는 不好하다.

　辰巳上의 납金은 生風하나 干上庚辛金이 生水하니 淸貴하고 箔金은 微力하니 生水不能인지라 無用하며 劍金은 生水하나 寅卯를 冲動하니 波動을 일으키고 屋瓦, 城土는 阻害하니 凶하나 路土는 큰 害는 없고 戊申驛土는 沖寅하고 己酉驛土는 干合止水하며 庚子壁土는 子刑卯하니 不吉하듯 土者는 無益하다. 海金의 子丑은 水鄕이니 溪水가 錦衣還鄕하는 것이요 天火神火의 兩火를 보면 誘惑되어 不流하니 貧困하고 桑木의 子丑을 보면 水流 山環하니 貴하며 甲寅見壬子, 乙卯見癸丑하면 溪水가 歸源하니 吉하다.

壬辰癸巳長流水는 混混無窮하고
滔滔不竭하는 江水로서 喜金하고 嫌土하며
好木喜火한다.

長流水는 江河이니 滔滔하고 힘차게 흐르는 것을 能事요 榮華로 삼는다. 水源이 多多益善이니 金으로 生水함을 기뻐한다. 干上에 透金한 납, 釵金을 最喜하고 純金인 劍金과 弱金인 箔金亦是 吉하나 沈金인 海金과 水絶地의 砂金은 取用하지 않는다. 戌亥는 天門이자 乾金의 水源地이니 吉하고 戊己土는 塞滯하니 忌하되 庚辛丙丁之下의 土는 取用한다. 壬辰은 干合하는 丁卯爐와 丁酉山下火를 기뻐한다. 癸巳가 甲辰燈火를 壬辰이 乙亥頭火를 보면 得風化龍하니 大吉하다. 癸巳가 甲辰을 보면 辰巳의 風을 얻어 旺流하고 壬辰이 乙亥를 보면 靑龍으로 化하고 歸祿得天하니 大發한다. 癸丑은 山이요 癸未는 園이니 年時에 得山園하면 水가 花園과 堤를 감돌 듯 大貴格이다.

松, 楊二木은 干上에 有金하니 相生하여 吉하고 癸巳見戊辰하면 干合地風하고 壬辰이 見己亥하면 龍이 得祿得天하니 吉하다. 壬辰見丁丑은 干合하니 有情하고 天水는 相資하니 기쁘나 泉溪二水는

干上에 有木하여 洩水하니 無益하다. 壬辰이 見發亥하면 龍躍天門하니 春夏秋生者는 大發하고 冬生者는 潛龍이나 吉하다. 壬辰見壬辰하면 自刑이니 自害하고 壬辰見戊戌하면 沖而氾濫하니 凶하며 癸巳絶水는 三合金이나 生旺金에서 發身하고 好金한다.

> 丙午丁未天河水는 雨露로서 萬物을 發生하고
> 見土不忌하며 生旺太過하면 傷物하고
> 死絶太多則 不能生物한다.

　天河水는 六野千郊에 퍼붙고 뿌리는 빗물과 이슬로서 萬物을 生하고 育한다. 地土로선 不能剋이니 見土亦不忌하고 도리어 潤土滋養의 益을 베푼다.

　天水는 銀河之水로서 地金으론 難生이니 아무런 도움이 될 수 없고 도리어 金의 秀氣를 기르는 役割을 한다. 雨水가 지나치게 太過하면 洪水를 이루어 도리어 萬物을 傷케하듯 雨水가지나 치게 死絶되면 가뭄이 심하여서 萬物이 發生할 수 없다.

　三秋生이면 得時하니 貴하고 長水와 海水를 기뻐한다. 丙午見癸巳 癸亥하고 丁未見 壬辰 壬戌하면 陰陽이 互見 中和되니 더욱 吉하다. 乙卯는 雨雷니 雨機로서 기쁘고 己酉는 貴人이니 吉하며 戊子 己丑의 神火는 水火相濟하고 忽然히 벽력과 더불어 雲行 雨施하니 貴하다. 爐火와 海水가 共旺하거나 柱에 爐, 神火와 天海水가 같이 있으면 陰陽精神이 俱足하고 上下相濟하니 大貴하다.

　辰巳上의 燈火는 有風하여 促雨하고 戌亥上의 頭火는 貴人이 있으니 貴하고 得水相濟하면 더욱 吉하다. 石, 柳木과 林平木은 모두 生風呼雲하니 吉하고 丙午見辛卯 辛酉木은 干合化水하니 有情하고 吉하다. 死絶木이 無土하면 天水에 漂流하고 비록 大地가 天雨를 剋하지 못한다. 해도 路土를 만나면 天水가 흐르지 못하여 土塞水滯하니 不好하다. 萬一 冬生水라면 池塘을 이루니 主必濁濫하니 砂, 屋土로서 中和하면 大吉하다.

城土와 驛土는 無生物하니 無用之土요 壁土亦支冲하니 造化不能이다. 金으로선 天水를 生할 수 없으나 辛亥만은 屬乾하고 在天하며 水旺地이니 最吉하고 干上의 庚辛壬癸은 有用하나 甲乙木은 無用無益하다. 壬子와 庚子는 雲勝하고 雨施하니 春生者는 不生風而 雲散한 즉 早燥하고 夏生者는 火炎雲集한 즉 장마가 지며 冬生者는 雲雨가 盛하니 寒冷하고 秋生者는 不旱不寒하니 尤吉하다.

辰巳上의 甲乙, 庚辛과 壬水가 있으면 壬은 구름이요 辰은 龍이니 風雨作霖하고 冬月生 天水는 霜인즉 日時에 寅卯가 있으면 溫和之氣로서 解凍하니 大貴하다.

甲申乙酉井泉水는 萬民之飮水로서
喜金好砂土하며 見木皆吉하나 桑柳木은
不好하고 金盛水氾함을 忌한다.

井泉水는 깊은 샘에서 나오는 차고 맑은 물로서 萬人의 飮料水다. 金에서 生하고 木을 通해서 出하니 金을 보면 福이 된다. 砂土는 샘으로서 가장 適合하고 釵金으로서 淸秀케 하면 吉하다. 釵와 납이 相沖하면 濁하니 不好하고 다시 또 劍을 보면 金水가 太旺하니 氾濫의 災禍가 生한다.

海金은 不生泉水하니 不取하나 乙丑의 艮山은 生泉하니 木으로서 發堀하면 能히 出水한다.

샘을 파려면 木이 있어야 하니 金은 泉原이요 木은 泉道다. 平地, 林木은 너무 크니 劍으로서 깎어야 取用하고 桑柳木은 너무 가늘고 허약해서 無用이며 松栢木은 木이 得旺하고 金木이 互換歸祿하니 最上이다. 火를 보면 陰陽이 互見하니 吉하다. 神火와 天火가 같이 있으면 相沖하니 濁하고 凶하다. 路, 砂土는 泉源이니 最上이고 屋土는 天門이니 生水之源으로서 吉하며 城, 壁二土는 泉水와 無關하니 無害無德하고 驛土는 우물을 메꾸니 먹을 수가 없다. 木으로서 파헤쳐야만 用水하고 天水와 潤水와 流水는 不害하며 溪水는 扶泉하니 吉하고 大海水는 神火를 이끌어 드리면 造化가 크다. 甲申見乙酉하고 乙酉見甲申하면 官星을 互換하니 最上이고 二水가 年時나 月日에 있으면 所謂 水繞花堤라 해서 貴格이다.

壬戌癸亥大海水는 百川을 總納한 汪洋이니
包括乾坤하고 日月之光한다.

喜山 喜龍하고 金中獨喜海金하다.

海水는 地上의 百川之水가 總集約한 것이니 天地日月을 能히 包容한다. 壬戌은 土水上戰하니 氣가 濁하고 癸亥는 純水이니 氣淸하다.

壬戌人은 土氣가 太盛하니 忌山하고 以金淸化함을 기뻐한다. 反對로 癸亥는 得山해야 安泰하니 山을 가장 기뻐하고 天水와는 上下相通하니 有情하다. 木을 보면 海水가 뗏목을 通해서 昇天하는 것이니 上格이요 流, 溪水는 필경 歸海하고 바다는 細流를 가리지 않으니 마침내 大成한다.

　壬辰은 龍이니 海水를 보면 龍入龍宮하니 尤吉하고 泉水는 自制하여 海에 이르지 못하니 見海함을 不喜한다. 海金과 砂金은 海水와 直結되니 有情하고 日光을 보면 天海가 조요하니 最上이다. 乙丑神火는 山이니 癸亥가 기뻐하고 戊子火와 癸亥水가 干合하면 有情하고 柱有木火旺하면 吉하다. 林木은 辰巳生風하니 水性이 不安하고 平地木은 厚土에 依支하니 水木이 相得하며 松栢石榴木은 無土則 漂流無定하고 路, 驛土는 厚土이니 有情하다.

　戊申見癸亥하면 天關地軸이니 大格이요 日時에 厚大한 驛土戊申을 보면 설사 風雷가 있다해도 害롭지 않다. 己卯城土는 艮山을 도우니 吉하나 神火를 만나면 雷火가 海水로 變하여 海溢하니 貧寒하다.

金水木 三行은 可爲金이나 火土二行은 不然이다.

　庚辛은 元金이니 金의 本家之物이요 壬癸는 非金이나 湖爲金이니 金水는 相生한다. 甲乙木은 其質이 堅强하니 木化爲石한다.

　水木二者는 取象爲金이다. 丙丁은 屬火하되 燥剛이 같지 않고 戊己는 屬土하되 剛柔가 같지 않았다. 五行中 金水火土는 終局에 還元하나 木만은 還不元한다. 脈絶하면 枯하고 枯하면 還水하며 灼하면 還火하고 腐하면 還土하니 不用木한다. 이를 脫體化神이라 한다. 木者는 水의 所生이니 其津液은 水요 壬癸水는 可爲木한다. 庚辛金의 質이 堅함은 甲乙木과 같은지라 甲乙木이 可爲金하듯 庚辛 또한 可爲木한다.

**甲乙丙丁壬癸取象爲水하고 甲乙丙丁戊己取
象爲火하며 丙丁戊己 庚辛取象爲土하다.**

 甲乙丙丁壬癸로서 水音을 形成한다. 壬癸는 原水요 丙丁은 化水이며 甲乙의 津液은 水다. 戊己土는 剋水하고 庚辛金은 燥水하니 化水할 수 없다. 甲乙丙丁戊己로서 火音을 形成한다. 丙丁은 原火요 戊己는 化火며 甲乙木은 燃하여 生火한다.

 壬癸水는 剋火하고 庚辛金은 燥하면서 火와 不同하니 化火할 수 없다. 丙丁戊己庚辛으로서 土를 形成한다. 戊己는 原土요 丙丁은 化而爲灰하니 灰者는 土요 庚辛金은 混於土요 土의 精氣이니 土로 삼을 수 있다. 甲乙木은 散土하고 壬癸水는 潤下流土하니 化土할 수 없다. 庚辛壬癸甲乙로서 爲音金하니 丙丁戊己는 不屬金한다. 火는 剋金하고 土는 埋金한 때문이다. 戊己庚辛壬癸로서 成音木하니 甲乙丙丁은 不屬木한다. 丙丁火는 焚木하고 甲乙原木은 枯而還水하고 灼而還火하며 腐而還土하기 때문이다.

 壬癸甲乙丙丁은 成音水하니 戊己庚辛은 不屬水한다. 土는 剋水하고 金은 燥水한 때문이다. 甲乙丙丁戊己로서 成音火하니 庚辛壬癸는 不屬火한다. 水는 剋火하고 金은 散火하기 때문이다.

 丙丁戊己 庚辛으로서 成音土하니 壬癸甲乙은 不屬土한다. 甲乙木은 剋土하고 壬癸水는 流土하기 때문이다.

**納音取象有輕重 大小 剛柔, 有氣味, 體質
有功用 各不同하고 支는 方隅之位로서
旺相休囚가 不同하듯 天干의 所値 또한**

**從本象 化象 別象하며 그 取象이 納音이니
造化之妙다.**

納音은 五行의 輕重과 大小 剛柔 氣味, 體質, 功用을 바탕으로 取象하고 分象한다. 假令 壬寅, 癸卯金은 絶地에서 洩氣하니 만신창이인지라 가장 얄팍한 箔金이요 壬申癸酉金은 得旺하고 淘洗하니 劍이 되는 것이다. 그 强弱은 支의 旺象休囚에 依해서 或은 本象을 지키고 或은 化象하며 或은 別象으로 分化한다. 이는 天과 人이 交合하고 生剋과 互成의 理致로서 納音을 取象한 것이니 그 造化의 妙를 可히 짐작할 수 있다.

**五行中 水火만은 太旺함이 不宜하고
納音은 黃帝에서 由來한다.**

水火가 太旺하면 救濟할 藥이 없다. 丙午丁未는 火旺極盛하니 天水가 아니고는 어찌 制火하겠는가? 그래서 天河水로 配屬한 것이다. 戊午己未 또한 火盛하니 戊己土로서 自制함으로서 不焰했다. 午未는 在天이요 丙丁은 皆火이니 火旺極盛하다. 때문에 歷代로 丙午丁未二年은 安靖할 수가 없었다. 天水로 配屬한 것이니 天命에 맡길 수밖에 없다. 納音은 黃帝때에 取象 生出한 것이다. 諸術家는 徐大升이 作定한 正五行만을 眞論으로 믿는데 이는 納音의 眞說을 알 수가 없기 때문이다.

納音은 洪範五行之義로서 不可掌一廢一談이요

　　　　陰陽의 辯疑는 洪範五行으로서 한다.
　　　　洪範은 出自八卦이니 不可不用이다.

　　納音은 洪範의 義를 밝힌 것이니 其眞理는 함부로 取捨할 수 없다. 命은 正五行으로서 經으로 삼고 納音으로서 緯를 삼으니 納音의 造化를 모르고는 人命은 알 수 없다.
　　今世의 陰陽家는 正五行만을 取하고 洪範五行은 알기조차 外面하는데 이는 經은 알고 緯를 모르는 半熟과도 같다.
　　本是 陰陽은 洪範五行으로서 吉凶을 分別하고 疑問을 천명하는 것이며 洪範은 八卦에서 形成된 것이니 어찌 이를 쓰지 않을 수 있겠는가?

　　　　天地開闢而 干支名卽立相傳하고
　　　　伏羲造甲曆하며 年月日時를 모두 六十甲子로서
　　　　기록하니 이는 天地의 始終이다.

　　干支는 天地개벽에서부터 세워저서 傳해온 것이요 天皇과 地皇이 얽이어서 六十甲子를 짜냈으며 伏羲는 이 六十甲子로서 甲曆을 만들어 使用하니 年月과 日時를 모두 六十甲子로 기록하고 通用하였다. 天地는 곧 甲子에서 시작하여 六十甲子로 이어지고 또 끝을 맺는다. 日月의 運行과 四時의 寒暑는 陰陽의 變化이니 天地와 日月星辰과 四時는 오로지 陰陽으로써 觀察한다.
　　그와 같이 人事百般은 陰陽의 造化이니 어찌 兩儀를 벗어날 수 있겠는가? 天地는 經이요 八卦는 緯다.

長流水(壬辰)가 大海五湖(壬戌癸亥)에 復歸하면
水聚掌群?하고 壬辰見亥則 龍躍天門이다.

壬辰癸巳는 長流水요 壬戌癸亥는 大海水다.
　壬辰長流水가 壬戌이나 癸亥를 보면 大海에 이른 것이니 魚變成龍하고 五湖를 支配하듯 天下의 百姓을 장악하고 다스린다. 壬辰의 辰은 龍이니 亥의 天門을 보면 龍이 大海를 얻고 天門으로 龍躍飛天하는 것이다.

　　　　大林龍(戊辰)이 得天河水(丙午丁未)하고
　　　　辰戌丑未四庫가 有全하면 九五天子之命이다.

　戊辰은 納音上 大林木이다. 大林에서 龍生하고 丙午丁未天河(納音)를 얻으면 飛龍하는데 萬一 地支에 辰戌丑未의 四庫가 모두 있으면 東西南北의 大地를 관장하는 飛龍이니 天子로 君臨하여 萬民을 다스린다.

　　　　戊辰見丁未則 飛龍在天이요
　　　　更得四庫四海具備則 天下皆龍之沽雨澤하니
　　　　必爲九五之尊이다.

　戊辰의 大林龍이 丁未의 天河水를 보면 飛龍在天한다. 萬一 辰戌丑未의 四海大地를 갖추고 있으면 온 天下의 땅과 衆生이 龍이 내리는 雨露로 윤택하고 번창하니 其龍命은 天下가 우러러 받드는

天子임이 分明하다. (戊辰年 壬戌月 丁丑日 丁未時生 明太祖命)

納音五行은 眞五行이다.

　五行은 正五行, 化五行, 納音五行의 세가지가 있다. 正五行은 造化없는 五行이요 化五行은 造化로서 이뤄진 五行이며 納音五行은 河圖洛書의 數理에 依한 易의 五行으로서 易理上으로는 眞五行이다. 가령 丙子 丙午는 納音上水가 되는데 水가 眞五行이니 丙子 丙午日生은 水로서 萬事를 分別하는 것이 原則이다.

版權所有

변만리通變大學

2011년 06월30일 초판 1쇄 인쇄
2015년 07월05일 재판 3쇄 발행
2024년 03월15일 재판 4쇄 발행

지은이 / 변 만 리
발행인 / 김 정 숙

발행처/ 資文閣
주 소 / 서울특별시 종로구 지봉로 28
　　　(숭인동313-7)숭인빌딩 401호
전화/02)928-2393 팩스/928-8122
등록/1978년08월12일 제 5-32호
신고번호제300-2011-114

값 25000원

무단복제불허
잘못된 책은 구입처에서 교환해 드립니다.